AF320086

L'École Primaire

PAR

E. POIRSON

Ancien Instituteur

Inspecteur de l'Enseignement primaire

(O. I. ⚬ M. A. ⚬)

Lauréat de l'Exposition Universelle de 1900

— ⊢ ★ ⊣ —

> Le grand art du maitre est, non de
> parler, mais de faire parler.
> L'enseignement mécanique est la
> mort de l'esprit.

DIESTEWEG.

ÉPINAL

IMPRIMERIE HOMEYER & EHRET, 3, QUAI JULES-FERRY

—

1903

L'ÉCOLE PRIMAIRE

L'École Primaire

PAR

E. POIRSON

Ancien Instituteur

Inspecteur de l'Enseignement primaire

(O. I. ◯ M. A. ◯)

Lauréat de l'Exposition Universelle de 1900

Le grand art du maître est, non de
parler, mais de faire parler.
L'enseignement mécanique est la
mort de l'esprit.

DIESTEWEG.

ÉPINAL

IMPRIMERIE HOMEYER & EHRET, 3, QUAI JULES-FERRY

—

1908

AVERTISSEMENT

Dans ce volume, je mets à la disposition du personnel enseignant les résultats d'une expérience de plus de trente années.

Les méthodes et les procédés que je fais connaître ont été mis en pratique, soit par moi-même directement, soit par les meilleurs maîtres des trois circonscriptions qui, successivement m'ont été confiées. Je suis persuadé qu'ils sont bons.

C'était aussi un devoir pour moi de signaler quelques procédés recommandés par tel ou tel auteur et par divers journaux pédagogiques.

Je dois ajouter que plusieurs instituteurs ou institutrices trouveront, de ci de là, quelques passages bien à eux, (Morale, Rédaction, Travaux à l'aiguille). Je les remercie de leur collaboration.

Diverses améliorations ont été faites, notamment pour l'enseignement de la Composition française et pour celui des sciences.

Cet ouvrage, pour être complet, devrait évidemment comprendre une partie théorique, traitant de l'éducation physique, intellectuelle et morale. Mais la place nous fait défaut. Nous renverrons donc le lecteur aux ouvrages spéciaux de psychologie, et nous les engageons à lire et à méditer attentivement les belles instructions qui précèdent ou accompagnent les programmes de 1882.

E. P.

ORGANISATION PÉDAGOGIQUE

Pour que les enfants reçoivent en classe une éducation sérieuse et une solide instruction, il ne suffit pas que l'instituteur soit dévoué et intelligent. Une école ne fonctionne régulièrement et n'assure les progrès des élèves qu'autant qu'elle se trouve dotée d'une bonne organisation pédagogique.

Nous nous occuperons donc successivement :

De l'emploi du temps,
Des programmes,
Du classement des élèves,
De la tenue du cahier de devoirs journaliers,
De la discipline,
De la préparation de la classe.
Parlons d'abord de l'organisation matérielle.

ORGANISATION MATÉRIELLE

Depuis une vingtaine d'années, les maisons d'école et les mobiliers scolaires ont été renouvelés en grande partie. De toutes parts et jusque dans les hameaux les plus reculés, se sont élevés de beaux bâtiments spacieux, salubres, bien ensoleillés, dont l'aspect contraste singulièrement avec celui des anciennes installations que beaucoup se rappellent. Ce n'est pas assez.

A l'école primaire, la disposition du mobilier même a son importance ; elle rend la surveillance plus commode, les mouvements plus faciles et permet d'éviter la confusion et le bruit qui résultent parfois des changements d'exercices.

Les tables-bancs seront placés de manière que la lumière vienne de gauche, si l'éclairage est unilatéral ; de deux côtés, s'il est bilatéral, mais avec éclairage plus intense à gauche. Jamais on ne mettra de fenêtres en face des élèves. On devra pouvoir circuler facilement aussi autour de la salle qui elle-même sera rectangulaire, et l'on réservera, en avant, un espace suffisant pour y grouper, si besoin est, les élèves des diverses sections.

Les tables destinées aux élèves des cours préparatoire et élémentaire seront les plus rapprochées du bureau du maître.

Au moment des repas, en promenade, en voyage, la mère de famille tient à ses côtés ses plus jeunes enfants. Imitez son exemple, et mettez près de vous les nouveaux venus, qui doivent évidemment être l'objet de votre constante sollicitude et de soins plus fréquents.

Lorsque vous ferez aux élèves plus âgés, placés en arrière, une lecture, une dictée, une leçon quelconque, votre parole passera sur la tête des petits à qui vous pourrez toujours donner, en même temps, un conseil ou un encouragement.

Matériel d'enseignement

LE TABLEAU NOIR

Le matériel d'enseignement doit comprendre au moins deux tableaux noirs dont l'un sur chevalet ; des cartes murales du département, de la France et de l'Europe ; un planisphère et un globe terrestres ; un tableau des poids et mesures ou, ce qui vaut mieux, un compendium métrique ; une méthode de lecture en tableaux ; une collection de tableaux d'histoire naturelle ; enfin une armoire-bibliothèque.

En face des tables, à un mètre cinquante environ de la première rangée, se place, adossé au mur, le bureau de l'instituteur ; au milieu de ce mur, on met un tableau noir ; de chaque côté, mais assez haut, les cartes qui sont d'un usage plus fréquent ; la carte de France et celle de l'Europe ; dans un angle, le tableau noir portatif, ou plutôt un tableau à volets, c'est-à-dire formé de plusieurs panneaux qui se replient sur eux-mêmes comme les feuillets d'un livre.

Rien de plus avantageux pour le maître et pour les élèves que l'emploi du tableau noir. Il n'est pas une branche du programme pour laquelle on ne puisse l'utiliser.

C'est au tableau noir que s'inscrivent, surtout dans les écoles à un seul maître, les énoncés des problèmes, le résumé de morale, les modèles d'écriture et de dessin, les morceaux de chant à étudier et la portée de musique; c'est sur le tableau-noir que l'enfant apprend les premiers éléments de la lecture et de l'écriture; c'est là aussi que figurent les exemples qui vont servir à découvrir la règle de grammaire; que se corrigent les problèmes d'arithmétique, la dictée du cours élémentaire et tous les devoirs faits en commun; c'est là qu'on trace la carte historique et le croquis de géographie, etc. Le plus souvent la craie à la main, c'est au tableau noir que l'instituteur expose, explique les principes qui sont la base d'un enseignement intelligent et méthodique. On l'a dit : « Le meilleur maître est celui qui use le plus de craie. » Voilà une opinion que je partage absolument. Le tableau noir pour le maître, l'ardoise pour l'élève, quels précieux auxiliaires !

Autour de la salle, à une hauteur suffisante, se placent les tableaux d'histoire naturelle, suspendus d'une façon symétrique; dans les intervalles, sur les murs latéraux, les autres cartes géographiques; au fond de la salle, l'armoire-bibliothèque et le musée scolaire.

Jamais le globe terrestre ne sera enfermé dans un meuble, mais on l'installera sur une console.

Il faut embellir la salle de classe, y répartir avec goût le mobilier et le matériel d'enseignement, de manière à impressionner agréablement les élèves et leur montrer l'utilité et la nécessité de l'ordre.

Dans le vestibule, on placera des rayons pour les paniers à provisions, et des patères pour recevoir les coiffures et les manteaux des élèves.

Trop souvent, le poêle est installé au milieu même de la salle de classe.

Cet appareil tient alors fort inutilement la place de deux ou trois tables bancs ; et comme on néglige parfois de l'entourer d'un grillage, il cause de temps à autre des accidents dont la responsabilité retombe tout entière, on le sait, sur l'instituteur.

Le mieux serait donc de le mettre sur l'un des côtés ou dans l'un des angles de la salle. Avec plusieurs mètres de tuyaux en plus, la chose est toujours possible ; et, si la discipline n'y perd rien, le chauffage lui-même ne fait qu'y gagner.

Emploi du temps

On connaît l'importance d'un bon emploi du temps ; non seulement il consacre à chacune des branches du programme les heures qui lui sont réservées, mais il assure le travail simultané de tous les enfants et contribue fortement au maintien de l'ordre et d'une bonne discipline. Une fois établi, suivez-le de très près, autrement la marche des études et le rouage de la classe sont compromis : si une leçon s'allonge démesurément, elle devient ennuyeuse et l'enseignement perd de son intérêt.

C'est au maître, lorsqu'il prépare son travail du lendemain, à bien calculer l'emploi de sa journée, de façon à terminer en temps utile tous les exercices scolaires.

Plusieurs principes essentiels doivent nous guider dans la confection de l'emploi du temps :

Placer dans la classe du matin et au commencement de celle du soir les leçons qui demandent la plus grande somme d'efforts intellectuels ;

Varier l'enseignement, afin de chasser l'ennui, c'est-à-dire faire suivre tout exercice oral d'un devoir écrit, et faire succéder à une leçon scientifique, par exemple, une leçon d'ordre différent ;

Faire en sorte que les élèves soient constamment occupés et que l'instituteur puisse donner très fréquemment des soins directs aux diverses sections et les surveiller toutes.

Donner, quand la chose est possible, et elle l'est souvent, des leçons communes, d'une part, aux élèves des cours préparatoire et élémentaire, d'autre part, à ceux des cours moyen et supérieur ; parfois même, mais plus rarement, au cours élémentaire et au cours moyen.

EMPLOI DU TEMPS POUR UNE ÉCOLE A UN SEUL MAITRE

MATIN

Heures	Durée	C. S.	C. M.	C. E.	C. P.
7 h. 50 à 8 h.	10m	Mise en rang. — Inspection de propreté. — Entrée en chantant.			
8 h. à 8 h. 30	30m	Instruction morale, 3 fois par semaine. — Récitation de morceaux choisis, 2 fois, ou instruction civique.		Dessin (aide t. 15m). — Récitation par le maître, 15m pendant le travail écrit des deux premiers cours. — Morale, 3 fois.	
8 h. 30 à 8 h. 45 8 h. 30 à 9 h. 30	15m 1 heure	Calcul mental. Arithmétique et système métrique. — Problèmes.		Calcul écrit, 15m (aide). — Calcul mental (maître et aide, 15m). — Lecture (aide et maître).	
9 h. 30 à 9 h. 45	15m	RÉCRÉATION			
9 h. 45 à 10 h. 30	45m	Lecture, une fois récitation de morceaux choisis.		Géographie, 20m aide surveill. — Petits exercices de français, 25m. — Dictée.	
10 h. 30 à 11 h.	30 m.	ÉCRITURE POUR TOUS Les dix dernières minutes, petite leçon de français par le maître.			

SOIR

Heures	Durée	C. S.	C. M.	C. E.	C. P.
12 h. 50 à 1 h.	10m	Mise en rang. — Inspection de propreté. — Entrée en chantant.			
1 h. à 2 h.	1 heure	Dictée et exercice, 3 fois par semaine. — Style le mercredi et le samedi.		Lecture, aide, 30m. — Calcul. — Aide et maître, 30m.	
2 h. à 2 h. 30	30m	Travail manuel et dessin.		Écriture tous les jours. — 10m petite leçon spéciale par le maître.	
2 h. 30 à 2 h. 45	15m	RÉCRÉATION			
2 h. 45 à 3 h. 30	45m	Histoire ou géographie. — Carte ou résumé écrit.		Dessin, 25m. — Entretiens sur l'histoire ou la géographie, 20m.	
3 h. 30 à 4 h.	30m	Enseignement scientifique, 3 fois. — Chant le mercredi et le samedi.		Exercices manuels, 15m. — Leçons de choses, maître, 15m. — A la fin de la classe, chant 2 fois par semaine avec les cours moyen et supérieur.	

ÉCOLE DE FILLES :

Couture deux fois de 2 heures à 2 heures 1/2 et une fois de 2 h. 45 à 3 h. 1/2, mais jamais au début de la classe.

EMPLOI DU TEMPS POUR UNE ÉCOLE A DEUX CLASSES

Cours élémentaire et cours préparatoire

MATIN

Heures	Durée	Cours élémentaire	Cours préparatoire
7 h. 50 à 8 h.	10ᵐ	Inspection de propreté. — Entrée au pas en chantant	
8 h. à 8 h. 20	20ᵐ	Morale, 3 fois (leçons communes). — Récitation, 2 fois, ou instruction civique	
8 h. 20 à 8 h. 45	25ᵐ	Calcul mental, 10ᵐ.	
		Calcul écrit.	Calcul écrit.
8. h. 45 à 9 h. 10	25ᵐ	Dessin.	Lecture (construction de mots et de phrases) (caractères mobiles).
9 h. 10 à 9 h. 30	20ᵐ	Lecture.	Dessin.
9 h. 30 à 9 h. 45	15ᵐ	RÉCRÉATION	
9 h. 45 à 10 h. 10	25ᵐ	Histoire (Récits).	
10 h. 10 à 10 h. 30	20ᵐ	Leçons de choses (Histoire naturelle).	
10 h. 30 à 10 h. 55	25ᵐ	Ecriture pour tous.	
10 h. 55 à 11 h.	5ᵐ	Chant.	

Heures	Durée	Cours élémentaire	Cours préparatoire
12 h. 50 à 1 h.	10ᵐ	Inspection de propreté. — Entrée.	
1 h. à 1 h. 25	25ᵐ	Orthographe, grammaire, dictée, construction de phrases, etc.	Lettres (caractères d'écriture et d'imprim. puis exercices de langage).
1 h. 25 à 1 h. 50	25ᵐ	Géographie	
1 h. 50 à 2 h. 1/4	25ᵐ	Lecture.	Dessin.
2 h. 1/4 à 2 h. 1/2	15ᵐ	Chant, 2 fois, mercredi et samedi. — Travail manuel, 3 fois.	
2 h. 1/2 à 2 h. 45	15ᵐ	RÉCRÉATION	
2 h. 45 à 3 h. 10	25ᵐ	Calcul mental, 10ᵐ.	
		Calcul écrit.	Calcul écrit.
3 h. 10 à 3 h. 30	20ᵐ	Dessin.	Lecture.
3 h. 30 à 3 h. 50	20ᵐ	Exercices d'intelligence.	
3 h. 50 à 4 h.	10ᵐ	Petits chants.	

EMPLOI DU TEMPS POUR LES ÉCOLES A DEUX MAITRES

PREMIÈRE CLASSE

Cours moyen et cours supérieur

MATIN

Heures	Durée	Cours supérieur	Cours moyen
7 h. 50 à 8 h.	10^m	Inspection de propreté. — Entrée au pas cadencé en chantant.	
8 h. à 8 h. 1/2	30^m	Morale 3 fois par semaine. — Récitation de morceaux choisis, 2 fois, ou instruction civique.	
8 h. 1/2 à 8 h. 45	15^m	Calcul mental commun.	
8 h. 45 à 9 h. 1/2	45^m	Leçon et problèmes écrits.	Leçon et problèmes écrits.
9 h. 1/2 à 9 h. 45	15^m	RÉCRÉATION	
9 h. 45 à 10 h. 1/2	45^m	Lecture commune la plupart du temps. 1 fois, récitation de morceaux choisis.	
10 h. 1/2 à 11 h.	30^m	Ecriture pour tous.	
12 h. 50 à 1 h.	10^m	Inspection de propreté. — Entrée comme le matin.	
1 h. à 1 h. 1/4	15^m	Analyse orale ou grammaire (leçon commune)	
1 h. 1/4 à 1 h. 40	25^m	Dictée.	Exercice de grammaire.
1 h. 40 à 2 h.	20^m	Exercice de grammaire.	Dictée.
		parfois dictée et exercices communs. Style le mercredi et le samedi.	
2 h. à 2 h. 1/2	30^m	Dessin, 3 fois. — Travail manuel. 2 fois.	
2 h. 30 à 2 h. 45	15^m	RÉCRÉATION	
2 h. 45 à 3 h. 1/2	45^m	Leçon d'histoire ou de géographie. — Tracé de la carte sur le cahier.	
3 h. 1/2 à 4 h.	30^m	Chant, le mercredi et le samedi. — Enseignement scientifique, 3 fois.	

(Dans les écoles de filles, on pourra consacrer par semaine 3/4 d'heure à la couture, de 2 h. 45 à 3 h. 1/2, en plus).

Programmes

Dans les villes et dans les localités industrielles, la fréquentation est régulière et a la même durée que l'année scolaire. On peut facilement y suivre les programmes et les épuiser.

Mais dans les campagnes, la scolarité est beaucoup moins longue et dépasse rarement cinq mois.

Dans l'un comme dans l'autre cas, il convient de prendre dans les programmes qui, en définitive, sont un maximum, l'utile, l'indispensable. Donner aux élèves des clartés de tout et élever leur niveau moral et intellectuel, c'est là l'essentiel. Si l'enfant aime à lire, il demandera plus tard les ouvrages de la bibliothèque scolaire et saura lui-même compléter son instruction. Il vaut mieux savoir peu et bien que beaucoup et mal : autant en emporte le vent.

Ne nous attardons donc pas sur des inutilités. En grammaire, par exemple, si nous parlons du participe passé conjugué avec avoir, nous pourrons, à peu près, nous contenter de la règle générale. Le participe passé d'un verbe neutre restera nécessairement invariable, puisque ce verbe n'a pas de complément direct ; de même le fameux participe entre deux « que ». Le participe passé suivi d'un infinitif s'accorde avec son complément direct, si son complément direct le précède ; c'est évident, mais c'est la règle générale.

En histoire, sans omettre ce qui précède la Révolution, nous devons nous hâter d'atteindre les périodes moderne et contemporaine. Nous ne vivons pas avec

les générations disparues, mais avec celles de notre
époque ; et comment pourrons-nous nous trouver
avec elles en conformité de mœurs et de sentiments,
si l'on ne nous a pas initiés aux grands événements
de 1789 et à leurs conséquences.

On procède ainsi pour toutes les parties du programme. « C'est à ce qu'il passe sous silence qu'on
reconnaît le bon instituteur » ; mais qu'il n'oublie pas
non plus d'établir, d'après la fréquentation scolaire,
une répartition mensuelle des diverses branches de
l'enseignement, et qu'il la suive aussi consciencieusement que son emploi du temps ; des révisions hebdo-
madaires, mensuelles et trimestrielles y seront sagement prévues.

Classement des élèves

Nos élèves de cinq à treize ans sont de forces très
inégales, tant au physique qu'au point de vue intellectuel ; nous sommes donc obligés de les partager
en sections.

Les réglements officiels ont institué des cours élémentaire, moyen et supérieur ; mais les écoles mater-
nelles ne se rencontrent pas dans toutes les localités,
tant s'en faut ; elles sont même très rares. De là, la
nécessité de former une division spéciale pour les
plus jeunes enfants ;

Il est bien entendu que l'âge n'est pas toujours une
raison pour maintenir dans une division un enfant
qui est assez fort pour passer dans une autre ; cepen-

dant il ne faut pas trop se presser, surtout s'il a une santé peu robuste. Pour être fructueux, le travail intellectuel a besoin, en effet, de s'appuyer sur un corps exempt d'infirmités, et l'abus qu'on en fait parfois ne peut être favorable au développement physique de l'élève. C'est là qu'est le surmenage. Que vient faire au cours moyen un enfant de sept ans, par exemple ?

Supposons une école de 48 élèves ; la meilleure répartition sera peut-être celle-ci :

Cours supérieur,   12 élèves, soit le quart ;

Cours moyen,   16 élèves, soit le tiers ;

Cours élémentre et préparatre, 20 élèves soit les cinq douzièmes.

Remarquez que plusieurs enfants de cinq à six ans ne vont pas en classe et que, en réalité, les deux divisions les plus avancées reçoivent tout simplement moitié de la population scolaire. Mais une condition essentielle, c'est que, dans les différentes sections, les élèves soient de force à peu près égale sous le rapport des connaissances.

Cahier de devoirs journaliers

Le cahier le plus important de l'école primaire, parce qu'il donne une idée fort exacte des différents exercices des deux séances quotidiennes, c'est, sans conteste, le cahier de devoirs journaliers ; mais en même temps, les élèves auront, entre les mains, le cahier de devoirs mensuels, un cahier d'écriture et un cahier de dessin.

Je ne parlerai pas du cahier de devoirs mensuels,

les Instructions ministérielles ont déterminé les exercices qu'il doit recevoir, ainsi que leur rotation. Mais l'existence à part des cahiers de dessin et d'écriture se justifie pleinement par le papier plus fort de l'un et le tracé spécial de l'autre.

Je demande donc la permission d'insister tout particulièrement, même avec des détails qui pourront paraître trop minutieux, sur la tenue du cahier de devoirs journaliers.

D'abord chacune des pages comporte, à gauche, une marge de trois à quatre centimètres.

Au début de la séance du matin, les élèves mettent, en tête des exercices, le jour, la date et le mot « matin ». Immédiatement au-dessous, les éphémérides qui, en même temps qu'elles rappellent un fait important ou le nom d'un personnage considérable, permettent d'ouvrir agréablement la série des leçons.

On inscrit ensuite les divers devoirs et les sujets des différentes leçons, au fur et à mesure qu'ils se présentent ; on les sépare les uns des autres par un petit trait à l'encre, fait avec la règle.

Un trait qui va de la marge au milieu de la ligne, et au bout duquel on met le mot « soir » arrête la série des devoirs de l'avant-midi.

Enfin, à quatre heures, on fait un autre trait d'un bout à l'autre de la ligne, la marge exceptée. Le lendemain on agit de même.

Le cahier de devoirs comportera au moins quarante pages, au cours moyen ; il sera plus fort encore au cours supérieur.

On exigera toujours une écriture régulière et une grande propreté ; on ne tolérera pas de taches ; les élèves ont bientôt fait de s'y mettre. On leur donnera ainsi des habitudes d'ordre qui se graveront profondément dans leur esprit et qui ne pourront que leur être très utiles plus tard.

Ai-je besoin d'ajouter qu'on inscrira sur la couverture, les nom et prénoms de l'élève, la date de sa naissance, le cours auquel il appartient et le nom de l'instituteur ? Les cahiers ne seront rendus qu'à la fin de l'année scolaire, numérotés et cousus ensemble.

Je me vois obligé de dire un mot du cahier brouillon ; celui-ci, du moins, mérite de tous points son qualificatif. Examinez-le, et dites-moi qui se reconnaîtrait dans le fatras qu'il contient ? Bribes enchevêtrées de devoirs de toutes sortes, écriture illisible, lignes irrégulières, pages maculées ; tout y est, sauf ce qui est bien.

Voilà certainement du papier gaspillé mal à propos.

Que n'emploie-t-on plutôt l'ardoise ? On sait le rôle qu'elle joue au cours élémentaire ; mais c'est aussi sur l'ardoise que les élèves des divisions les plus avancées devraient tracer, à titre d'essai, les dessins et les cartes géographiques ; qu'ils devraient faire d'abord les opérations des problèmes, les différents résumés et les rédactions, avant de les reporter sur le cahier de devoirs.

Il y aurait économie pour les familles, et l'on verrait disparaître des écoles un cahier dont le nom seul indique qu'il doit en être proscrit.

Tenue du cahier de devoirs

Mardi, 5 mai 1800.

MATIN

Éphémérides : 5 mai 1789. — Réunion des États-Généraux à
Versailles.
5 mai 1821. — Mort de Napoléon à Ste-Hélène.

Morale

Titre de la leçon :. (Résumé de la leçon.)

Calcul

Énoncé du problème.
Opérations. — Raisonnement.

Lecture

On indique ici l'ouvrage et le chapitre. — Parfois un résumé.

SOIR

Analyse orale. — Dictée ou rédaction.

Géographie

Bassin du Rhône (Tracé).

S'il s'agit d'histoire, on écrit le canevas de la leçon ou bien
on fait une carte historique.

Sciences physiques et naturelles ou agriculture

Titre de la leçon et sommaire.

Quand il y a musique, on donne également le sujet de la
leçon : on peut tracer une portée et placer les notes.

Discipline

D'après le règlement des écoles primaires, les seules
punitions autorisées sont :

Les mauvais points ;

La réprimande ;

La privation partielle de la récréation ;

La retenue après la classe ;

L'exclusion temporaire.

J'avoue que je ne suis guère partisan de priver l'enfant d'une partie de la récréation. Je sais bien qu'on le suppose dans la cour, quand même ; mais d'ici, je le vois adossé à un mur ou à un arbre, et cela me peine. Après une heure et demie de classe, cet élève a besoin de mouvement ; laissons-le s'ébattre à son aise.

Utilisez aussi très rarement la retenue ; en tous cas, qu'elle soit très courte : l'intervalle qui sépare les deux séances me paraît nécessaire à tous, maître et et élèves, pour prendre un peu de repos.

Quant à l'exclusion temporaire, elle peut vous créer des difficultés dans la commune même, ne prenez pas de décision définitive avant d'avoir demandé et reçu l'avis de votre Inspecteur.

D'ailleurs, ne vous semble-t-il pas que cette mesure extrême se concilie très peu avec l'obligation scolaire ? Et puis, entre nous, on dira que vous exagérez, que vous manquez de tact ; que vous n'avez pas d'autorité sur les élèves ; que votre place, à vous aussi, n'est pas à l'école. Ai-je besoin d'ajouter qu'un simple mouvement irrespectueux ne suffit pas pour justifier l'exclusion !

Jamais non plus, sous prétexte d'inconduite ou de peu de docilité, vous ne mettrez les enfants hors de la salle de classe.

Par 14° de froid, il m'est arrivé de trouver des élèves immobiles et transis dans le vestibule de l'école.

— Qu'ont-ils fait ? — Monsieur l'Inspecteur, ils se sont battus en classe. — Vous étiez présent, je suppose? — Oui, Monsieur. — Ah !... agiriez-vous ainsi avec vos propres enfants ?

Surtout ne frappez jamais. Les coups ravalent l'instituteur et l'élève et rendent les enfants sournois et hypocrites. Vous le savez, les règlements scolaires proscrivent d'une manière absolue l'emploi des châtiments corporels ; il faut en prendre son parti, abandonner un trop commode système disciplinaire et chercher autre chose.

Prenons les enfants tels qu'ils sont, et efforçons-nous de les rendre meilleurs. Ils n'étudient pas, donnons-leur le goût de l'étude et du travail ; ils sont méchants, querelleurs, rendons-les bons et paisibles.

Le livre dans lequel ils liront surtout et apprendront beaucoup, parce qu'il est le meilleur, c'est dans votre propre parole.

L'emploi des punitions est fort commode ; nul n'y résiste, ni les élèves bavards, ni les indisciplinés ; quelques caractères seulement ou de fer ou déjà viciés, braveront peut-être toutes les rigueurs, mais c'est là une très rare exception.

L'intimidation et les menaces peuvent donner un résultat en apparence satisfaisant ; au fond, pour qui connaît le cœur de l'enfant, le but est manqué, du moins au point de vue éducatif.

Je connais des écoles où les punitions n'existent pas, et ce sont les meilleures à tous les points de vue.

Plusieurs instituteurs ne passent pas aux enfants

le moindre geste, le moindre mouvement; préoccupés d'un ordre plutôt factice que réel; ignorants des besoins qu'éprouvent les élèves, ils les interpellent à tout propos. C'est puéril et fastidieux.

N'attribuez pas trop d'importance à certaines étourderies insignifiantes et à quelques écarts peut-être irréfléchis, autrement il n'y aura plus de leçons possibles. Ne comprimez pas, contentez-vous de réprimer.

Il ne faut pas non plus que le maître quitte trop souvent son bureau pour courir à tort ou à travers dans la salle de la classe; il n'y a rien de plus funeste à la discipline.

Quand il s'agit d'une leçon de lecture, de morale, d'histoire, de géographie, de sciences physiques et naturelles, etc., votre place est sur l'estrade. Vous verrez ainsi tous vos élèves et tous vous verront.

Associez vos élèves à la discipline de l'école, en raisonnant avec eux, si besoin est. Au moment de la leçon, voici un enfant qui, de parti pris, trouble le silence. Sachez le voir immédiatement; arrêtez-vous; l'attention de ses petits camarades va se fixer sur sa personne et le gênera fort, soyez-en persuadé.

Ajoutez, par exemple: « quand vous aurez fini, je continuerai », ou bien « je commencerai. »

Expliquez, si la chose est nécessaire, que dans une réunion ou au théâtre, on expulse les individus qui font de l'obstruction; que cette mesure devient bien plus impérieuse quand il s'agit d'un service aussi important que celui de l'instruction des enfants du peuple.

Une leçon bien préparée par un maître expérimenté est toujours attrayante ; si elle est attrayante, elle fixe l'attention et excite l'intérêt ; si elle est intéressante, la discipline est assurée ; car l'enfant dont je viens de parler sera rappelé à l'ordre par ses condisciples mêmes.

Au moment des interrogations, voulez-vous que tous vos petits auditeurs d'un même cours soient dans votre main ? Alors n'imitez pas les instituteurs qui posent sans méthode à un élève interpellé une question quelconque. Vous comprenez bien que la plupart des camarades s'en désintéressent immédiatement et sans remords, soit par légèreté d'esprit, soit par paresse intellectuelle, et qu'ils laissent à Pierre ou à Jules le soin de débrouiller une affaire qui est aussi et cependant la leur.

Placez une interrogation et ne désignez personne. Tous les enfants vont se mettre à l'œuvre. Au fur et à mesure qu'ils trouvent ou croient avoir trouvé la réponse, ils lèvent la main. Savez-vous qui il faut questionner. C'est l'enfant qui ne la lève pas ou qui la lève de confiance, afin d'essayer de vous berner.

Ceci soit dit en passant.

L'instrument disciplinaire le plus efficace, c'est l'autorité morale que possède l'instituteur, et qui résulte de son amour pour les enfants et pour sa profession. Elle communique une force toute particulière à son moindre regard, à son geste, à ses paroles, à ses reproches et à ses conseils. Mais pour bien l'établir, il importe qu'il connaisse exactement le caractère de ses élèves qui sont plus ou moins malléables.

Un signe suffit pour Paul, quand une admonestation sévère laisse Pierre indifférent ; Jules obéit à un geste, et René s'exécute difficilement avec des prières ou des menaces.

L'instituteur doit donc étudier attentivement les enfants qui lui sont confiés. A l'école, en sa présence, sous ses yeux ils se contiennent et dissimulent plus ou moins. Observez-les à l'état de liberté, dans la rue, dans la cour de récréation. Vous les verrez tels qu'ils sont réellement et vous agirez en conséquence.

La première des punitions est infligée par la conscience elle-même ; de même que la première récompense est celle que donne la satisfaction du devoir accompli. C'est là évidemment un ressort puissant qu'il n'est pas donné à tous les maîtres de faire jouer avec succès.

La seconde est la privation des récompenses, car les enfants sont loin d'être insensibles aux dons matériels. Ayez donc un système disciplinaire. Employez, par exemple, les bons points.

Un devoir bien fait, une leçon bien sue, un effort sérieux sera payé d'un bon point ; dix bons points pourront être échangées contre un bulletin de satisfaction ; un certain nombre de bulletins donneront droit à l'inscription au tableau d'honneur et plusieurs inscriptions à un livre.

Mais ne récompensez pas seulement les élèves que la nature a le plus heureusement doués et qui réussissent mieux que d'autres. Tenez compte surtout de l'effort et de la bonne volonté : tel enfant, dont les

progrès intellectuels sont à peine sensibles, a peut-
être plus de mérite qu'un de ses camarades qui n'a
qu'à ouvrir son livre ou à vous écouter pour savoir
ses leçons.

En terminant, je vous dirai : « Ne parlez pas trop
fort, même dans l'intérêt de votre santé. Nos jeunes
auditeurs sont disciplinés, ils le seraient davantage si
vous n'aviez la funeste habitude d'élever la voix
sans motif.

Sans doute, il faut, de temps à autre, de l'entrain,
un ton animé et convaincu, en leçon de morale ou
d'histoire, par exemple ; mais en dessin, en écriture
et en arithmétique ! Ayez une humeur toujours égale,
une grande impartialité, une volonté ferme tempé-
rée par une douceur affectueuse. Menacez le moins
possible, ne criez pas ; évitez le tutoiement ; surtout
n'employez jamais d'épithètes blessantes. Ne dites
pas : « Ah ! Monsieur l'Inspecteur, vous tombez mal ;
cet élève n'est pas intelligent ». En êtes-vous bien
certain ? Tenez, le pauvre enfant vous a compris et
votre malheureuse observation fait monter à son front
le rouge de la honte.

Alors, la plupart du temps, un mot, un regard suffira pour ramener dans la bonne voie l'enfant dissipé
ou étourdi.

Dans votre classe, sachez voir tous vos élèves ; tâchez de posséder ce que nous appelons le « coup d'œil
d'ensemble » et tout ira bien.

Rôle des élèves dans la leçon

On le trouve tout indiqué à chacune des pages de ce travail, mais il n'est pas inutile de le définir dès à présent.

L'immobilité absolue, le silence prolongé, sont absolument contraires à tous les instincts qui guident l'enfant, et ne peuvent être que préjudiciables à sa santé et à la formation de son caractère.

Voyez-le à l'état de liberté. Quelle activité, quel entrain ! Comme il aime à parler, à agir ; comme un jeu qui d'abord l'a captivé finit bien vite par le lasser ; quelle ingéniosité il déploie pour trouver une autre distraction ! De la maison il va à la cour ; de la cour au jardin ; la fatigue seule finit par avoir raison de cette turbulence.

Et pendant trois heures, nous irions immobiliser sur un banc ce pauvre petit ? Non. Il interviendra constamment dans les leçons ; aucun exercice ne se fera sans sa participation active. Le maître, par son affabilité et sa bonne humeur ; l'enseignement, par sa variété, sa forme concrète et son utilité pratique, lui feront oublier un instant ses jeux familiers, les champs et la liberté.

Emploi du livre

Le livre n'est pas précisément indispensable à l'enfant, mais si on en fait un usage intelligent, son emploi ne peut être évidemment qu'utile.

Toutes les leçons, d'abord expliquées, commentées

et rendues vivantes, ont un but multiple : instruire,
éduquer, éveiller la curiosité, donner le goût des
saines lectures ; alors le livre n'est plus un objet
d'ennui, parfois même de dégoût ; il devient au contraire pour l'élève, plus tard pour le jeune homme et
le père de famille, le compagnon fidèle et inséparable.

Les ouvrages spéciaux de lecture, d'histoire, de
géographie, de sciences physiques et naturelles, avec
les belles illustrations dont ils sont ornés, font vraiment le bonheur de nos jeunes élèves ; aussi ils en
ont soin comme de leurs jouets les plus précieux ;
ils les recouvrent prudemment et évitent toute souillure ; le livre de grammaire lui-même, s'il est débar-
rassé des règles inutiles et des encombrantes exceptions, s'il contient des exercices intelligents, perd sa
mauvaise réputation et se trouve accueilli.

Mais le carnet de morale, le cahier qui contient le
recueil de chants remplacent facilement le livre de
l'écolier. Il faut à la fois ménager l'argent des familles,
substituer au livre de l'élève la parole du maître,
c'est-à-dire la vie à la mort. Si l'enfant et ses parents
s'en trouvent bien, l'instituteur lui-même y gagne en
valeur professionnelle et en autorité morale.

Aides ou moniteurs

Dans les écoles à un seul maître, et là seulement,
où l'on compte trois ou quatre sections qui doivent
fonctionner simultanément, les aides, sans être indispensables, peuvent rendre quelques services. Mais,
avant la classe, l'instituteur a dû, pour éviter trop

de perte de temps, leur donner ses instructions et ses conseils pratiques ; car l'emploi des moniteurs n'est jamais qu'un expédient.

La première leçon de lecture de la journée, par exemple ne sera jamais confiée à un élève ; le maître seul peut la donner avec fruit ; l'aide n'intervient que plus tard, pour en faire la répétition, et encore le moins machinalement possible.

C'est l'instituteur qui toujours fait directement les leçons de morale, d'écriture, de grammaire, d'histoire, de dessin, de chant, la leçon de choses, les exercices de langage ; le moniteur n'est guère employé que pour la lecture, le calcul et la géographie.

Cour de récréation. — Entrées et sorties

Voyons un peu ce qui se passe dans les écoles qui ne sont pas sans doute les meilleures.

Il est huit heures moins quelques minutes ; la plupart des élèves sont sur la place publique ou dans la cour de récréation, si l'accès en est libre. Je dis la plupart parce que les moins pressés arriveront à peine vers neuf heures.

La surveillance n'existe pas, et les enfant jouent, se disputent ou se bousculent. L'Inspecteur primaire se présente. Quelques-uns le reconnaissent et un silence complet s'établit.

Remarquez, au cas particulier, que ce n'est pas l'émotion ou la timidité qui produit ce calme, mais bien plutôt un sentiment de curiosité très justifié 'ailleurs : il faut bien voir et analyser le nouveau venu dont le maître a souvent annoncé la visite d'un ton peu rassurant.

Enfin, intrigué par ce silence même, l'Instituteur apparaît, achevant de boutonner sa veste : « Vite sur les rangs et entrez. » Et quelle entrée, bon Dieu ! Les enfants se précipitent ; les uns jettent leur coiffure au vestibule ; d'autres les lancent contre les fenêtres de la salle de classe ; d'aucuns, pour arriver à leur place, passent sur le corps de leurs voisins. « Asseyez-vous » Tous n'ont pas attendu cette autorisation.

Ce n'est pas ainsi que procède le bon Instituteur. Dès sept heures du matin, il est dans la salle de classe où il renouvelle l'air et voit si tout est en place. Il pose au tableau noir les énoncés de problèmes des différents cours, les modèles d'écriture ou de dessin, et le résumé de morale ou d'instruction civique.

En hiver, il allume le poêle et fait en sorte, qu'à l'entrée, la température atteigne environ 15 degrés.

Il évite d'économiser le combustible au détriment de la santé des élèves. Il chauffe l'école dès que le froid se fait sentir, sans attendre une date déterminée. Il ne donne jamais d'excuses comme celles-ci : « Nous ne faisons de feu qu'à partir du 15 novembre » ; ou bien : « Nous avons pensé qu'il ne fait pas froid. »

A sept heures quarante-cinq minutes, il est dans la cour de récréation. Il reçoit les parents qui viennent le voir, organise et surveille les jeux des élèves ; il secoue l'indolence des uns, modère la turbulence des autres et a, pour chacun d'eux, un mot affectueux.

À un signal convenu, les enfants se mettent sur les rangs, deux à deux ; les voisins de classe sont ensemble. Alors se fait la visite de propreté ; ceux ou celles dont les cheveux ne sont pas convenablement peignés ou dont les oreilles sont malpropres sont envoyés à la fontaine. Puis l'on entre au pas en chantant.

Les tables se garnissent successivement d'une façon régulière ; la première d'abord, puis la seconde, puis la troisième.

Arrivés à leur place, les élèves posent leurs livres et leurs cahiers, restent debout et croisent les bras. Sur un signe, ils s'asseyent, et les exercices commencent dans l'ordre de l'emploi du temps. Il est juste huit heures.

Préparation de la classe. — Vocation

La préparation de la classe est le devoir le plus sacré de l'instituteur.

Le défaut de préparation est le signe certain de la paresse ou de la suffisance, de l'orgueil ou de l'incapacité. Je n'ignore pas que les connaissances que le maître possède sont supérieures à celles qu'il doit donner à ses élèves ; mais il est bon de se méfier, le programme est vaste, et un savoir superficiel vous laisserait bien au-dessous de la tâche que vous avez à remplir.

N'oubliez pas que la leçon de lecture seule vous permet d'avoir, à l'école, un livre à la main, et qu'un docteur serait peut-être fort embarrassé pour faire, de prime-abord, une leçon fructueuse au cours moyen ou au cours élémentaire.

Il faut savoir plus pour enseigner moins, et le savoir importe beaucoup ; ce qui importe davantage, c'est le savoir-faire qui ne s'acquiert que par une longue pratique, par de nombreuses observations et pas toujours dans le silence du cabinet.

Vous le savez, à l'école primaire, le talent du maître est de faire parler ses élèves ; il faut donc habituer les enfants à la parole, exciter leur curiosité, poser des interrogations nombreuses et variées qui apportent l'animation et la vie dans tous les exercices.

Préparez votre classe ; inscrivez sur un carnet spécial, non pas seulement le titre du sujet à traiter, mais les points sur lesquels vous devrez particulièrement insister ; que la leçon du lendemain soit la suite naturelle de celle de la veille ; qu'elle soit intéressante, ni trop longue, ni trop courte, à la portée de tous. Faites en sorte que les élèves y prennent une part plus ou moins active, selon le cours auquel ils appartiennent ; songez aux remarques qu'ils pourront faire et auxquelles vous devrez répondre ; surtout ne craignez pas de donner une large part aux exercices oraux, et rappelez-vous que tout à l'école doit avoir un caractère pratique.

Qui enseigne apprend. Tout maître qui le veut bien trouve dans son élève une leçon pour lui-même.

Cette préparation, pour être sérieuse, demande un certain temps, sans doute ; mais si vous avez pour l'enseignement un goût bien prononcé, vous le ferez consciencieusement et sans peine ; vous rechercherez avec plaisir les meilleurs procédés d'instruction et les moyens de rendre les leçons et les devoirs plus profitables.

Si vous êtes porté naturellement, par une force irrésistible, aux choses de l'enseignement ; si vous êtes possédé du désir impérieux d'agrandir sans cesse vos connaissances pour être de plus en plus à la hauteur de votre tâche, si vous trouvez que le temps s'écoule trop vite quand vous êtes au milieu de vos élèves, alors vous avez réellement la vocation.

Je plains le maître qui, trop souvent, a l'œil fixé sur le cadran de l'horloge, pour guetter s'il ne sera pas bientôt onze heures ou quatre heures. Je plains plus encore ses élèves.

Écoles à plusieurs classes

Dans ces écoles, il est évident que ce n'est pas seulement le directeur ou la directrice qui doit songer à la préparation des leçons, mais aussi et surtout les instituteurs adjoints et les institutrices adjointes.

Ces jeunes gens, dans leur propre intérêt et dans celui des élèves, agiront sagement en s'inspirant des conseils autorisés du titulaire de l'école.

De son côté, le directeur se rappellera qu'il ne lui est pas permis de se cantonner dans sa salle ; que son école comprend toutes les classes ; qu'il reste seul responsable vis-à-vis des familles et de l'autorité, de la marche régulière des études, de l'ordre et de la discipline.

Il doit encourager, guider et conseiller ses collaborateurs ; le plus souvent possible, il les voit à l'œuvre, au moment d'un exercice important. Si la leçon ne marche pas, il se garde d'en faire l'observation en présence des élèves, mais il intervient avec tact, rectifie, continue et termine l'entretien.

Au moins une fois par quinzaine, le directeur réunit ses collaborateurs en conférence ; et, dans une causerie familière, fait ses observations, donne ses conseils et recherche, de concert avec eux, les meilleurs moyens de conduire à bien l'instruction et l'éducation des enfants.

Bien qu'affectés chacun à une classe spéciale, les instituteurs adjoints seront envoyés à tour de rôle dans les autres classes ; ils se familiariseront ainsi avec les différentes manières de procéder et gagneront en autorité.

Contrairement aussi à l'usage courant, les meilleurs maîtres prendront la direction des cours préparatoire et élémentaire. Ce n'est pas déchoir, qu'ils en soient persuadés ; car s'ils réussissent avec les plus jeunes enfants, ils peuvent être certains de réussir avec les élèves les plus avancés.

ENSEIGNEMENT

DES

DIFFÉRENTES PARTIES DU PROGRAMME

MORALE

L'école peut être considérée comme une petite société où les enfants, par la pratique journalière de leurs devoirs, trouvent une préparation aux obligations qui finiront par leur incomber.

Tous leurs actes, toutes leurs relations, tous les incidents de la vie scolaire seront attentivement surveillés et notés.

Le maître fera le nécessaire pour leur donner, par l'éducation, une volonté forte et disposée au bien ; par son enseignement, une connaissance claire et approfondie des devoirs qui les attendent. La première se développera, se perfectionnera dans le milieu même de l'école ; le second sera l'objet de leçons spéciales.

La *loi du devoir* est la base de la morale.

L'élève ne ment pas, non pour éviter une punition, mais parce que mentir est mal ; il aime le travail, non pour obtenir une récompense, mais parce que le travail est une forme de courage, qu'il ennoblit ceux qui s'y livrent. Charles saura qu'il n'a pas le droit de frapper Paul et qu'il a, au contraire, le devoir de prendre sa défense en cas d'attaque injuste.

Au point de vue éducatif, procédé le plus efficace, celui qui a le plus d'empire et d'autorité, c'est l'exemple donné par l'instituteur.

L'enfance est essentiellement imitatrice ; elle suit plus volontiers les exemples qu'elle ne se conforme aux préceptes ; de là pour le maître une responsabilité fort grave : s'il n'est pas d'une rigoureuse exactitude, il ne devra pas s'étonner qu'il y ait des retarda-taires dans son école. Il aura beau vanter l'ordre, l'activité ; blâmer la paresse, l'orgueil ; flétrir la lâcheté, la calomnie ; si ses actes sont en contradiction avec son langage, on ne le croira pas.

Lorsqu'il vient en classe pour la première fois, l'enfant a, de l'homme qui va le guider dès le début de son existence scolaire, une opinion très élevée ; il croit à sa justice, à son infaillibilité absolue ; il faut bien veiller à ce qu'il ne soit pas détrompé, car il l'est quelquefois : sur la voie publique, des chiens jouent et se roulent dans la poussière. D'un coup de pied, M. X..., les met en fuite.

Tiens, disent les moutards, le maître nous recommande de traiter les animaux avec douceur et il les brutalise, sans raison, c'est un farceur !

Mon petit ami, on ne doit jamais se mettre en colère ; la colère est la cousine germaine de la folie, et vous n'ignorez pas qu'on enferme les fous dans certains établissements.

Dix minutes peut-être ne se sont pas écoulées que l'auteur de ces paroles très sensées se donne un démenti catégorique en interpellant avec violence un élève qui vient de commettre une peccadille.

Bah ! disent encore les enfants, l'instituteur ne met pas ses actes d'accord avec ses exhortations ; il se moque de nous :

« Fais comme je dis et non comme je fais. »

Que l'élève n'ait donc sous les yeux que de bons exemples.

Dans une classe quelque peu nombreuse, il y a toujours des sujets portés au mal et capables d'exercer sur leurs camarades une influence pernicieuse. Eh bien, il faut que le maître, dans sa sollicitude, exerce sur ces malheureux enfants une vigilance de tous les instants, pour essayer de les guérir, pour les empêcher de répandre la contagion de leurs défauts ou de leurs vices.

Les différentes branches d'enseignement nous apportent un concours plus ou moins efficace :

Les bonnes lectures tiennent l'intelligence en éveil ; elles nous émeuvent, nous donnent le désir d'apprendre et la volonté de faire mieux ; les exercices de style se prêtent plus qu'on ne le croit à la discipline morale ; ils obligent l'élève à penser, à réfléchir ; à faire un choix intelligent des idées à exprimer, à les classer ; à plier, en définitive, leur volonté à une véritable méthode. L'arithmétique, par l'éloquence des chiffres, nous donne des habitudes d'ordre, d'épargne et de régularité. Par les tableaux qu'elle place sous nos yeux, l'histoire est une grande école de patriotisme ; la géographie, sa sœur aînée, nous fait connaître, aimer et admirer la nature ; la musique plaît à notre imagination. Toutefois, l'enseignement des sciences physiques et naturelles est, à mon avis, celui qui, s'il est donné avec intelligence, peut exercer, par les merveilles qu'il met sous nos yeux, le plus d'empire sur l'âme des enfants.

Prenons quelques exemples.

Les plantes vivent, respirent, puisent leur nourriture à la fois dans le sol, par leurs racines, et dans l'air par leurs feuilles, qui sont leurs poumons. Ce sont des êtres animés.

Quelques-unes sont d'une sensibilité si délicate, si exquise, que le moindre attouchement, que le frôlement d'un insecte suffit pour les faire frémir.

Comme les animaux, elles ont une circulation du sang ; ce sang, c'est la sève. La sève montante, qui passe par le cœur de l'arbre, est le sang veineux ; le sang artériel, celui qui vivifie et fait prospérer le végétal, c'est la sève descendante qui circule sous l'écorce.

Quelle est la force mystérieuse qui produit ce mouvement ? Sous la zone tropicale, elle agit pendant toute l'année ; dans nos climats tempérés, durant cinq longs mois, elle paraît impuissante ; mais toujours elle renaît au printemps avec une vigueur toujours nouvelle.

Dans nos jardins existent différentes espèces ou variétés de fleurs.

Quoique vivant dans un même terrain, sur un sol composé d'éléments identiques, les unes sont blanches, les autres sont rouges, d'autres enfin offrent à nos yeux étonnés des nuances multicolores.

Par quel privilège les coquettes se sont-elles ainsi vêtues ?

C'est une loi générale que les corps, en se refroidissant, diminuent de volume, c'est-à-dire se contractent.

Les gaz et les liquides peuvent ainsi arriver jusqu'à la solidification.

Eh bien, par une exception dont on va apprécier toute l'importance, toute la valeur, l'eau, si répandue, l'eau, indispensable à tout être organisé, plante ou animal, ne participe pas d'un bout à l'autre à la règle universelle dont nous venons de parler.

Elle va bien se contractant jusqu'à 4° centigrades, mais, à partir de ce point, elle augmente de volume. De sorte que l'eau à 3°, à 2°, à 1°, étant plus légère, les couches qui ont atteint cette température s'élèvent, bien entendu, vers la surface, tandis que celles qui sont à 4°, descendent vers le fond de la nappe liquide.

La conséquence, c'est que l'existence des animaux aquatiques et celle des êtres qui en font leur nourriture exclusive est ainsi assurée.

Sans cette mesure conservatrice, l'humanité elle-même eût peut-être existé, mais dans des conditions tout à fait différentes.

Les maîtres peuvent aussi utiliser les incidents qui se produisent soit dans l'école même, soit dans la localité.

Les mille faits de la vie scolaire, dont l'enfant est l'auteur ou le témoin constant, permettent, au moins d'une manière indirecte, de graver dans son cœur l'horreur de la délation, de l'hypocrisie et l'amour de ce qui est beau, grand et généreux. Mais nous sommes sur un terrain dangereux. S'il ne s'agit que d'actions méritoires, rien de mieux. Si un enfant, dans son étourderie, s'est laissé aller à une faute secondaire, on peut le signaler à toute la classe et encore faut-il le faire avec tact ; mais s'il est question

d'une faute de nature peu délicate, prenez garde !
Vous humiliez l'élève, probablement sans profit pour
ses petits camarades, puis vous froissez vivement les
sentiments du père, de la mère, de toute la famille,
de toutes les personnes qui lui sont attachés par les
liens du sang.

D'un autre côté, si, dans le village, un individu
quelconque vient à accomplir un acte répréhensible,
gardez-vous d'y faire une allusion plus ou moins
transparente, des ennuis vous attendent. Peut-être,
à un moment donné, serez-vous obligé, comme conséquence, de quitter un poste où vous vous plaisiez et
où vous espériez terminer votre carrière d'instituteur.

Et puis, il n'est pas nécessaire, pour leur inspirer
le dégoût de l'ivrognerie, de montrer aux enfants un
ivrogne : il suffit de leur faire connaître ou constater
les fatales conséquences de cette passion, au triple
point de vue physique, intellectuel et moral ; mais
vous citerez, sans crainte, la bravoure de cet intré-
pide pompier qui, dans un violent incendie, a arraché
quelque malheureux à une mort certaine ; vous
parlerez de cet ancien soldat décoré qui a laissé une
jambe sur le champ de bataille ; de cette personne
peu fortunée qui a adopté des orphelins sans soutien
et sans famille ; de cet honnête homme dont toute la
vie fut un exemple de loyauté, de droiture et de
charité.

Mais la morale est une science qui doit être ensei-
gnée comme telle, c'est-à-dire avec méthode.

Des leçons spéciales sont donc nécessaires ; elles

devront être données régulièrement et se succéder dans un ordre rigoureusement logique, afin de donner aux enfants cette connaissance claire et approfondie de leur devoir, dont j'ai parlé dès le début. A cause de son importance, il convient de placer la leçon de morale dans la séance du matin, au moment même qui, autrefois, était réservé à l'enseignement religieux proprement dit.

Pour éviter les hérésies que, sans intention certainement, les élèves pourraient commettre, le maître en inscrit, avant l'ouverture de la classe, au tableau noir, deux résumés substantiels, composés par lui-même et destinés, l'un aux élèves du cours élémentaire ; l'autre, à ceux des cours moyen et supérieur.

Si je demande des résumés distincts, c'est que je suis persuadé que la leçon ne peut-être commune aux enfants des différents cours de l'école, parce qu'elle serait trop élevée pour les uns et trop terre à terre pour les autres.

Ce résumé, accompagné de quelques maximes, est transcrit sur le cahier de devoirs journaliers ou plutôt sur un carnet qui sera beaucoup plus utile aux enfants qu'un livre qu'ils ne consulteraient pas, selon toute probabilité. Ils reverront souvent ces résumés et ces préceptes ; peut-être finiront-ils par les retenir à peu près complètement ; je n'y vois pas grand mal.

Dès maintenant, je dois néanmoins faire remarquer que je ne suis pas partisan du par cœur, sauf, bien entendu, en ce qui concerne l'étude des morceaux choisis de récitation, poésie ou prose. Je redoute beaucoup les machines à répétition, et j'aime fort entendre les enfants s'exprimer en un langage à eux qui, peu à peu, deviendra correct, grâce à nos soins vigilants.

Quand il s'agit d'une leçon de ce genre, plusieurs procédés peuvent être employés soit isolément, soit d'une manière simultanée :

> Les entretiens familiers,
> Les contes et les récits,
> Les fables et la poésie,
> Les maximes et les proverbes.

Mais, le plus souvent, elle se donnera sous forme d'entretien.

Une remarque s'impose ici : lorsqu'on a en vue, dans une circonstance donnée, la conduite même de l'enfant, c'est la maxime, la règle qui importe. La mère dont l'enfant va commettre une faute, l'interpelle simplement et lui fait entendre, avec gravité, qu'il doit s'abstenir ; elle ne se met pas en peine de lui fournir un ensemble d'explications d'où il pourra induire, sans s'en douter, la règle ; pas plus que de la prouver déductivement, par une petite argumentation.

Cette manière de procéder, qu'emploient instinctivement les parents, réussit très souvent avec les élèves. Si le bagage de leurs connaissances est encore fort mince, si leurs facultés naissantes sont peu exercées, ils ont du moins une forte intuition de ce qui est mal et de ce qui est bien ; et les personnes qui ont réellement de l'autorité sur eux sont à leurs yeux les révélateurs des prescriptions morales. Une maxime

prend alors dans leur bouche une importance singu-
lière et entraîne l'adhésion. Aussi, a-t-on pu dire,
sans conteste, que la moralité de l'enfance est un
reflet de celle de son entourage.

« A cause de son importance, faisons cette réflexion :
que, sur l'éducateur, pèse une bien lourde responsabilité ; qu'il est d'une importance extrême que la
famille et l'instituteur aient les mêmes vues, agissent
dans le même sens ; enfin que la tâche du maître
devient presque impossible s'il a à combattre les
enseignements de la famille. »

Ce qui est essentiel par dessus tout, c'est d'exercer
sans cesse le sens moral de l'enfant.

Quand on aura mis les élèves en possession d'une
maxime, on ne négligera aucune occasion de leur
apprendre à en faire l'application pratique. Les
moindres événements de la vie scolaire serviront,
sous les réserves indiquées plus haut, à des réflexions
morales.

Qualifier un acte et rechercher par quelle règle on
doit le juger ; partir d'une maxime et faire indiquer
quelles actions de la vie de l'écolier elle condamne
absolument ; où, inversement, considérer un acte
isolé pour reconnaître en quoi il est bon ou blâmable,
voilà d'excellents exercices qu'on ne saurait trop
multiplier.

Ainsi donc la leçon sera tantôt inductive, tantôt
déductive, mais toujours une gymnastique morale.

Dans la classe enfantine et au cours élémentaire, la
leçon se distinguera par une extrême simplicité d'al-

lure ; avec ces petits enfants confiants et naïfs, heureux de le voir descendre jusqu'à eux et se complaire
aux petites choses qui les intéressent, le maître sera
familier, paternel et expansif. Comme ils ne sont pas
capables d'une attention longtemps soutenue, les
leçons seront courtes et les débuts en seront captivants.

Les petites fables, les récits bien vivants, contés
d'une façon dramatique, seront certainement bien
goûtés. Ici, les lectures ne sont pas nécessaires ; la
parole de l'instituteur est mille fois préférable ; une
petite maxime pourra terminer la causerie.

Au cours moyen et au cours supérieur, l'entretien
prend de l'ampleur et devient le développement méthodique du cours de morale.

La partie anecdotique n'occupe plus que le second
rang et cède la place principale au raisonnement.
Puisque la conscience et le jugement des élèves se
sont développés, la causerie prend de la gravité en
raison même des sujets plus sérieux qui sont abordés.

Le maître parlera-t-il constamment ? Non, il faut,
au contraire, que l'enfant intervienne à tout instant
dans la leçon, et l'instituteur fera bien de se tenir sur
ses gardes, car la part d'imprévu peut devenir considérable. Il n'est maître que du commencement ; le
reste dépend, en grande partie, de ses auditeurs.

Si habile qu'il puisse être, il n'obtiendra pas toujours des réponses conformes à celles qu'il attend ;
telle remarque originale l'obligera à modifier subitement la marche de l'entretien, tout au moins à faire

un circuit parfois très développé pour revenir à son point de départ.

Un dialogue continuel, même relativement court, produit souvent une monotonie qui fatigue ; la leçon de morale ne sera pas un dialogue ininterrompu, mais un mélange de dialogue et de monologue. L'alternance, voilà sa loi.

L'emploi de l'un ou de l'autre mode ne dépendra pas cependant du hasard, mais sera le résultat d'une détermination judicieuse. En certains cas, les deux procédés peuvent être employés à peu près indifféremment. Alors le maître prendra pour guide le besoin de variété. Si l'attention languit, si la leçon manque d'entrain, s'il s'agit de couper court à un commencement de turbulence, l'emploi du dialogue est tout indiqué. Si l'on veut faire trouver une vérité qui sommeille au fond de la conscience des enfants, ou à propos d'un acte, provoquer une manifestation de leur jugement moral, la forme dialoguée aura encore la préférence. Mais, après un entretien de quelques instants, le monologue reprend l'avantage. Le maître veut-il citer quelques beaux faits dignes d'être imités, le monologue est la seule forme à employer. Et c'est encore la meilleure quand, profitant des dispositions favorables qu'il a fait naître dans son petit auditoire, il veut adresser quelques conseils, quelques exhortations qui feront une impression durable.

En morale surtout, toute leçon dont le début n'a pas produit son effet est à peu près manquée. Qu'on ne compte pas sur la rigueur et les punitions ; l'attention ne s'obtient pas par la force ; elle se donne volontairement quand la leçon est intéressante, et seulement dans ce cas.

Le meilleur précepte, c'est de piquer la curiosité, de frapper le sens et l'imagination. La conséquence, c'est qu'il faut absolument ne pas toujours débuter de la même façon. Si j'ai à traiter un objet captivant, je l'aborde immédiatement. Ai-je une belle gravure se rapportant à la leçon, je la montre ; voilà les enfants amorcés et je profite de l'enthousiasme que j'ai fait naître.

D'autres fois, je commencerai par un récit, une fable, une lecture, même par un chant. Mais il y a une condition à réaliser : que tout cela soit court et intéressant. La difficulté ensuite est de greffer la leçon sur ce début ; ayez bien soin que le tout s'enchaîne parfaitement et qu'un changement de ton n'avertisse les élèves.

Pour finir, disons que de tous ces modes d'entrée en matière, le meilleur perd de sa valeur s'il se répète trop fréquemment, et qu'il est essentiel que la conclusion de la leçon laisse les enfants sous une impression profonde et salutaire.

Préparation de la leçon

Ce n'est pas dans le petit manuel de l'élève que l'instituteur puise pour sa propre préparation, mais dans un traité qui lui permet de développer, de compléter son instruction.

Avec attention, il lit le chapitre où se trouvent tous les éléments de la leçon ; il prend des notes afin de n'oublier aucun des points importants du sujet ; ces notes sont autant de points de repère qui lui permettront de ne pas s'égarer ; qui lui donneront la facilité de procéder dans un ordre logique, car il est indispensable que le plan de la leçon indique bien toutes les idées principales et même les points secondaires qui devront être développés : d'un simple coup-d'œil jeté sur son carnet, l'Instituteur doit pouvoir parler avec abondance de cœur.

On ne lui demande pas de verser des larmes ; mais il n'oubliera pas qu'il doit être franchement sincère ; que, s'il l'est réellement, l'émotion le gagnera lui-même et se transmettra à son auditoire. L'hypocrisie n'est pas permise ; mieux vaudraient le silence et l'abstention.

La leçon commence.

Généralement un élève lit ou récite le résumé de la dernière leçon ; des questions sont posées à lui et à ses camarades, et un nouvel entretien s'engage. Le maître fait trouver le principe de morale qu'il s'agit de traiter ; il conduit ses auditeurs à citer des exemples, à les choisir, autant que possible, dans le domaine de la vie pratique ; à les comparer et les juger. On conclut.

L'instituteur fait ensuite lui-même, sans commentaires inutiles, une belle lecture appropriée à la leçon, et dont il ne gâtera pas les effets par des questions superflues ; puis les enfants copient le nouveau résumé qui a pu être inscrit préalablement au tableau noir, surtout dans les écoles sans adjoints.

En vérité, ces notions de morale, données d'une façon régulière depuis quelques années seulement, ont produit des résultats absolument remarquables. C'est plaisir de voir combien ces braves enfants de la ville et de la campagne sont maintenant propres, gentils, intelligents et bien élevés ; combien ils sont doux, dociles et obéissants.

J'en parle ici en toute connaissance de cause, non pas seulement par les constatations directes que j'ai été heureux de faire moi-même, mais aussi par les témoignages que mes fonctions ambulantes me permettent de recueillir journellement. Les étrangers qui traversent un village quelconque sont unanimes pour reconnaître qu'une grande amélioration a été réalisée ; que les élèves de nos écoles, toujours aussi gais, mais moins bruyants, saluent avec empressement les personnes qu'ils rencontrent ; les garçons portent la main à leur coiffure, les fillettes s'inclinent légèrement. Les bonnes habitudes, la courtoisie, ont fait un grand pas dans le pays, grâce au dévouement absolu des institutrices et des instituteurs. On peut dire d'eux aussi : « Ce sont de braves gens ! »

LEÇON DE MORALE

Devoirs de bonté envers les animaux

PLAN DE LA LEÇON

Devoir.	{ De respect et d'admiration envers l'ordre universel. De bonté envers les animaux.

Les animaux sont des êtres sensibles.
Laideur morale de toute cruauté ; à quoi elle expose.

Droit de l'homme	{ Il peut détruire les animaux nuisibles, mais sans les faire souffrir inutilement. Il peut faire servir les autres à ses besoins.
Ses devoirs.	{ Nous devons protéger les animaux utiles, et traiter les animaux domestiques avec douceur et bonté.

Faire souffrir inutilement les animaux, c'est *Cruauté*.

Maltraiter les animaux domestiques et les animaux utiles.	{ C'est faire acte de lâcheté, d'ingratitude ; c'est aller contre notre propre intérêt.

Loi Grammont.

Société protectrice des animaux	{ Elle inspire à l'homme des sentiments d'humanité, de dignité personnelle.

Paul, voulez-vous me répéter ce que vous racontiez hier, pendant la récréation de l'après-midi, à vos camarades groupés autour de vous ? — Je ne m'en rappelle pas ! — Allons, vous parliez d'un rat pris au piège. — Ah, j'y suis ; je disais, en effet, que, la nuit précédente, mon père avait saisi un gros et magnifique rat, et que nous avions brûlé ce rat à petit feu, tout vivant. Comme il criait et surtout se débattait ! — A sa place, vous en eussiez fait autant, soyez-en persuadé ; et votre récit amusait fort vos auditeurs, je m'en suis aperçu ; ainsi les souffrances inutiles d'une pauvre bête vous réjouissent ? — Mais le rat est nuisible. — Ce n'est pas une raison, et les tortures que vous lui avez infligées n'ont pas réparé le mal qu'il a pu faire. Vous avez le *droit* et même le *devoir* de détruire les animaux nuisibles, mais vous n'avez pas le *droit* de les faire souffrir sans raison, et vous avez le *devoir* de les faire mourir le plus vite possible.

J'appuie avec intention sur ces mots, parce que beaucoup d'entre vous, beaucoup d'hommes faits, ne semblent pas se douter que s'ils ont des droits sur les êtres inférieurs qui les entourent, ils ont aussi des devoirs envers eux.

Les animaux sont des créatures appelées à jouer leur rôle dans la nature ; ils sont nécessaires à l'harmonie universelle ; la disparition subite d'une espèce conduirait fatalement à un développement exagéré d'une autre espèce ; l'équilibre serait rompu et c'est l'homme qui en serait victime tout le premier.

D'autre part, l'humanité, qui a reçu le don de l'intelligence, se dégrade par des cruautés inutiles, et l'on s'habitue à tout. — Oui, monsieur, j'ai remarqué qu'un boucher, par exemple, enfonce, sans broncher, son couteau dans la gorge du bœuf ou du chevreau qu'il tue, et qu'il reste indifférent à leurs cris plaintifs, tandis que ma mère ne peut, sans se trouver mal, voir saigner un poulet. — Précisément, c'est une affaire d'habitude. Que voulez-vous dire, Louis ? — Alors c'est mal de tuer des animaux pour s'en nourrir ; c'est mal aussi d'aller à la chasse, à la pêche ? — Il faut s'entendre. Nous aussi, nous avons le droit et le devoir de vivre, et nous sommes obligés, pour ce faire, d'engager la lutte contre les animaux nuisibles et d'employer ceux qui nous sont nécessaires ; mais ne les faisons pas souffrir pour notre plaisir. Ecrasez l'insecte qui vous nuit, mais ne le martyrisez pas ; tuez d'un seul coup votre rat au lieu de le griller. Et puis ne devons-nous pas de la reconnaissance au bœuf, au cheval, à l'âne qui peinent pour nous du soir au matin ?

— Mais vous nous avez dit qu'à l'institut Pasteur, on fait sur certains animaux, sur les lapins surtout, des expériences qui les font cruellement souffrir. — Vous faites bien de m'en parler ; mais ces expériences indispensables ont un but humanitaire très élevé, puisqu'elles doivent servir au bien-être de l'homme ; il faut savoir faire des sacrifices à la science, et ces sacrifices sont nécessaires, bien que, au point de vue qui nous est propre, ils soient passablement égoïstes. — Pourquoi donc notre voisin M. H..., a-t-il eu un procès-verbal fait par une personne qui n'est revêtue d'aucune autorité officielle? Ce M. H..., s'est, dit-on, permis de frapper un de ses chevaux qui ne tirait pas suffisamment. — C'est qu'il existe une Société protectrice des animaux dont les statuts constituent la loi Grammont, du nom de son auteur. D'après ces statuts, que vous voyez affichés dans notre salle de classe, il est interdit de maltraiter les animaux domestiques, dont on peut obtenir beaucoup plus par la douceur que par la violence. Que pensez-vous de cette loi ? — Qu'elle est excellente ; mon père ne frappe jamais ses chevaux et il en fait ce qu'il veut ; il ne permet pas à notre garçon de les maltraiter et tout le monde s'en trouve bien. — Sans doute, cette loi est excellente sous tous les rapports ; elle était certainement inscrite dans le cœur de l'homme avant de faire partie du Code ; mais elle est là pour rappeler au devoir ceux qui s'en écartent.

Résumé

Tous les êtres sont nécessaires au maintien de l'ordre dans la nature ; les animaux sont sensibles à la douleur et il est barbare de les torturer à plaisir. Nous sommes bien obligés d'utiliser les animaux dont nous avons besoin, ou de détruire ceux qui nous nuisent, mais, en les faisant mourir, ne les faisons souffrir que le moins possible. La loi Grammont inspire à l'homme des sentiments de compassion, de dignité, qui ne peuvent que l'honorer.

LECTURE

Le Crapaud

J'étais enfant, j'étais petit, j'étais cruel.

. . . .

Le crapaud se traînait au fond d'un chemin creux,
C'était l'heure où des champs les profondeurs s'azurent ;
Fauve, il cherchait la nuit ; les enfants l'aperçurent
Et crièrent : « Tuons ce vilain animal,
Et puisqu'il est si laid, faisons-lui bien du mal ! »
Et chacun d'eux, riant, — l'enfant rit quand il tue, —
Se mit à le piquer d'une branche pointue,
Élargissant le trou de l'œil crevé, blessant

Les blessures, ravis, applaudis du passant ; —
Car les passants riaient ; — et l'ombre sépulcrale
Couvrait ce noir martyr qui n'a pas même un râle ;
Et le sang, sang affreux, de toutes parts coulait
Sur ce pauvre être ayant pour crime d'être laid ;
Il fuyait, il avait une patte arrachée ;
Un enfant le frappait d'une pelle ébréchée ;
Et chaque coup faisait écumer ce proscrit
Qui, même quand le jour sur sa tête sourit,
Même sous le grand ciel, rampe au fond d'une cave ;

. . . .

. . . .

Les enfants voulaient le saisir dans un lacet,
Mais il leur échappa, glissant le long des haies ;
L'ornière était béante, il y traîna ses plaies
Et s'y plongea, sanglant, brisé, le crâne ouvert,
Sentant quelque fraîcheur dans ce cloaque vert,
Lavant la cruauté de l'homme en cette boue ;

. . . .

. . . .

Or, en ce moment, juste à ce point de terre,
Le hasard amenait un chariot très lourd,
Traîné par un vieux âne, écloppé, maigre et sourd ;
Cet âne harassé, boiteux et lamentable,
Après un jour de marche approchait de l'étable ;
Il roulait la charrette et portait un panier,
Chaque pas qu'il faisait semblait l'avant-dernier ;
Cette bête marchait, battue, exténuée,
Les coups l'enveloppaient ainsi qu'une nuée ;

. . . .

Soudain, avançant dans l'ornière
Où le monstre attendait sa torture dernière,
L'âne vit le crapaud, et triste, hélas penché
Sur un plus triste, lourd, rompu, morne, écorché,
Il sembla le flairer avec sa tête basse ;
Ce forçat, ce damné, ce patient fit grâce ;

Il rassembla sa force éteinte, et raidissant
Sa chaîne et son licou sur ses muscles en sang,

. . . .

Tirant la chaîne et soulevant le bât,
Hagard, il détourna la roue inexorable,
Laissant derrière lui vivre ce misérable ;
Puis sous un coup de fouet, il reprit son chemin.
Alors, lâchant la pierre échappée de sa main,
Un des enfants — celui qui conte cette histoire, —
Sous la voute infinie à la fois bleue et noire,
Entendit une voix qui lui disait : « Sois bon. »

Victor HUGO.

Instruction civique

L'instruction civique complète l'enseignement de la morale et s'y rattache intimement par les devoirs envers l'Etat et la Patrie ; de ce côté, je n'ai donc rien à ajouter ; mais l'origine de la souveraineté nationale, la constitution qui nous régit, l'organisation administrative sont du domaine de l'histoire et ne paraissent pas nécessiter des leçons à part, bien qu'il soit indispensable, quand on atteint la période qui les a vues éclore, d'insister d'une manière toute particulière.

Ici on ne procède pas tout à fait de la même manière que pour la morale.

Si vous avez à parler du ministère des postes, n'allez pas à Paris d'abord : la boîte aux lettres et le facteur seront nos points de départ ; de là, nous passerons au bureau de poste, à l'inspection, à la direction départementale, puis à la capitale.

Les élections municipales nous permettront de parler avec une lumineuse clarté, des droits et des devoirs du citoyen, de ce qu'il faut entendre par majorité absolue et majorité relative : les chiffres, voilà ce qu'il faut mettre sous les yeux des enfants attentifs. Il s'agit de nommer un conseiller municipal, le nombre des électeurs est de 548, celui des votants de 130 : le scrutin est nul au premier tour, puisque le chiffre des votants n'est pas égal au quart des électeurs inscrits ; en effet $130 \times 4 = 520$. Mais 450 ont pris part au vote, la majorité absolue est de $\dfrac{450}{2}$ ou 225 plus un, soit 226 ; avec un nombre impair, 451 par exemple, la majorité absolue est encore de 226, puisque la minorité a dépassé 225 bulletins.

L'école, l'instituteur, l'inspecteur de l'enseignement primaire qui, chaque année, vient visiter le maître et les élèves, nous conduiront à l'inspection académique, au rectorat, puis à la rue de Grenelle-Saint-Germain.

Le petit fantassin, qui vient passer vingt-quatre heures dans sa famille, nous transportera à la caserne où nous verrons défiler, comme dans un lampadorama, le sergent, les officiers des différents grades, le général, le commandant de corps d'armée, le chef d'état-major-général et le ministre de la guerre.

Quelles plus fécondes leçons que celles qui ont pour cadre la salle de mairie, le bureau du percepteur, la route nationale, la caserne où nos fils, sous les plis du drapeau tricolore, vont pratiquer les sublimes vertus d'abnégation et de dévouement qui font les grands cœurs et les bons Français !

LECTURE ET RÉCITATION

Vous vous souvenez, pour l'avoir éprouvé vous-mêmes, combien est pénible et abstraite cette étude qui consiste à apprendre les vingt-cinq lettres de l'alphabet en suivant l'ordre des anciennes méthodes de lecture ; elle oblige l'élève, en effet, à de tels efforts, à une telle tension d'esprit, que le dégoût et l'ennui lui viennent de suite.

L'enfant entre à l'école primaire à cinq ou six ans. Depuis longtemps il se réjouit d'aller à ce qu'il appelle la grande école. A huit heures du matin, il nous vient, tout de neuf habillé, conduit par sa maman ; il est joyeux et souriant, très fier de son beau sac à bretelles. Il entre.

La classe terminée, il retourne à la maison, tout décontenancé et la mine piteuse : il en a assez.

C'est qu'il n'a peut-être pas trouvé dans le maître la bienveillance à laquelle il était habitué dans sa famille ou à l'école maternelle ; c'est que les exercices auxquels il a pris part n'ont pas su l'intéresser.

Avec les progrès accomplis dans le domaine pédagogique depuis plusieurs années, il est impossible à l'Instituteur, s'il veut rester à la hauteur de sa tâche, de s'immobiliser dans ses anciens errements. Il lui faut s'instruire sans cesse et marcher de l'avant.

Cours préparatoire

Les bonnes méthodes pour conduire les enfants à la lecture courante ne nous manquent pas, mais *la méthode* qui réussit le mieux est encore celle du maître ingénieux et dévoué. Le meilleur procédé, c'est celui qui sait captiver l'attention des élèves et qui développe en même temps ses facultés morales et intellectuelles.

De même que, en dessin, par exemple, quand deux lignes sont étudiées, on passe à leurs différentes combinaisons, de même pour la lecture, dès que quelques lettres seront connues, on en formera des mots.

Ayez une méthode de lecture en tableaux, elle sera votre guide, mais ne vous en contentez pas. Servez-vous constamment du tableau noir, du moins au début, et tracez-y les lettres qui font l'objet de la leçon. Employez la nouvelle épellation qui conduit plus rapidement au but ; revenez à l'ancienne dès que les enfants savent syllaber ; elle est plus commode pour l'orthographe usuelle.

Vous savez que les méthodes de nouvelle épellation ne décomposent la syllabe qu'en deux parties, le son et l'articulation, et qu'elles donnent aux lettres un son plus rapproché de leur valeur relative ; ainsi au lieu de prononcer : **bé, cé, dé, effe,** on dit : **be, ce, de, fe.**

N'oublions pas que nous avons à mener de front la lecture et l'écriture, mais n'oublions pas non plus, afin de ne pas trop fatiguer les enfants, de commencer par l'étude des caractères, qui, dans les deux parties, ont d'abord le plus de ressemblance, comme les lettres :

o c d e i m n u

Je prends deux exemples quelconques et je suppose

que nous ayons à revoir ou à étudier les lettres : i,
m, n, et la voyelle composée : on.

On les écrit au tableau :

i   m   n   on

i   m   n   on

On les nomme, on les fait nommer ; on demande
aux élèves de montrer la lettre i, la lettre m, la voyelle
composée on, la lettre n, tantôt en caractères d'imprimerie, tantôt en caractères écrits. Quand elles
sont bien sues, on les place de manière à former le
mot : minon.

minon

minon

Mais jusqu'ici les élèves n'ont joué qu'un rôle insuffisant et trop effacé ; utilisez des caractères mobiles,
remettez-en plusieurs séries aux enfants qui auront à
retrouver les lettres des deux genres qui forment le
mot : minon.

Tout est animation et joie ; les plus indolents sont
entraînés, parce qu'il est donné satisfaction à leur
besoin de mouvement, d'activité et à leur curiosité.

Une autre partie de la leçon serait destinée à faire
au tableau noir, puis sur les ardoises, les lettres apprises et les mots qu'elles ont servi à former. Cette
leçon ne doit pas durer plus de vingt minutes.

Dans une autre séance, on s'occupe par exemple

dé l'étude de la lettre i et des voyelles composées ou et in. Mais il est bien entendu qu'on revoit d'abord les caractères déjà appris. A l'aide de ces nouvelles lettres, on forme le mot : **moulin**, comme on a formé le mot **minon**.

Les élèves, avec les caractères mobiles, composent ce même mot ; ils l'écrivent comme ci-dessus sur le tableau noir, puis sur l'ardoise ; et puisqu'ils s'exercent au dessin, on les invite à reproduire sur l'ardoise, à leur fantaisie, le moulin du meunier ou un moulin à vent dont ils ont vu l'image. Soyez tranquilles, les voilà occupés pour dix bonnes minutes.

Les caractères appris ou à apprendre s'inscrivent successivement au tableau noir et y restent jusqu'au samedi soir.

On les revoit chaque jour plusieurs fois, c'est indispensable.

En opérant ainsi, les leçons gagnent en intérêt et deviennent en même temps plus vivantes et plus profitables. Il est inutile d'ajouter que tous les mots employés doivent être expliqués et compris.

Le samedi, révision générale, rendue plus fructueuse encore par la construction et la lecture d'une phrase renfermant tous les éléments qui ont été étudiés pendant la semaine.

Je n'insiste pas plus longtemps sur ce procédé qui n'est pas nouveau, sans doute, mais qui est excellent quand on sait s'en servir avec intelligence : les enfants ne mettent pas trois années pour syllaber, quelques mois suffisent.

Afin de faire trouver et retenir plus aisément soit le nom des lettres, soit le nom des voyelles composées, quelques méthodes emploient des gravures qui représentent des objets, des plantes ou des animaux bien connus des enfants.

Ainsi le *bœuf* donne **b** ;
    le *chat*   —   **ch** ;
    le *lapin*   —   **in** ;
    le *mouton*—   **on**.

Ce moyen n'est certes pas à dédaigner : il frappe l'attention de nos petits auditeurs, excite leur curiosité, leur rend le travail plus agréable, en même temps que les progrès réalisés sont plus rapides.

Cours élémentaire

La leçon de lecture, au cours élémentaire, doit également être faite par le maître lui-même, à moins qu'il ne s'agisse de répétitions. Dans ce dernier cas, on peut, surtout dans les écoles sans adjoint, employer de temps à autre des aides bien préparés ; mais le plus rarement possible.

L'enfant sort des tableaux, il syllabe ; le moment est venu de mettre un livre entre ses mains. On n'a que l'embarras du choix, mais encore faut-il choisir judicieusement.

En premier lieu, il convient d'éliminer les ouvrages qui ne sont pas spécialement consacrés à la lecture proprement dite, le livre d'histoire, par exemple, et de prendre le livre qui, tout en intéressant l'enfant, à cause des gravures, des images, du texte intelligent, l'initie aux premières connaissances usuelles.

L'élève lit debout, la tête droite ou à peine légèrement inclinée ; courbé, il aspire mal et respire mal aussi, et l'on sait comment la voix est produite. Pas d'air, pas de voix. Bannissez à la fois le ton criard et le ton caverneux ; la voix ordinaire, le médium, sera la seule acceptée.

Afin de prévenir la myopie, l'enfant tient son livre à une distance visuelle de vingt à vingt-cinq centimètres et lui donne une inclinaison de 45 degrés environ. C'est là une précaution que, malheureusement, on ne prend pas dans toutes les écoles.

Qu'il s'agisse d'un cours de l'école, quel qu'il soit, il ne faut pas se presser de faire lire les enfants dans un ouvrage dont ils ne comprendraient pas le texte ; c'est du temps perdu. Je sais lire le latin, au moins mécaniquement, mais je ne l'ai pas appris, j'en lis une page et je ferme le livre. Quel fruit ai-je retiré de cette lecture ? Aucun. Il en est de même de l'enfant qui lit un chapitre d'un texte trop savant. Il a lu du latin qu'il ne comprend pas et ce latin est du français.

D'aucuns, pour se justifier, essayent de soutenir que c'est afin d'économiser l'argent des familles qu'ils agissent ainsi. Je comprends peu l'objection. En tous cas, au lieu de fermer l'intelligence de l'enfant, nous devons l'ouvrir ; au lieu de fatiguer, de rebuter l'élève, nous devons l'exciter et l'encourager.

D'ailleurs le moindre ouvrage destiné au cours moyen coûte au moins un franc ; pour le cours élé-

mentaire, on s'en procure à raison de soixante centimes l'exemplaire, prix fort, et d'excellents, que je
ne citerai pas ici, mais dont les maîtres trouveront
l'énumération dans la liste donnée chaque année par
une commission spéciale dans tous les départements.

Cours moyen

Il ne suffit pas d'avoir mis la main sur un excellent
livre de lecture, il faut en tirer le meilleur parti possible. J'estime que le maître doit avoir lui-même
l'ouvrage afin de ne pas être obligé de l'emprunter
aux enfants ; j'estime aussi que chaque enfant doit
avoir le sien ; je n'aime pas ces groupes de deux et
même de trois élèves : les enfants font mine d'être
attentifs et ne le sont pas ; la discipline en souffre
autant que la leçon. C'est du désordre.

Je fais cette remarque parce qu'elle a besoin d'être
faite. Dans quelques écoles, les élèves du cours moyen
sont en leçon de lecture ; dix sur trente-cinq peuvent
suivre ; les autres n'ont pas de livre. Pourquoi ? —
Ah ! Monsieur l'inspecteur, je ne m'en étais pas aperçu.
— Si cela vous arrive souvent !... Nous rencontrons
quelquefois cet état de choses.

L'instituteur a son livre à lui, il prépare la leçon de
lecture aussi soigneusement que les autres leçons. Il
choisit un chapitre et le lit avec attention ; d'un trait,
il souligne au crayon les passages ou les mots sur
l'explication desquels il devra insister tout particulièrement ; il sera sûr ainsi de ne rien oublier d'important.

Ce travail demande quelques instants ; ce n'est pas du temps perdu, car la besogne du maître sera bien simplifiée.

Il vous est arrivé, au moins une fois, d'avoir oublié cette préparation ; vous avez dû le lendemain éprouver quelque embarras ; peut-être avez-vous insisté sur des futilités pour passer trop vite sur des choses essentielles, et vous avez regretté d'avoir commis cette négligence.

Mais l'heure de la leçon a sonné.

Les élèves ont leur livre ouvert à la page indiquée ; le maître lit une partie du chapitre avec naturel et simplicité ; il fait remarquer le plan du morceau, donne ensuite assez rapidement les explications indispensables, puis il invite un élève à commencer. Il veille à la prononciation, au débit et à l'expression ; il lutte contre l'accent local ; toute lecture ou monotone ou trop lente ou trop pressée est interdite. Il faut laisser lire à l'enfant au moins un paragraphe et ne pas l'interrompre à chaque instant par des interrogations ; la lecture terminée, assurez-vous qu'il a bien saisi le sens du texte qu'il a débité. Passez à un autre élève, non pas toujours au voisin, gardez-vous en bien, afin de soutenir l'attention, mais à l'enfant étourdi ou dissipé. On fait principalement lire les faibles, surtout dans les cours supérieur et moyen.

En ce qui concerne les cours élémentaire et prépatoire, l'emploi du temps doit porter au moins deux leçons de lecture par jour ; on sait que nous les demandons courtes, mais tous les enfants doivent lire ou syllaber dans la journée au moins une fois.

Dans les écoles fort peuplées, et même dans toutes, il est excellent, au début de la leçon, de faire lire collectivement les élèves de la même division, avant de les reprendre séparément.

De cette façon, on entraîne les indolents et les faibles, et on les conduit tous plus rapidement à la lecture expressive, c'est-à-dire intelligente ; d'un autre côté, les parents souvent mal renseignés ne pourront pas dire que leurs enfants n'ont pas lu depuis plusieurs jours ; nous recevons parfois des plaintes de ce genre.

Le chapitre est lu et relu ; cinq minutes nous restent ; on ferme les livres et un élève donne le résumé oral de la lecture ; si le temps ne fait pas défaut, un autre fait le même travail ; vous veillez à la diction, vous exigez un langage correct, de la suite dans les idées exprimées. Cet exercice est un des procédés qui conduisent tout droit à la rédaction.

Ce n'est pas seulement en lecture qu'on procède ainsi ; mais toute dictée, tout exercice de récitation, toute leçon de morale, d'histoire, de géographie, de sciences physiques et naturelles, sera racontée en termes très simples par les enfants. Vous aurez là la meilleure des indications pour vous assurer que vous êtes compris.

Non seulement vous ferez faire un compte-rendu, mais, de temps à autre, le plus souvent possible, surtout le samedi, vous conterez une aventure de chasse, un récit de voyage, que vous ferez répéter par quelques élèves. On vous écoutera, soyez tranquilles, et même on vous indiquera les lacunes faites par les camarades.

N'oublions pas que la lecture doit rester une leçon de lecture. Si donc nous rencontrons dans le morceau le nom d'un lieu historique, un nom de ville ou une difficulté grammaticale, par exemple : Jemmapes, Tours, quelque, nous nous garderons de faire une trop longue digression sur les guerres de la première République, sur les productions de la Touraine et sur toutes les règles de quelque ; c'est l'affaire des leçons d'histoire, de géographie et de grammaire. Il nous suffira de montrer rapidement sur la carte murale Jemmapes et Tours, de citer le cas particulier de quelque.

Ce qu'il faut, c'est l'explication du sens des mots non connus et des phrases, l'analyse des idées contenues dans le morceau et l'examen des expressions remarquables.

Si vous tombez sur un mot difficile à expliquer, parce qu'il sert à exprimer une pensée trop abstraite, multipliez les exemples pour en faire saisir le sens exact ; mais ne donnez pas d'explication vous-mêmes trop rapidement ; il n'en resterait rien.

Voyez ce qui peut arriver même à des candidats au brevet élémentaire, mais mal préparés et qui ont peu ou mal lu : « Quelle différence y a-t-il entre une bête de somme et une bête de trait ? — La bête de somme est un animal de prix ; la bête de trait, c'est une vache une chèvre. » *(Authentique).*

Autre chose encore : de temps en temps, vous désignez le chapitre qui fera l'objet do la lecture du lendemain et vous invitez les élèves à la préparer à la maison ; ils le feront si le sujet est intéressant et surtout s'ils ont *la rage de la lecture*, ce dont nous allons nous occuper.

Au jour fixé, pour vous assurer que vous avez été obéi, vous appelez quelques enfants pour vous faire le compte-rendu verbal de la leçon.

Mais il ne suffit pas d'apprendre à lire aux élèves, il faut leur apprendre à aimer à lire.

Les connaissances acquises à l'école par l'enfant seraient bientôt dissipées, si cet élève devenu jeune homme ne trouvait moyen, par de bonnes lectures, non-seulement de conserver ce qu'il a appris, mais de développer son instruction.

Or, il n'est guère facile de se créer à soi-même une bibliothèque de toutes pièces, force est donc de s'adresser à la bibliothèque populaire des écoles. Mais celle-ci est-elle composée de façon à entraîner beaucoup de lecteurs ?

En 1862, lors de leur création, le Ministère, avec les meilleures intentions d'ailleurs, plaça dans les bibliothèques, des ouvrages d'agriculture et d'autres traitant de l'industrie et du commerce ; les lecteurs, que la nouveauté de la chose avait d'abord alléchés, se retirèrent bientôt en bon ordre. Ces livres sont précisément de ceux qu'on lit quand on en a beaucoup lu d'autres qui ont éclairé et élevé l'intelligence ; or la lecture n'est pas seulement le propre de l'homme aisé, elle l'est aussi de l'artisan et de l'ouvrier ; c'est pour ce motif qu'il faut en inspirer le goût à tous les élèves qui nous sont confiés.

J'ai passé une partie de mon enfance sur les bords pittoresques de la Moselle, à six kilomètres en amont de Toul. A la belle saison, autant pour secouer le souvenir du maître d'école, qui n'était pas gai, que pour prendre nos ébats, nous allions tous *(les élèves)*, nous plonger dans l'eau limpide de la rivière. L'une de nos meilleures récréations après le bain, était d'assister à la pêche de l'ablette. Je ne vous décrirai pas ce petit animal, mais vous savez qu'on le recherche moins pour sa chair que pour ses écailles qui servent à la fabrication des fausses perles.

Donc, nous étions curieux de cette pêche. Le pêcheur plonge un filet horizontal dans un endroit profond de la rivière, où l'eau, battant contre le bord qu'elle ronge lentement, revient sur elle-même en tournoyant. Il s'assied, ne se montre pas trop et fait peu de mouvement. De temps à autre, il jette sur l'eau quelque poussière de pain de chènevis, dont les poissons sont très friands. Petit à petit, les ablettes font comme la boule de neige qui descend des montagnes alpines, elles arrivent en quantité, heureuses de cette bonne aubaine ; mais tout à coup, le filet se relève et une multitude de petits poissons sortent de l'élément liquide, frétillant, se débattant et tombent sur l'herbe de la prairie. On sait le sort qui les y attend.

Agissez comme le pêcheur d'ablettes, amorcez les lecteurs.

Mais il faut s'y prendre de bonne heure ; il ne faut pas non plus commencer, je l'ai déjà dit, par des lectures qui sont, je ne dirai pas inutiles, mais insipides et sans attrait.

Au lieu de vous dire : on doit faire comme ceci ou comme cela, je préfère vous raconter comment j'ai opéré moi-même avec mes élèves.

J'en avais toujours quelques-uns que les beautés de notre langue n'attiraient guère, et à leur âge, cela se comprend très bien. Je leur mets entre les mains, mais comme punition, les contes de Schmid, qu'on lisait dans nos écoles il y a vingt ans et plus, je les menace du doigt et les oblige à lire la première histoire commençant par ces mots : « *Thérèse, pauvre veuve, etc...* » Les moutards font la grimace ; ils lisent cependant, malgré eux et lentement ; à la septième ligne, je les vois empoignés, ils achèvent l'histoire. — Monsieur, est-ce que les autres contes sont aussi beaux que celui-ci ? — Certainement, vous n'avez qu'à continuer. Mais c'était déjà beaucoup d'avoir amorcé ces ablettes d'un nouveau genre ; je les arrête. Le lendemain, les gaillards ne se souvenaient déjà plus du plaisir qu'ils avaient goûté la veille ; nouvelles injonctions ; le deuxième conte est lu, puis le troisième va tout seul. Au bout d'un mois, je n'impose plus, mais on me demande de nouvelles histoires. Après les contes de Schmid, je donnai les contes de fées de Perrault, ceux de Mme de Ségur ; une fois pris aux lacs on ne s'en détache plus. Après vinrent les romans de Mayne-Reid, puis ceux de Jules Verne, de

Fenimore Cooper, de Gabriel Ferry, le Robinson Crusoé, le Robinson Suisse, les contes des Mille et une nuits. La pêche donnait tous ses résultats.

Dès le cours moyen, au plus tard, mettez entre les mains des enfants deux livres de lecture : employez alternativement l'un et l'autre ; expliquez, commentez et l'intérêt se maintiendra.

Mais le samedi, faites vous-même, dans un ouvrage à vous, une lecture à laquelle les élèves ne manqueraient à aucun prix, voici pour quel motif :

Cette lecture est choisie avec un soin tout particulier ; les enfants adorent les histoires de voyage ; eh bien, faites-les voyager au moins en imagination : que ce soit avec Julien et André, à travers la France ; avec Jean-Paul dans les solitudes des deux Amériques ; avec Yvan Gall dans les cinq parties du monde, peu importe.

Lisez avec toute l'expression dont vous êtes capable; préparez d'avance, au tableau noir, une carte sur laquelle, par un trait, vous indiquerez l'itinéraire suivi, les lieux parcourus, les villes visitées et les mers traversées.

L'attention de votre auditoire restera soutenue et constante : que de choses ignorées vont être mises en relief ; que d'aventures palpitantes vont se dérouler ; j'ajoute, que de connaissances acquises indirectement et sans peine !

Arrêtez-vous au bout de vingt à trente minutes, juste au moment où l'intérêt du récit augmente. On vous criera : « Oh ! monsieur, encore un peu, s'il vous plaît ! »

Ces enfants ainsi amorcés seront les clients fidèles de la bibliothèque populaire, et je doute fort que les ouvrages qu'elle renferme suffisent jamais à satisfaire leur appétit intellectuel.

Celle-ci doit donc être organisée de telle façon qu'elle donne ce qu'on est en droit d'en attendre.

Tous les instituteurs ou presque tous sont secrétaires de mairie ; il leur serait aisé de faire inscrire annuellement au budget communal une petite somme, tant pour l'achat de nouveaux volumes que pour la reliure des livres détériorés. Les municipalités en prendraient facilement l'habitude et tout le monde s'en trouverait bien.

« Si j'étais le maître, disait Horace Mann, je sèmerais les livres comme on sème le blé dans les sillons. »

La lecture tue agréablement les heures d'ennui ; elle enlève au marchand de vin du coin plus de clientèle que tous les arrêtés de la police. Elle est une sauvegarde pour l'Instituteur lui-même. J'en ai connu de bons qui, faute de savoir employer leur temps, se sont mis à boire, à jouer, et à s'occuper de ce qui ne les regardait pas. De là des difficultés sans nombre et des déplacements nécessaires.

Les récréations intellectuelles sont mille fois supérieures aux plaisirs des sens. Essayez-en.

RÉCITATION

Par récitation, il faut entendre non pas la répétition des leçons de la veille, mais l'étude des morceaux choisis de poésie ou de prose.

Les maîtres ne sauraient donner trop de soins à cette partie de l'enseignement qui, bien faite, intéresse les élèves, leur inculque le goût des bons livres, les met en possession d'expressions élégantes et délicates, et vient aussi en aide à l'œuvre de l'éducation morale et intellectuelle.

Aussi le choix des passages à apprendre n'est-il pas indifférent.

On puisera largement dans La Fontaine ; Florian nous donnera ses meilleures fables ; à chacun de nos grands écrivains des diverses époques, on empruntera au moins une belle page. Nos élèves pourraient-ils vraiment quitter les bancs de l'école sans connaître Malherbe, Corneille, Racine, Molière, Bossuet, La Bruyère, Buffon, Chateaubriand, Victor Hugo, Lamartine, Alfred de Musset et quelques auteurs contemporains !

Les morceaux à apprendre seront toujours intéressants et à la portée de l'intelligence des enfants. Dans les cours inférieurs, ils seront peu longs, de huit à quinze lignes. C'est à la poésie principalement qu'ils seront empruntés, parce qu'elle se grave plus facilement que la prose dans l'esprit de nos petits auditeurs.

À l'école maternelle, au cours préparatoire, la récitation s'apprend forcément par l'audition, puisque les élèves ne savent pas lire. L'instituteur dit, avec le ton convenable, un vers, une phrase que tous répètent simultanément. Il la reprend, la reprend encore, puis va plus loin, tout en revenant sans cesse sur ses pas.

Comme pour la lecture, il commence par résumer le sujet avant de le raconter et de l'expliquer ; il fait remarquer comment une idée en appelle une autre : l'étude en devient plus facile, plus agréable et fixe mieux l'attention.

Ici encore, dans toutes les divisions, il n'est pas mauvais que, de temps à autre et pendant un instant, la récitation soit faite en même temps par les élèves de la même section ; j'en ai déjà donné le motif. Toujours on exige une prononciation très nette, car de la diction dépend la clarté ; on évince sans pitié les gestes théâtraux et toute autre exagération dans le débit ; ne nous occupons pas des badauds à qui ces folies peuvent plaire, et laissons à ces braves enfants le naturel, la simplicité et la droiture qui leur vont si bien.

Pour que les élèves puissent apprendre sans trop de fatigue, le maître, dès l'avant-veille, leur ébauche le morceau ; le soir même, ils en commencent l'étude à la maison ; le lendemain matin surtout, ils le reprennent et le terminent ; ils le revoient encore dans la journée et le jour suivant, avant d'aller en classe.

Admettons que, dans nos écoles, on fasse trois leçons de récitation par semaine, et ce n'est pas trop : eh bien, nous mettrons trois leçons pour étudier le passage : d'abord un tiers environ ; puis le second tiers avec révision du premier ; enfin tout le morceau.

Mais les passages étudiés, surtout ceux de poésie, devront être sus imperturbablement, mot à mot. Cela exige un effort sérieux de la part des enfants, c'est pour ce motif qu'on donne peu à apprendre à la fois. On fera des révisions très fréquentes. Quelqu'un demandait un jour à Bossuet : « Quel est votre meilleur sermon ? — Celui que j'ai fait le plus souvent. » C'est surtout par cet exercice que la mémoire se développera, que l'esprit se meublera de connaissances sérieuses et que les élèves apprendront à connaître le génie et les ressources de notre langue.

Afin de ne pas gaspiller le temps, si les enfants n'ont pas de livre, on donne le sujet comme dictée. Les élèves inscrivent sur un carnet spécial les morceaux appris. On en affiche la liste pour chacun des cours de l'école.

Préparation d'un morceau de récitation

LE CHAT, LA BELETTE ET LE PETIT LAPIN

I

Du palais d'un jeune lapin,
Dame belette un beau matin,
S'empara. C'est une rusée.

Voyez comme le poète a su isoler et mettre en évidence l'idée principale *s'empara*.

Ecoutez la réflexion *c'est une rusée* ; il ne dit pas *adroite*, en effet,

> Le maître était absent, ce lui fut chose aisée,
> Elle porta chez lui ses pénates,

Allusion comique ; le poète donne à son personnage un air d'antiquité.

> ...un jour
> Qu'il était allé à l'Aurore faire sa cour
> Parmi le thym et la rosée.

Jolie manière de traduire *aller brouter dès le matin :*
La Fontaine fait de cette expression un tableau plein
de fraîcheur : le lapin faisait sa cour à l'Aurore !

> Après qu'il eut brouté, trotté, fait ses tours,
joyeux
> Jeannot Lapin retourne aux souterrains séjours.

Les détails qui suivent ne permettent plus de parler
d'un palais. Remarquez l'expression Jeannot Lapin
comme on dit Martin Mouton, Gent trotte-menu, etc.
Voilà la première partie, l'*usurpation* : la seconde
suit : la *dispute*.

II

> La belette avait mis le nez à la fenêtre.

Pourquoi ? Elle veut jouir de la mystification du
propriétaire.

> O dieux hospitaliers, que vois-je ici paraître ?
> Dit l'animal chassé du paternel logis.

Surprise rendue avec art. *Que* et non pas *qui* vois-
je ici paraître ? Mais la réflexion vient et, fort de ses
droits,

> Holà, Madame la Belette
> Que l'on déloge sans trompette

La trouvant un peu lente à s'exécuter

> Ou je vais avertir tous les rats du pays.

Tous, parce que si la belette ne craint pas isolément ses ennemis naturels, elle ne peut résister à une bande.

Elle veut raisonner et, maligne, comme son museau l'indique

> La dame au nez pointu répondit que la terre
> Etait au premier occupant.

Nouveau système de droit : j'occupe votre terrier, donc il est à moi ; puis vient la note ironique :

> C'était un beau sujet de guerre
> Qu'un logis ou lui-même il n'entrait qu'en rampant :
> Et quand ce serait un royaume,
> Je voudrais bien savoir, dit-elle, quelle loi
> En a pour toujours fait l'octroi
> A Jean, fils ou neveu de Pierre ou de Guillaume,
> Plutôt qu'à Paul, plutôt qu'à moi.

Remarquez que le fabuliste a quitté le style indirect qui enlève au langage le mouvement et la vérité.

La belette méconnaît donc le droit de succession. Que répondra son adversaire ?

> Jean Lapin allègue la coutume et l'usage :
> Ce sont, dit-il, leurs lois qui m'ont de ce logis
> Rendu maître et seigneur, et qui, de père en fils,
> L'ont de Pierre à Simon, puis à moi, Jean, transmis,
> Le premier occupant, est-ce une loi plus sage ?

Le nom de Jean Lapin, qui revient au milieu de cette sérieuse discussion, ne manque pas de sel. Toutefois, le ton du propriétaire est énergique et plein de fierté. La dame au nez pointu est une querelleuse de métier ; elle méprise les lois et se joue des raisons les mieux fondées.

III

La *dispute* nous conduit au *dénouement*, par une proposition que fait la belette.

> Or bien, sans crier davantage,
> Rapportons-nous, dit-elle, à Raminagrobis.

Raminagrobis ! Comment expliquer ce choix ? il fallait qu'il eût un intérieur bien digne d'attirer la confiance. En effet

> C'était un chat vivant comme un dévot ermite ;
> Un chat faisant la chattemitte ;
> Un saint homme de chat, bien fourré, gros et gras,
> Arbitre expert sur tous les cas.

Tel est le portrait de l'honnête homme que la belette propose pour juge. « Vrai Cerbère », mais plus habile que celui qui se fait craindre une lieue à la ronde.

Il est *bien fourré, gros et gras* comme Tartufe qui, lui aussi, avait le teint fleuri et l'oreille rouge. Nous tremblons que

> Jean Lapin pour juge l'agrée,

Car le petit lapin a seul droit à notre intérêt.

> Les voilà tous deux arrivés
> Devant sa Majesté fourrée.
> Grippeminaud leur dit :

Ce nom de Grippeminaud n'est pas, certes, rassurant. Il contraste avec son langage doucereux.

> « Mes enfants, approchez,
> Approchez ; je suis sourd, les ans en sont la cause.

Mes enfants ! C'est le langage d'un bon vieillard, d'un père ; il pousse la précaution jusqu'à donner l'origine de sa surdité.

> L'un et l'autre approchait, ne craignant nulle chose.

Va-t-il s'amuser à écouter leurs ébats, non.

> Aussitôt qu'à portée il vit les contestants,
>   Grippeminaud le bon apôtre,
> Jetant des deux côtés la griffe en même temps,
> Mit les plaideurs d'accord en croquant l'un et l'autre.

Tableau vif et rapide. C'est un mélange de tragique et de comique. L'hypocrite reprend son naturel quand il est sûr que la scène se passe chez lui, à huis clos. Aussitôt après il revêtira son air patelin et dévot pour faire de nouvelles dupes.

Remarquez aussi l'ironie du dernier vers.

> Mit les plaideurs d'accord en croquant l'un et l'autre.

Tout le récit se réduit à la phrase suivante :

« Une belette s'empare du terrier d'un jeune lapin absent. — Au retour de celui-ci une dispute s'élève — et ils finissent par prendre pour juge un chat qui les mange tous deux.

CONCLUSION

> Ceci ressemble aux débats qu'ont parfois
> Les petits souverains se rapportant aux rois.
> Petits princes, videz vos débats entre vous.

LA FONTAINE.
D'après VAN HOLLEBECKE,
Dictionnaire de Pédagogie — Buisson.

ÉCRITURE

Ne mettez pas prématurément la plume et le cahier entre les mains de l'enfant qui vous arrive, surtout s'il n'a pas passé par une école maternelle ou s'il n'a pas reçu dans la famille une première éducation. Il gâterait, sans profit, beaucoup de papier, se salirait d'encre et pourrait risquer de se blesser.

Donnez-lui, mais pendant quelques mois seulement, l'ardoise et le crayon à mine de plomb. La main ne s'alourdira pas et les caractères qu'il tracera ressortiront avec une netteté bien plus grande. L'ardoise factice coûte plus cher que l'ardoise ordinaire, c'est bien vrai, mais elle a, au point de vue pédagogique, une supériorité incontestable.

C'est donc sur l'ardoise que, dès le premier jour, nos nouveaux élèves vont se dégrossir la main, qu'ils tracent des lettres et dessinent des objets; s'ils se trompent, ils effacent et recommencent.

Et puisque nous retombons encore sur ce chapitre, épuisons-le.

Quelques mois plus tard, même quand il a reçu le cahier d'écriture, l'enfant continue à employer l'ardoise et il la gardera jusqu'au jour de sa sortie définitive de l'école; toujours elle lui sera nécessaire.

En calcul mental, voulez-vous obtenir de tous les élèves une réponse simultanée? Munissez-les d'un morceau de craie et faites-leur inscrire sur l'ardoise, en chiffres de fortes dimensions, le nombre obtenu. Sur un signe, tous tournent de votre côté le résultat que vous voyez d'un simple coup d'œil et que vous vérifiez, si besoin est.

On agit de même pour le français, soit pour un mot dont on a vu l'orthographe la veille, soit pour une phrase à construire. De la même façon vous obtiendrez une date ou un fait historique, un lieu géographique. Mais revenons à l'écriture.

L'opinion du personnel enseignant est partagée au sujet de l'emploi des cahiers spéciaux d'écriture : les uns veulent le cahier avec modèles ; les autres le rejettent d'une manière absolue.

Les cahiers avec modèles tout préparés offrent des avantages et des inconvénients ; peut-être, à un moment donné, les inconvénients sont-ils plus nombreux que les avantages.

Les élèves qui débutent y trouvent un guide sérieux ; non seulement la pente de l'écriture y est indiquée, mais, assez souvent, au commencement des lignes, les lettres à reproduire sont entièrement formées, puis en partie, puis plus rien. De manière que les enfants, dont la main est peu expérimentée, n'ont guère qu'à passer la plume sur les formes existantes et vont, par degrés, d'une difficulté moindre à une autre plus grande. Il y a moins d'hésitation et l'écriture gagne de suite en hardiesse et en régularité. Toutefois, le calque facilite trop le travail matériel de l'élève.

Ces cahiers ne peuvent dispenser l'instituteur de montrer, à l'aide du tableau noir, la manière dont on doit s'y prendre pour former les déliés, les jambages et les lettres, et cela se comprend.

Un inconvénient qui apparaît dès le premier jour, c'est que ce procédé enlève au maître une partie de son initiative. Nous avons déjà dit qu'il est utile de mener de front l'enseignement de la lecture et de l'écriture, j'ajouterai même celui du dessin ; or, il est plus que probable que les deux méthodes en usage dans l'école diffèrent dans leur marche. De là, des difficultés qu'un instituteur ingénieux peut toujours surmonter, mais qui n'en sont pas moins un obstacle au progrès des études.

On pourrait donc se servir très utilement, dès le début, des cahiers avec tracés spéciaux et sans modèles, comportant une réglure où se trouvent indiqués le corps de l'écriture, la longueur des boucles et la pente.

En tous cas, dès que l'élève passe au cours élémentaire, il ne faut plus hésiter à lui remettre le cahier spécial sans modèles ; l'enseignement cessera complètement d'être individuel pour devenir collectif, et chacun s'en trouvera bien.

Mais on peut savoir très bien écrire sur le papier et s'en tirer très mal au tableau noir. Je ne puis qu'engager vivement les Instituteurs et les Institutrices à s'exercer au tableau pendant un bon mois, s'il le faut, à l'exécution des différentes lettres dans les divers genres d'écriture ; si nous supprimons l'emploi des cahiers avec modèles, encore est-il bon de remplacer ces modèles par d'autres au moins équivalents.

Doit-on commencer par les jambages ou par les lettres ovales ?

Quelques observateurs ont remarqué que dès le plus jeune âge, les enfants aiment surtout à tracer des ronds, qu'ils le font pour ainsi dire instinctivement ; ils ajoutent qu'il convient de suivre les indications de la nature, c'est-à-dire de les faire débuter par les lettres qui présentent une courbe.

C'est possible sans être bien certain ; mais on peut objecter que le trait est plus facile à faire, que quatre lettres seulement, le *c*, l'*o*, l'*e* et l'*œ* se passent du bâton et qu'au bout de quelques jours, les autres caractères seront à l'étude. Ce qui importe, ce qui est indispensable, je le répète, c'est qu'il y ait enseignement.

Au cours préparatoire et au cours élémentaire, on ne s'occupe pas, je l'ai fait pressentir, d'écriture en gros. Elle est en disproportion absolue avec les doigts des élèves, mais comme le but est d'arriver à l'écriture courante, à la fine, on commence par la moyenne. Peu à peu, la hauteur va diminuant et, sans que les élèves s'en doutent. ce qui, d'ailleurs, n'a pas d'inconvénient, ils écrivent en fin.

Dès la première leçon, il faut veiller à la bonne tenue du corps, de la plume et du cahier : *l'élève doit connaître les principes suivants comme le soldat connaît sa théorie :*

Le corps, c'est-à-dire le buste, sera droit, sans raideur, écarté obliquement de gauche à droite et assez rapproché de la table, sans néanmoins la toucher. La tête sera légèrement inclinée en avant, la jambe droite perpendiculaire au sol et la jambe gauche un peu plus avancée, les pieds posés à plat. Le bras gauche sera appuyé faiblement sur la table et presque parallèle au bord de celle-ci ; la main sera placée de façon et de manière à faire mouvoir le cahier selon les besoins ; l'avant-bras droit reposera doucement sur la table, ni trop près, ni trop loin du corps. Le cahier doit être un peu incliné à gauche. Le porte-plume, tourné vers l'articulation de l'épaule droite, sera tenu sans raideur entre le pouce, le majeur et l'index ; l'ongle du majeur aboutit au point où la plume sort du porte-plume ; l'index exerce sur le porte-plume la pression nécessaire, l'annulaire et l'auriculaire sont légèrement repliés. Ne pas oublier que la plume doit constamment poser sur les deux becs avec une inclinaison sensible à droite.

Les enfants éviteront de lever la plume avant la fin du mot pour mettre les accents et les points.

On obtient théoriquement la pente de l'écriture cursive en partageant le côté supérieur d'un carré en trois ou quatre parties égales et en joignant, dans le premier cas, la seconde division, dans le second, la troisième, à l'angle gauche inférieur par un trait droit.

Les lettres a-c-e-i-m-n-o-r-s-u-v-x ont un corps d'écriture ; t, un corps et demi ; la lettre d, deux corps ; les lettres : b-g-h-j-q-k-l-y et z ont deux corps et demi ; enfin la lettre f a quatre corps.

Toutes se groupent naturellement selon la forme qui leur est propre.

1er groupe : i, t, u. — 2e groupe : n, m, v. — 3e

groupe : c, o, e, x. — 4e groupe mixte, car il tient à la fois du premier et du troisième : a, d, q. — 5e groupe mixte : p. — 6e groupe : b, g, h, j, k, l, y, f ; les lettres r, s, z peuvent être considérées comme appartenant à un groupe indépendant.

Les majuscules ont toujours la même hauteur que les bouclées ; la barre du t se fait horizontalement du côté droit un peu au-dessus du corps de l'écriture ; les jambages des lettres u, n, m, w, h, k, p et y s'unissent au milieu du corps de l'écriture ; le plein des lettres bouclées n'est formé que progressivement ; le croisement des deux parties de ces lettres se commence sur la ligne supérieure ou se termine par la ligne inférieure. Le c et toutes les lettres qui en dérivent commence un quart de corps environ au-dessous de la ligne supérieure ; la boucle de l'e se croise au milieu du corps de l'écriture.

Ces principes et ceux dont je n'ai pas parlé doivent être observés rigoureusement.

Dès le cours élémentaire, les enfants se livreront à des exercices qui donnent à la main la hardiesse, la souplesse et la légèreté nécessaires à une bonne écriture expédiée : on leur fera tracer sur l'ardoise, puis sur le cahier, presque à main levée, mais avec goût, des jambages également espacés, puis des courbes, des lettres ovales et même des bouclées.

Depuis quelques années on essaye de substituer l'écriture droite à l'écriture en pente.

Exécutée avec soin, en observant, bien entendu, les principes qui lui sont particuliers et assez semblables à ceux de la ronde, l'écriture droite, très lisible, plaît à l'œil. Elle permet d'éviter la déviation de l'épaule qui se produit fréquemment avec l'écriture cursive : la poitrine elle-même se trouve moins comprimée.

L'essai mérite d'être continué.

La leçon d'écriture est, en définitive, une de celles qui demandent, de la part du maître et des élèves, la moins grande somme d'efforts intellectuels ; c'est un exercice de quasi repos. C'est pour ce motif qu'on ferait bien de la donner à la fin de la classe du matin, de dix heures et demie à onze heures. Elle a lieu en même temps pour les élèves de toutes les divisions.

L'Instituteur a pu, avant la séance et si la chose est nécessaire, tracer ses modèles au tableau noir, surtout s'il s'agit de récapitulation ; mais les principes d'exécution seront toujours exposés en commun pour les élèves d'un même cours et passés successivement en revue ; les explications seront données assez rapidement pour qu'on ait le temps d'écrire. Comme applications, les élèves copient les mots ou les phrases qu'ils auront épelés ou lus préalablement ; ces phrases ne seront point banales ; elles auront toujours un sens complet, accessible à l'esprit de l'enfant, et seront l'expression d'une haute pensée morale, précepte ou maxime.

Une fois les explications données et comprises, le maître passe près de tous les élèves, rectifie la tenue du corps, de la plume et du cahier, donne ses conseils particuliers et même, lorsqu'une faute est générale, la corrige en commun aussi.

Chaque enfant est pourvu d'un sous-main en papier buvard ; c'est un préservatif peu coûteux et nécessaire qui empêche la souillure du papier, surtout lorsque la température est élevée comme en été.

Remarquez aussi qu'une demi-heure suffit exactement pour faire une belle page d'écriture : il vous sera donc plus facile encore de voir, d'un seul coup d'œil, les élèves qui ont travaillé trop lentement ou ceux qui ont couru un peu trop vite : dans l'intérêt même de l'ordre et de la discipline, il est indispensable que la besogne se termine pour tous au même moment ; mais pour obtenir ce résultat, vous exigerez l'uniformité des cahiers d'écriture pour les élèves du même cours. C'est indispensable.

N'est-il pas regrettable que quelques instituteurs aient encore recours à l'écriture pour se débarrasser, au cours d'une séance, des plus jeunes enfants, de ceux-là même qui ne peuvent écrire seuls, c'est-à-dire sans une surveillance active ? D'autres exercices plus agréables les occuperaient beaucoup mieux et avec plus de profit. On les trouvera disséminés au cours de ce volume.

Il ne faut pas oublier les autres genres d'écriture, la bâtarde et la ronde ; il est d'autant plus utile de les connaître, qu'elles sont très employées dans le commerce pour la tenue des livres, et qu'elles peuvent rendre des services aux jeunes gens qui les ont apprises. Mais le corps, le cahier et la plume n'ont plus absolument la même position que pour l'écriture cursive :

Le corps doit être d'aplomb, parallèle à la table pour la ronde, un peu obliqué pour la bâtarde ; les deux avant-bras sont posés sur la table et également éloignés du corps ; la main droite est légèrement renversée à droite et les doigts un peu arrondis.

Le cahier, droit pour la ronde, est cependant incliné à gauche pour la bâtarde, un peu moins que pour la cursive. Le porte-plume lui-même plus droit que dans la cursive ; les liaisons sont faites avec l'angle gauche de la plume, et, pour y arriver, on tourne un peu le porte-plume avec le pouce ; les lettres arrondies et les lettres bouclées se font en maintenant constamment toute la largeur du bec sur le papier et sans mouvoir le porte-plume dans la main. On n'appuie pas, car les pleins se font en posant légèrement les deux becs de la plume qui ne devront jamais s'écarter.

Dans la grande ronde et dans la moyenne, les lettres bouclées dépassent le corps d'écriture d'un corps et demi, le d et le t d'un demi-corps ; dans la petite ronde, les bouclées ont toujours deux corps sauf les bouclées inférieures.

Les lettres b-d-f-h-k-l dans la grande et la moyenne bâtarde dépassent le corps d'écriture d'un corps et le t d'un demi-corps ; dans la petite bâtarde d'un corps et demi et le t d'un corps.

Dans tous les genres d'écriture, les majuscules ont toujours même dimension que les lettres à boucles.

Les titres des divers devoirs seront alternativement en petite ronde et en petite bâtarde.

Mais vous exigerez impérieusement pour tous les devoirs écrits, quels qu'ils soient, une écriture régulière avec application sévère des principes connus ; les progrès sont considérables en très peu de temps et dépassent toutes les prévisions ; il nous faut, non pas une écriture à main posée, mais une bonne expédiée.

Vous aurez soin aussi, après chaque leçon, de recueillir les cahiers d'écriture pour ne les rendre qu'à la séance suivante.

Au cours supérieur et comme exercice de récapitulation, les élèves font sur le cahier spécial une page de tous les genres d'écriture.

Dans toutes les divisions, la fin de la page devra être aussi bien soignée que le commencement, c'est-à-dire que l'attention des élèves doit durer autant que la leçon elle-même.

FRANÇAIS

Nos jeunes élèves arrivent en classe ne sachant pas toujours parler français. Dans les campagnes, le patois, langue officielle de la famille, est le dialecte à l'aide duquel ils s'entretiennent, soit avec leurs proches, soit avec leurs camarades.

Eh bien ! ils apprendront la langue en conversant avec vous, en vous écoutant et en écoutant leurs condisciples.

Vous les ferez intervenir dans les petites leçons que vous leur donnerez ; ils ne resteront jamais inactifs et vous profiterez des connaissances qu'ils possèdent déjà pour leur en faire acquérir de nouvelles.

Idée du nom

Vous êtes dans la salle de classe, les nouveaux arrivants ont cinq ans, ils sont là devant vous ; je dis vous, parce qu'un moniteur ne saurait vous remplacer ; vous leur montrez un chapeau. Qu'est-ce que cela ? — Un chapeau. — Peut-on voir un chapeau ? — Oui, Monsieur. — Comment *nommez-vous* cet objet ? — Cet objet est un chapeau. — Eh bien ! le mot chapeau est un *nom*. — Et ceci ? — Une table. — Peut-on la voir ? — Oui, Monsieur. — Comment la nommez-vous ? — Une table. — Le mot table est un nom. — Et cela ? Un porte-plume. — Peut-on le voir ? — Oui, Monsieur. — Comment le nommez-vous ? — Un porte-plume. — Le mot porte-plume est encore ? —

Un nom. — Citez-moi les noms des objets qui sont dans cette salle. — La fenêtre, le tableau, la pendule, la craie, l'encre, le crayon, etc. — Pourquoi ces mots sont-ils des noms ? — Ce sont des noms parce qu'ils représentent des objets que l'on peut voir. — Le mot lune est-il un nom ? — Oui, Monsieur, parce qu'on peut voir la lune. — Les mots soleil, étoiles ? — Ce sont des noms.

On voit qu'il ne s'agit pour le moment que de l'étude des noms matériels ; l'esprit de l'enfant ne se prête pas de suite aux abstractions.

Ainsi donc, qu'est-ce qu'un nom ? — Un mot qui désigne un objet que l'on peut voir.

Dans une première leçon, on parle des objets qui se trouvent dans la salle de classe, puis de ceux qui sont dans la cour, dans le jardin, dans le village, on en arrive ainsi à citer non-seulement des choses, mais encore les animaux et les personnes. Donc le nom sert à nommer les *choses*, les *animaux*, les *hommes*. Il ne faut pas d'autre définition que celle que les enfants peuvent donner spontanément et qui résulte de ces petites leçons, plus animées qu'on ne le pense.

Pendant un mois et davantage, s'il le faut, on continue ces exercices oraux qui augmentent singulièrement le vocabulaire des élèves.

Il s'agit ensuite de distinguer le nom propre du nom commun.

Qu'est-ce que ceci ? — Un livre. — Et cela ? — Un vre. — Et cela ? — Encore un livre. — Alors tous es livres s'appellent livres ? — Oui, Monsieur. —

Qu'est-ce que cela ? — Un crayon. — Et ceci ? — Un crayon. — Tous les crayons se nomment crayons ? — Oui, Monsieur. — Tous les crayons ont donc un même nom qui leur appartient ? — Oui, Monsieur. — Comment s'appelle le village où nous sommes ? — Asnières. — Dans notre dernière leçon de géographie, nous avons dit qu'Asnières forme une commune ? — Oui, Monsieur. — Asnières, en effet, appartient à tous ses habitants. — Comment appelle-t-on les terrains qui se trouvent de ce côté ? — Les communaux. — A qui sont-ils ? — A la commune qui les partage entre tous les habitants. — Donc les biens qui appartiennent à tous les habitants s'appellent ? — Des communaux. — Et l'on dit que ces biens leur appartiennent en commun ? — Oui, Monsieur. — Eh bien ! ce mot crayon qui appartient à tous les crayons, ne peut-on pas l'appeler *un nom commun ?* — Oui, Monsieur. — Et le mot livre ? — Un nom commun. — Et le mot cheval ? — Un nom commun. — Nommez-moi des noms communs ? — La maison, l'échelle, le tablier, le bœuf, l'encrier, le papier, le nez, la bouche, etc.

Qu'est-ce donc que le nom commun ? — Un nom qui appartient à tous les objets semblables. — On emploie un procédé analogue pour le nom propre. Il s'appelle ainsi parce qu'il est la propriété non pas de tous, mais d'un seul ou de quelques-uns.

Idée du verbe

Les élèves du cours préparatoire doivent avoir une notion exacte du verbe, mais du verbe *exprimant l'action*. Vous frappez sur le bureau. - Qu'ai-je fait? Monsieur, vous *avez frappé*. — Quand on *frappe* fait-on quelque chose? — Oui, Monsieur. — On fait ce qu'on appelle une *action*. Quand je dis : « Charles frappe sur la table » quel est le mot qui indique que Charles fait une action? — Frappe. — Eh bien ! ce mot est un *verbe*. Encore un terme à retenir. Vous marchez dans la salle. Que fais-je en ce moment? — Monsieur, vous marchez. — Quand on marche, fait-on quelque chose? Oui, Monsieur. — On fait quoi? — Une action. — Quel est le mot qui l'indique ? — Marche — Ce mot est un *verbe*. Et maintenant? — ous écrivez. — Quand on écrit, que fait-on ? — Une action. — Quel est le mot qui l'indique? — Ecrire. — C'est un *verbe*. Tous les mots qui indiquent une action sont des verbes : chanter, boire, lire, manger, se promener, etc...

Suivent de nombreux exercices oraux : il faut surtout s'occuper des enfants un peu lourds qui toujours laissent répondre leurs camarades plus éveillés.

Mais les élèves viennent do prendre part à un exercice sur le verbe exprimant l'action, c'est le moment de leur faire conjuguer oralement les verbes dont ils ont parlé. Trois temps doivent leur être connus de suite : le présent, le passé et le futur, ces deux derniers sous différentes formes, sans néanmoins les faire distinguer d'une façon toute spéciale. Nous en reparlerons.

Remarquez que l'usage de la langue maternelle facilite singulièrement ce travail qui devient presque un délassement; lorsque vos jeunes élèves posent une question à leur maman ou parlent entre eux, ils conjuguent sans s'en douter, tout comme Jourdain faisait de la prose. Utilisons ce qu'ils connaissent. L'enfant vous apporte déjà, en entrant à l'école, un vocabulaire sérieux, une langue toute formée, bien supérieure à celle qu'il ose employer en classe. Écoutez au dehors de l'école deux moutards de cinq ans qui ont une discussion : ni les mots ni les raisons ne leur manquent pour exposer leurs revendications; c'est peut-être celui qui était tout à l'heure le plus muet et le plus sourd en classe qui se montre, dans ces discussions, le plus animé et le plus habile en arguments. Les élèves n'ont pas besoin d'apprendre ce qu'ils possèdent déjà, mais ce qui leur manque.

Dès l'âge de huit ans, l'enfant pourrait avoir entre les mains un carnet qui deviendrait son journal, sur lequel il inscrirait ou plutôt raconterait les évènements quotidiens ou périodiques dont il est l'acteur ou le spectateur : fêtes civiles, militaires ou religieuses, incidents de la vie agricole, réunions intimes, maladies, joies, promenades scolaires, comptes-rendus de la lecture des ouvrages de la bibliothèque, etc.

De tels devoirs sont bien à sa portée; il s'en acquittera plus agréablement que de ceux dont j'ai déjà parlé, et je ne serais pas étonné de les trouver beaucoup plus personnels, mieux écrits que les exercices de rédaction faits à l'école ou dans la famille. Ici, le naturel revient au galop et l'élocution naïve de l'élève qui sait si bien éclore, pendant les heures de récréation, se retrouverait certainement sur le petit carnet.

Idée du pronom

Que fait votre camarade Charles en ce moment ? — Il marche. — On peut donc dire Charles marche ? — Oui, Monsieur. — Et maintenant ? — Charles prend une plume. — Et maintenant ? — Charles écrit. — Alors si on indiquait les différents actes de Charles, on aurait ceci :

Charles marche, Charles prend sa plume, Charles écrit ? — Oui, Monsieur. — Est-ce ainsi qu'on parle ? — Non, Monsieur. — Comment doit-on dire ? — Charles marche, *il* prend sa plume, *il* écrit. — Quel est le mot qui remplace le mot Charles ? — Il. — Qu'est le mot Charles ? — Un nom. — Eh bien ! le mot *il* qui remplace un nom est un pronom. Ce mot veut dire « pour le nom. » Est-il bien nommé ? — Oui, Monsieur, puisqu'il tient la place du nom. — Et de quel nom ? — Un nom propre de personne. — Aussi *il* est un *pronom personnel.*

On dit : mon livre est beau, ton livre est vieux, ne peut-on pas parler autrement ? Si je disais : « mon livre est beau, le tien est vieux, » serait-ce correct ? — Oui, Monsieur. — *Le tien* remplace quoi ? — Ton livre. — Mais qu'est le mot livre ? — Un nom, donc le tien est un pronom.

De même au lieu de : « ton livre est beau, mon livre est vieux, » on dit : « ton livre est beau, le mien est vieux. » — Oui, Monsieur, le mien est encore un pronom qui remplace *mon livre*. — Mon livre est à qui ? — A vous. — Je puis dire qu'il est à moi ? — Oui, Monsieur. — Alors il est en ma possession, je le possède ? — Oui, Monsieur. — Ce pronom est un pronom qui indique la possession, c'est un *pronom possessif*.

Avec ces enfants, on ne peut guère aller plus loin. Il ne serait pas facile en effet de les entretenir des pronoms conjonctifs et autres. Attendons.

COURS ÉLÉMENTAIRE

Formation du pluriel *(noms et adjectifs)*

Vous savez lire et écrire. Vous savez aussi qu'un nom peut être au singulier ou pluriel selon qu'il y en a un seul ou plusieurs.

Mais si rien, dans la plupart des cas, n'indique dans la prononciation, le singulier ou le pluriel, il n'en est pas de même pour l'écriture. Quelque chose fait connaître la différence des nombres.

Louis, écrivez :

Singulier	*Pluriel*
Le mur est haut.	Les murs sont hauts.
Le chemin est propre.	Les chemins sont propres.

Qu'est le mot mur ? — Un nom commun. — Au

singulier combien ce mot a-t-il de lettres ? — Trois. —
Au pluriel ? — Quatre. — Quelle est la lettre qui est
en plus. — La lettre *s* qui est à la fin. — Dans la
seconde phrase, qu'est le mot chemin ? — Un nom du
singulier. — Au pluriel, combien y a-t-il de lettres
en plus ? — Une, l's. — Qu'en pouvez-vous conclure?
On forme le pluriel des noms en ajoutant un *s* à la fin.
— Il y a des exceptions, mais nous les verrons plus
tard.

Dans « le mur est haut » qu'est le mot haut ? — Un
adjectif. — Combien de lettres a ce mot ? — Quatre.
— Dans la phrase au pluriel, le mot a combien de
lettres ? — Cinq. — Quelle est la lettre qui a été ajou-
tée ? — L's comme dans les noms. — Bien. Dans « le
chemin est propre » qu'est le mot propre ? — Un
adjectif. — Combien de lettres ? — Six. — Au pluriel ?
— Sept, on trouve en plus la lettre *s*. — Qu'en conclure ? — Pour former le pluriel dans les adjectifs, on
ajoute un *s* à la fin du mot. — Ici encore il y a des
exceptions que nous trouverons dans quelque temps.
La règle est donc la même que dans les noms ? — Oui,
Monsieur. — En tous cas, quand un adjectif qualifie
un nom et que celui-ci est au pluriel, l'adjectif l'est
également.

Accord du verbe avec son sujet

Vous connaissez le verbe, le nom et le pronom ? —
Oui, Monsieur. — Ecrivez cette phrase :

Le chat mange.

Où est le verbe ? — Mange. — Qu'indique ce mot ? — L'action qu'on fait. — *Qui est-ce qui fait cette action ?* — Le chat. — Eh bien ! on dit que le mot chat est le sujet du verbe. Il exerce sur le verbe une action, il est donc juste qu'il lui impose les conditions qu'il lui plaît. N'est-il pas vrai ? — Oui, Monsieur.

Le chat mange, qui est-ce qui mange ? — Le chat. — Le mot chat est le sujet du verbe, c'est lui qui commande l'accord. *Les chats mangent,* qui est-ce qui mangent ? — Les chats. — Le mot chat est le sujet du verbe.

Comment trouve-t-on ce sujet ? En recherchant le mot qui fait l'action exprimée par le verbe, et, mécaniquement, en posant la question qui est-ce qui ?

Dans

Singulier	*Pluriel*
Le chat mange	Les chats mangent

Quelle différence voyez-vous dans l'orthographe du verbe ? — Au pluriel on trouve en plus *nt*.

Idée de la proposition

Il ne peut être question ici de décomposer la phrase en sujet, verbe et *attribut*, mais plutôt en sujet, verbe et complément, surtout s'il s'agit du complément direct.

Voici un exercice sur lequel il faut insister longuement :

Charles écrit une lettre.
Le chat mange la souris.
Paul aime la lecture.

Dans la première phrase, quel est le verbe? — Écrit. — Che chons-en le sujet? — Charles. — Si on disait seulement « Charles écrit » la phrase serait-elle complète? saurait-on le but de l'action? — Non, Monsieur. — Pour compléter la phrase, il faut donc ajouter quelque chose? — Oui, Monsieur. — Ce qu'on doit ajouter, se nomme un *complément*. Charles écrit quoi? — Une lettre. — Le mot lettre est le complément de écrit. Dans la seconde phrase, quel est le verbe? — Mange. — Le sujet? — Le chat. — Si on dit le chat mange, le sens est-il *complet*? — Non, Monsieur. — Mais qu'a-t-on ajouté pour le rendre complet? — La souris, qui est le complément de mange.

Le verbe de la troisième phrase? — Aime. — Le sujet? — Paul. — Le complément? — La lecture.

Charles écrit quoi? — Une lettre
Le chat mange quoi? — La souris
Paul aime quoi? — La lecture.

Les mots : une lettre, la souris, la lecture, qui répondent à la question quoi, sont les compléments directs des verbes. Savez-vous ce qu'est un train direct? — Oui, Monsieur, il ne s'arrête pas aux stations. — Le complément direct tire son nom de ce qu'il donne de suite le résultat de l'action indiquée par le verbe.

La dictée au cours élémentaire

Ces entretiens oraux doivent être suivis d'exercices écrits : devoirs ou dictées toujours très courts et placés au tableau noir. En ce qui concerne les dictées,

il est bon, de temps à autre, de prendre pour texte
un sujet au masculin singulier ; le lendemain on le
fait mettre d'abord oralement, puis par écrit au féminin singulier, puis au masculin pluriel, enfin au
féminin pluriel.

De cette façon, les élèves voient les diverses
transformations de l'adjectif qualificatif, selon le
genre et selon le nombre ; les différentes terminaisons
du verbe au singulier et au pluriel.

Au cours élémentaire, surtout pendant la première
année, on fera bien d'écrire le texte de la dictée au
tableau noir. On se contentera, dans les divisions les
plus avancées d'y inscrire les mots dont l'orthographe est particulièrement difficile.

Au lieu de faire dresser de longues listes d'adjectifs,
de noms et de verbes, qui empêche, par exemple, de
faire placer la lettre v sous les verbes, la lettre n sous
les noms et la lettre a sous les adjectifs : il y a économie de temps et de papier.

On donne ensuite à former de petites phrases complètes avec des mots qui seront ou sujets ou compléments directs, avec des verbes que l'on emploiera au
présent, au passé et au futur.

Nous avons parlé des verbes exprimant l'action.
Allons un peu plus loin.

Ernest, écrivez les phrases suivantes :

Le renard habite la forêt

s.   v.   c. d.

Le chien garde la ferme

s.   v.   c. d.

Quels sont les sujets ? — Renard et chien. — Quels sont les compléments directs ? — Forêt et ferme. — Ne pourrait-on pas obtenir le même sens avec une construction différente ? Essayons. Prenons les mots forêt et ferme comme sujets, qu'obtiendrons-nous ?

La forêt est habitée par le renard
s.　　　v.　　　　c. ind.

La ferme est gardée par le chien
s.　　　v.　　　　c. ind.

Dans ces nouvelles phrases, le verbe exprime-t-il cette fois l'action ? — Non, Monsieur, au contraire, il indique l'état, la manière d'être. — Quelle est la fonction des mots forêt et maison dans les nouvelles propositions ? — Ces mots sont sujets. — Qu'étaient-ils auparavant ? — Compléments directs. — Quelle était la fonction des mots renard, chien ? — Sujets. — Leur fonction dans les nouvelles phrases ? — Compléments indirects. — Le sujet, au lieu d'exercer une action, la supporte ? — Oui, Monsieur. — On dit que la phrase au lieu d'être active est passive. — Quand est-on actif ? — Quand on opère. — Quand joue-t-on un rôle passif ? — Quand on ne fait rien, qu'on subit l'action. — Bien, c'est qu'en effet il y une forte différence entre donner des soufflets et en recevoir. Comment transforme-t-on une phrase active en phrase passive ? — On prend pour sujet le complément direct, on met le verbe au temps passif correspondant et le sujet devient complément indirect.

Ces exercices peuvent se faire même au cours élémentaire, n'en doutez pas, ils sont oraux d'abord ; ils valent bien les copies absurdes et sans fin qui n'ont qu'un but : celui de se débarrasser des enfants. Au moins, ici, l'intelligence est tenue en éveil et ne demeure pas inactive, tant s'en faut. En tous cas, si vous vous servez de copies, que ces copies soient sensées, c'est-à-dire bien choisies, à la portée des élèves, peu longues, que ceux-ci soient obligés d'y reconnaître ou les noms, ou les adjectifs, ou les verbes et que leur travail soit vérifié et contrôlé par vous.

Les devoirs écrits seront toujours très courts, bien gradués, appropriés à l'âge et à l'intelligence des élèves, puis corrigés avec soin à l'aide du tableau noir. Vous vous rappellerez, en les annotant, qu'un travail de ce genre n'est jamais nul ; que vous devez exciter l'ardeur et l'émulation, au lieu de jeter dans vos troupes le découragement.

Un procédé aussi à employer de temps à autre : vous choisissez dans le chapitre de lecture du jour un passage ; vous le faites lire de nouveau, vous attirez particulièrement l'attention de vos petits auditeurs sur tel ou tel mot, sur telle ou telle phrase ; ils le relisent plusieurs fois, puis l'un d'entre eux dicte et tous écrivent sur l'ardoise ou le cahier : on corrige ensuite au tableau noir. Un enfant écrit le passage en question, les autres le surveillent, s'en amusent parfois et lui signalent les fautes commises. Rien d'aussi intéressant que ces exercices bien conduits et qui demandent peu de temps au maître.

Devoirs à la maison

La question des devoirs écrits me conduit à parler des devoirs faits dans la famille. A mon avis, les six heures de classe bien employées fournissent aux maitres et aux élèves un travail quotidien fort sérieux. Si l'un, son labeur fini, doit songer à la besogne du lendemain, les autres ont à revoir le résumé de morale ou d'instruction civique, la leçon d'histoire ou de géographie qui a été expliquée, à étudier le morceau de récitation. C'est déjà raisonnable. Aussi les devoirs en question me paraissent-ils à peu près inutiles. Je n'ai pas confiance et les porterais volontiers au compte « Profits et Pertes. » D'autant plus que, très souvent, l'enfant opère dans des conditions défectueuses : local étroit, éclairage insuffisant ; puis, au beau milieu du travail, voilà qu'il entend des camarades qui crient et jouent dans la rue. Vite, le devoir est bâclé.

Je sais bien que les parents, parfois mal inspirés, croient ces exercices nécessaires ; mais les exercices corporels, soit par la gymnastique régulière, soit par les jeux et les courses sont indispensables à l'enfance, et une bonne lecture vaut mieux que de mauvais devoirs écrits. En tous cas, faites en sorte, si vous en donnez, qu'ils intéressent les élèves, soient faciles et peu longs.

Quand les élèves vous arriveront au cours moyen,

avec le bagage dont je viens de parler, vous pourrez aller de l'avant, car vous aurez affaire à des enfants, non pas précisément instruits, mais dont l'intelligence sera ouverte, et c'est là l'essentiel.

Je ne reviendrai pas sur ce qui a été dit pour l'enseignement de la grammaire ; il est bien entendu que les procédés que j'ai indiqués plus haut doivent être continués au cours moyen, que l'on part de l'exemple pour arriver à la règle et non de la règle pour la faire suivre des exemples. Ce sera peut-être possible plus tard avec les élèves du cours supérieur. Et encore dans vos campagnes, avec une fréquentation annuelle de quatre mois, c'est douteux.

Au point de vue de l'orthographe d'usage, il est important de faire trouver par les élèves les mots de la même famille et de faire distinguer les deux parties qui les constituent : le radical et la terminaison.

Il est utile également de leur parler des préfixes et des suffixes les plus importants, d'insister sur les contraires : le travail de la langue se trouve simplifié et l'intelligence n'y perd rien.

Les élèves arrivent au cours moyen sachant conjuguer oralement (cours préparatoire) et même par écrit (cours élémentaire) la plupart des temps des verbes ; n'oubliez pas d'insister longuement sur la conjugaison pendant un bon mois, s'il le faut. Les élèves doivent arriver à reconnaître du premier coup d'œil dans une dictée, tant par le sens que par la terminaison, un temps quelconque du verbe.

Accord du participe passé conjugué
avec avoir

Charles, écrivez les mots suivants :

Louis a cueilli une poire
   s.   c. d.

Louise a cueilli une poire
   s.   c. d.

Où est le participe ? — Cueilli. — Avec quel auxiliaire est-il conjugué ? — Avec l'auxiliaire avoir. — Donnez le sujet de chaque phrase ? — Louis, Louise. — Le participe ne s'écrit-il pas de la même façon dans les deux cas ? — Oui, Monsieur. — Vous voyez que le sujet n'a aucune influence sur le participe. La fonction du mot poire ? — Complément direct de a cueilli. — Modifions ces phrases et écrivons :

La poire que Louis a cueillie était excellente,

La poire que Louise a cueillie était excellente.

Dans chacune de ces phrases quel est le mot qui est sujet du verbe cueillir ? — Louis, Louise. — Cependant le participe ne s'écrit-il pas autrement que tout à l'heure ? — Si, Monsieur. Il a en plus la lettre e qui indique le féminin. — Dans les deux premières phrases, où est le complément direct ? — Après le participe. — Et dans les deux dernières ? — Avant le participe. — De quel genre est poire ? — Du féminin. — Vous ne sentez pas d'où vient ce féminin imposé au participe ? — Si, Monsieur, c'est le complément direct qui en est la cause. — La règle ? — Le participe passé, conjugué avec l'auxiliaire avoir, reste invariable quand son complément direct le suit; il varie si celui-ci le précède.

Ecrivez encore :

Louis a obéi,

Louise a obéi,

Les sujets ? — Louis, Louise. — Où sont-ils placés ? Avant le participe. — Où sont les compléments directs ? — Il n'y en a pas. — Complétons la règle ci-dessus : « Le participe passé, conjugué avec l'auxiliaire avoir, s'accorde avec son complément direct, si le complément direct est avant le participe, il reste invariable, si le complément direct est après le participe ou s'il n'y en a pas.

Ecrivez : Je me suis amusé

Voyons cette phrase, est-ce ainsi qu'un garçon de trois ans parlerait ? — Non, Monsieur. — Comment s'exprimerait-il ? — Je m'ai amusé. — Est-ce ainsi qu'on parle ? — Non Monsieur. — Qu'a-t-on fait ? — On substitué l'auxiliaire être à l'auxiliaire avoir. — Au la règle d'accord du participe passé des verbes pronominaux est la même que celle des participes passés conjugués avec avoir, et cela se comprend, n'est-ce pas ? — Oui, Monsieur. — Un procédé pour trouver le complément direct s'il y en a un : lisez la phrase sans lire le pronom complément, remplacez l'auxiliaire être par le temps correspondant de l'auxiliaire avoir, et posez la question.

Je me suis promené en ville,

J'ai promené qui ? moi.

Ces personnes se sont éloignées de vous

Ces personnes ont éloigné qui ? — *se mis* pour *elles*, accord.

Au lieu de faire apprendre sans profit ces règles multiples et broussailleuses concernant l'accord des participes passés, des verbes pronominaux et du participe conjugué avec avoir, il est bien plus simple de formuler une règle unique :

« Le participe passé conjugué avec avoir s'accorde avec son complément direct, si ce complément direct le précède. »

Quand il n'y a pas de complément direct, il n'est pas avant le participe.

Dictée

Nous avons vu ce que sont les dictées au cours élémentaire. Il est évident que toutes ne se prêtent pas aux transformations dont nous avons parlé et il serait peut-être fâcheux qu'il en fût ainsi. Ce n'est pas indispensable.

Au cours moyen et au cours supérieur, elles doivent être assez courtes aussi pour qu'on puisse les expliquer convenablement dans l'espace fixé par l'emploi du temps.

Ne les prenez pas dans ces recueils où l'on a accumulé, à dessein, tout en estropiant la langue, les difficultés grammaticales ; il importe de les emprunter à nos bons écrivains qu'on fait ainsi apprécier une fois de plus. Soyez sans inquiétude ; les occasions de faire des fautes, de revoir ou d'appliquer les principales règles de grammaire n'y manquent pas.

Au lieu d'épeler, il faut syllaber ; au lieu de s'arrêter à toutes les règles grammaticales, on ne s'occupe que de quelques règles importantes et choisies d'avance par le maître.

Comment la dictée se donne-t-elle ? Il faut en lire le texte, puis le dicter, assez rapidement pour que l'élève en saisisse et en comprenne le sens ; assez lentement pour qu'il ait le temps de réfléchir à l'orthographe des mots et à l'application des règles grammaticales. En même temps, il mettra lui-même la ponctuation qui lui sera encore rendue plus facile par une seconde lecture.

En ce qui concerne la correction elle-même, on pourra faire échanger les cahiers, si l'on veut, mais ce procédé a des inconvénients matériels et moraux.

Loin de s'occuper du devoir qu'ils ont entre les mains, les élèves surveillent du coin de l'œil, quand ce n'est pas des deux yeux, leur propre dictée. Chaque trait fait par le condisciple est l'objet d'un regard furibond et indigné. Il est vrai que souvent le trop zélé correcteur marque plus de fautes qu'il n'en a rencontrées. De là, des mécontentements qui se traduisent souvent, même en classe, par des plaintes toujours ennuyeuses, quoique légitimes.

Heureux encore quand, à la sortie, on n'en vient pas aux injures, puis aux coups.

Pourquoi chacun des enfants ne corrigerait-il pas lui-même les fautes de sa dictée ? Quand un élève a mal agi, est-ce son voisin qui doit en supporter les conséquences ? Nous lui disons d'être honnête, franc et loyal, n'est-ce pas mettre son honnêteté et sa franchise en suspicion que de procéder ainsi ?

Chaque faute est soulignée d'un trait horizontal, puis corrigée à l'encre ; un trait vertical dans la marge indique la ligne dans laquelle la faute a été faite ; les mots difficiles sont mis au tableau noir. La dictée terminée, on fait le total des fautes.

Enfin réservez la dernière feuille du cahier de devoirs journaliers, c'est-à-dire deux pages, pour y inscrire les mots les plus rares et d'une orthographe laborieuse qui ont été rencontrés dans les divers devoirs. Vous les faites placer sur deux colonnes avec la signification qui leur appartient.

LEXIQUE

Libellule (*insecte névroptère*)	zéphyr (*vent doux du sud*)
graminée (*plante, blé*)	éphémère (*qui dure peu*)
potentat (*chef absolu de l'État*)	dégoutter (*tomber goutte à goutte*)
carapace (*écaille sup<sup> de la tortue*)	futaie (*bois peu élevé*)
cellier (*cave*)	rubicond (*rouge*)
chèvrefeuille (*plante grimpante*)	chorus (*faire chorus, approuver*)

De temps à autre les élèves jettent un coup d'œil sur ce tableau et l'orthographe des mots qui y figurent finit par se graver dans leur mémoire. Vous ferez faire par semaine deux exercices de style et trois dictées. Afin de vous assurer que vos dictées sont bonnes, lisez-en le texte à vos élèves sans leur en donner le titre, s'ils le trouvent eux-mêmes, c'est que le devoir est compris et à leur portée. Arrangez-vous surtout pour que la moyenne des fautes des élèves d'une division ne dépasse pas sept ou huit. Que signifient ces dictées où le premier élève a douze fautes et le dernier soixante-huit ? Nous les rencontrons plus souvent que vous ne pensez, et cette constatation n'est pas en faveur de l'instituteur.

Les exercices de style se feront le mercredi et le samedi. Ce sont presque les seuls qui vous forcent à lever tous les cahiers ; vous savez que vous êtes obligés de lire vous-mêmes tous les devoirs, de souligner, je l'ai déjà dit, les passages défectueux et de faire la correction à l'encre rouge. Or, le jeudi et le dimanche peuvent vous être nécessaires pour mener ce travail à bien, et il serait à craindre que le temps vînt à vous manquer en fixant la composition française à un autre jour.

Je disais qu'il faut faire deviner le titre de la dictée par les élèves ; de temps à autre aussi, il est intéressant, après avoir donné le titre, d'en faire trouver le texte par toute la division. Ce ne sera pas précisément un exercice de style, puisque la personnalité de l'élève disparaîtra dans la masse, mais chaque enfant n'en apportera pas moins sa part de matériaux pour la construction de l'édifice ; ce ne sera pas non plus une dictée proprement dite ; il tiendra de l'un et de l'autre et n'en sera pas moins utile. Sans qu'ils s'en doutent, les élèves reçoivent là une excellente leçon de rédaction.

LA COMPOSITION FRANÇAISE

dans l'Enseignement élémentaire

du Cours préparatoire à l'École primaire supérieure

Il n'est pas nécessaire de répéter ce lieu commun : « Que la Composition française est la partie la plus faible de notre enseignement. » Tous les maîtres s'en rendent compte chaque jour, et les membres des diverses Commissions d'examen, du certificat d'études primaires élémentaires au brevet supérieur, en sont également convaincus.

Pauvreté d'idées, plan décousu, faiblesse d'expressions, répétitions inutiles, telles sont les principales constatations que font journellement ceux qui, à un titre quelconque, ont à s'occuper des choses de l'enseignement.

Il faut le reconnaître, si les résultats obtenus laissent beaucoup à désirer, c'est un peu notre faute. Nous nous occupons trop tard des exercices préparatoires à la Composition française. La mère de famille les commence en encourageant les premiers bégaiements de son fils ; nous les commencerons nous-mêmes dès l'arrivée de l'élève à l'école primaire.

Tous les enfants ne sont pas également doués et

n'ont pas, immédiatement, à leur disposition un vocabulaire de même importance.

Examinez l'enfant du village et celui de la ville.

Le premier entend souvent parler patois, ou bien si l'on cause français à la maison, presque toujours ce français est plus ou moins pur.

Mais il sait déjà s'exprimer ; le vocabulaire qu'il possède est plus étendu qu'on ne se l'imagine. Il nomme les objets du ménage, les plantes du jardin potager, les animaux domestiques de la localité. Il connaît, il désigne, par leur nom, le lit, la table, la pendule, la fenêtre, la rue, la fontaine publique, les instruments aratoires. Pour lui, les mots marcher, courir, boire, manger, rire, travailler, se reposer et bien d'autres, ont déjà un sens précis. Il sait fort bien questionner son père ou sa mère sur les choses qu'il voit et dont il entend parler ; il demande sans hésiter celles dont il a besoin. Voilà des connaissances acquises que nous aurons soin d'utiliser.

Toutefois son petit camarade de la ville est en comparaison un privilégié. Le milieu dans lequel il vit est éminemment favorable au développement normal de ses facultés intellectuelles. On y parle un langage correct, châtié ; on excite intentionnellement sa curiosité, ou provoque ses questions auxquelles il est répondu avec complaisance, avec soin.

Dans de nombreuses promenades, il voit les étalages des divers négociants avec les beaux échantillons qui y sont exposés ; tous les objets du bazar lui sont bientôt familiers ; ajoutez à cela de fréquentes excursions à la campagne, aux diverses époques de l'année, et vous aurez une idée à peu près exacte des connaissances de ce petit citadin.

Examinons ce qu'il y a à faire avec ces enfants.

Cours préparatoire

Les mots, inséparables des idées, sont les matériaux qui servent à exprimer les pensées ; ce sont les éléments du langage parlé et du langage écrit. Autant d'idées, autant de mots, mais il faut aussi qu'à chaque mot corresponde une idée, d'où rien d'abstrait. Plus notre esprit a d'idées et de mots à sa disposition, plus il nous est facile de rendre notre pensée, c'est-à-dire de nous exprimer. Notre première opération sera donc d'augmenter le vocabulaire de l'enfant.

Dès son arrivée à l'école, nous lui ferons nommer les différents objets *(peu à la fois, bien entendu)* qui se trouvent dans la salle de classe ; nous insisterons jusqu'au jour où il les aura retenus tous ; nous passerons à la cour de récréation, au jardin de l'école, au village. Enfin, à l'aide de petites promenades assez fréquentes, nous lui ferons connaître, s'il les ignore, les oiseaux, les animaux, les insectes, les champs, les prés, les arbres, les forêts. Toujours nous mettrons l'idée en présence du mot, et le mot en face de l'idée. Nous laisserons de côté, et j'insiste, tout ce qui est abstrait. Nous habituerons l'enfant à observer, à penser, à raisonner juste.

L'habitude de l'observation méthodique est une

condition essentielle dans le travail de la Composition française.

Prenons garde à l'abus des mots ; si, avant de commencer une leçon, nous n'avons soin de rechercher ceux qui pourront ne pas être compris, si nous n'avons soin de les expliquer au préalable, nous risquons de perdre notre temps et notre peine ; ou l'enfant ne retiendra rien, ou il retiendra des choses qu'il ne comprend pas, des mots vides de sens. Mieux vaut cent fois passer des heures à expliquer les notions fondamentales, que de s'aventurer dans le dédale des branches du programme. C'est un art de savoir perdre du temps, toute paradoxale que cette affirmation puisse paraître.

L'examen des différentes professions manuelles nous permettra d'apprendre beaucoup de mots nouveaux et d'acquérir des idées nouvelles.

C'est ainsi que le métier de charpentier nous familiarise avec les mots ; *hache, tréteau, scie, chèvre, poutre.*

Celui de menuisier, avec *établi, scie, varlope, meule, sergent, planche, latte.*

Celui de boulanger, avec : *farine, levain, pâte, pétrin, corbeille, pelle, four, fournil, boulangerie.*

Celui de maréchal-ferrant, avec : *fer, soufflet, foyer, forge, marteau, enclume.*

Pour ne pas aller au hasard, nous nous inspirerons des bons ouvrages qui ont paru depuis quelques années. Les exercices de vocabulaire figureront à l'emploi du temps et seront indiqués sur le carnet de préparation de la classe. Au cours préparatoire, ils ne s'arrêtent pas au nom seul ; ils portent aussi sur l'adjectif qualificatif et le verbe.

En même temps nous exercerons oralement nos auditeurs à la formation de petites phrases complètes, à l'aide d'un mot bien connu, nom ou verbe.

Au début, il nous faudra être très patients, bien paternels ; ces pauvres petits se trouvent jetés subitement dans un milieu qui ne leur rappelle pas toujours assez le foyer familial ; la figure du maître paraît parfois encore fort rébarbative. Nous devons donc les encourager, les stimuler, les aider au besoin ; en voici un dont nous n'avons rien pu tirer encore, revenons à la charge ; il a peur peut-être ; il pleure ; rassurons-le ; réconfortons-le, et il marchera sur la trace de ses camarades ; qui vous dit qu'à un moment donné il ne les dépassera pas ?

« Qui me ferait bien une phrase avec le mot fenêtre ? — *La fenêtre est haute.* — Encore ? — *La fenêtre a huit carreaux.* — Encore ? — *La fenêtre sert à éclairer la salle de classe.* » D'où : *La fenêtre est haute, elle a huit carreaux ; elle sert à éclairer la salle de classe.*

Dé là, à ajouter « qu'elle a été faite par le menuisier, que le serrurier l'a mise en place, que le vitrier a posé les carreaux, et que le peintre l'a mise en couleur, » il n'y a pas loin.

Les enfants apprennent d'abord les premiers éléments de la lecture ; mais les mots qui font l'objet de la leçon représenteront des idées simples et connues, à la portée des élèves et seront toujours expliqués avec soin. Nous ne laisserons aucune indécision dans leur esprit.

L'enfant de la campagne, comme celui de la ville, conjugue un verbe à tout instant. Ecoutez-le : « *Charles, viens-tu avec moi? — Tu ne sais pas, Louis ne viendra pas en classe ce soir. — Maman, ayez l'obligeance de me donner du pain, j'ai faim. — Papa ne rentrera-t-il pas dîner?* » — Nous mettrons de l'ordre dans ces connaissances. Il conjuguera les verbes exprimant l'état ou l'action sous les formes les plus différentes : positive, négative, dubitative, interrogative. Nous continuerons ainsi à lui préparer les éléments indispensables du langage parlé, en attendant qu'il puisse s'exprimer par écrit.

Hier,	*j'ai écrit*	*sur l'ardoise,*
»	*tu as*	»
»	*il a*	»
»	*nous avons*	»
»	*vous avez*	»
»	*ils ont*	»

En ce moment,	*j'écris*	*sur l'ardoise,*
»	*tu écris*	»
»	*il écrit*	»
»	*nous écrivons*	»
»	*vous écrivez*	»
»	*ils écrivent*	»

Demain,	j'écrirai	sur l'ardoise
»	tu écriras	»
»	il écrira	»
»	nous écrirons	»
»	vous écrirez	»
»	ils écriront	»

et les autres temps.

Les **exercices de langage** sont un excellent moyen d'étendre le vocabulaire de l'enfant, tout en l'obligeant à s'exprimer clairement et correctement. Ce sont des exercices d'observation. On les rencontre principalement sous forme de *leçons de choses*. Il faut faire voir, toucher, sentir, goûter même, si c'est possible, l'objet à l'élève. C'est en faisant appel aux différents sens que nous parviendrons à lui faire examiner un sujet quelconque sous tous les points de vue, à lui faire contracter insensiblement l'habitude de parler, puis d'écrire, avec ces qualités d'ordre, de méthode et de suite qui sont si précieuses.

Le tableau suivant nous indique en substance ce que chacun des sens peut nous révéler.

<table>
<tr><td rowspan="6">LES SENS</td><td>Vue ....</td><td>Forme, volume, ressemblance, dissemblance, Couleurs : (celles de l'arc-en-ciel), violet, indigo, bleu, vert, jaune, orangé, rouge.</td></tr>
<tr><td>Ouïe ......</td><td>En frappant sur un objet, on obtient un son ou dur ou doux, criard, harmonieux, discordant, etc. Nous entendons le chant des oiseaux, le cri des différents animaux, la voix du laboureur, etc.</td></tr>
<tr><td>Odorat ....</td><td>Odeurs (douce, acide, amère, saline, agréable, pure, impure).</td></tr>
<tr><td>Goût ......</td><td>Saveurs (douce, sucrée, amère, saline, aigre, acide, agréable, désagréable, insupportable.</td></tr>
<tr><td>Tact ....</td><td>Sensations (douce, dure, rugueuse, moëlleuse, chaleur, froid, fraîcheur, etc.).</td></tr>
<tr><td>Toucher ...</td><td>Pression, résistance, dur, mou, rugueux, élastique, lisse, poli, lourd, léger, etc.</td></tr>
</table>

Il y a là de quoi exercer l'intelligence et l'imagination de nos petits élèves ; le maître y trouve lui-même une méthode sûre d'investigation qu'il emploiera avec les commençants et qu'il fera bien d'utiliser dans tous les cours de l'école.

MODÈLES D'EXERCICES DE LANGAGE
AU COURS PRÉPARATOIRE

Le Chardonneret

Le chardonneret est un petit *oiseau* qui fait son *nid* sur les *branches* les plus faibles des arbres.

Il se nourrit principalement de *graines*, surtout de celles du *chardon*.

Il ne faut pas le *détruire*.

L'Orange

L'orange est le fruit de l'*oranger*. On récolte l'orange dans tout le *midi* de l'Europe.

Les feuilles de l'oranger sont employées en infusion ; avec les *fleurs*, on fait l'eau de fleurs d'oranger ; avec l'écorce de l'*orange*, on fait le curaçao.

Les Arbres

Les arbres se composent de *trois* parties principales : les *racines*, le *tronc* et les *branches*. Si l'on coupe horizontalement un tronc d'arbre, on remarque la *moëlle* au centre, entourée du *cœur* et de l'*aubier*, le tout enveloppé par l'*écorce*. On cultive les arbres en *plein vent* ou en *espalier*.

**La récitation des morceaux choisis ne sera pas

inutile au vocabulaire et au langage. Quand il les aura bien compris, l'enfant les apprendra d'abord par l'audition. Avant de les réciter, il les racontera en un langage clair, précis, puis il donnera le mot à mot de la fable.

Nous l'habituerons aussi à reproduire verbalement un récit, une historiette. Cet exercice nous permettra de contrôler et de rectifier les incorrections, les expressions impropres, les répétitions inutiles, l'accent local. Avec la persévérance, la patience que tout maître doit avoir, nous arriverons à faire parler convenablement nos élèves. Or, l'enfant qui parle correctement, écrit correctement.

Le plus tôt possible cependant, nous mettrons entre ses mains le crayon, la craie ou la plume, car les mots et les phrases se gravent beaucoup mieux dans la mémoire quand ils ont été compris et vus.

Cette phrase que l'enfant vient d'exprimer correctement restera dans sa pensée, lorsqu'elle aura pour ainsi dire pris un corps, qu'elle aura été reproduite au tableau noir, sur l'ardoise ou sur le cahier, et que, suffisamment instruit, il l'aura examinée et saisie dans tous ses détails.

En résumé, les exercices ci-après seront en usage au cours préparatoire :

1° Augmentation du vocabulaire : nom, verbe et adjectif qualificatif :

2° *Formation de phrases, à l'aide d'un mot donné ; mais bien connu et représentant une idée concrète ;*

3° *Explication rigoureuse des mots de la leçon de lecture ;*

4° *Conjugaison orale des verbes, surtout au présent de l'indicatif, au passé indéfini, au futur simple sous les différentes formes : positive, négative, interrogative, dubitative.*

5° *Exercices de langage (leçons de choses) ; faire appel aux sens.*

6° *Compte-rendu oral des morceaux de récitation ;*

7° *Compte-rendu oral des historiettes, des récits, des diverses leçons du jour.*

8° *Le plus tôt possible, faire usage du tableau noir, de l'ardoise ou du cahier.*

Cours élémentaire

Les mêmes exercices seront continués au cours élémentaire, avec l'ampleur que comportent l'âge et le développement intellectuel des élèves. Progressivement, les difficultés augmenteront ; les devoirs écrits deviendront plus fréquents ; presque toujours ils seront précédés d'un travail verbal.

Vocabulaire. — Il faut aller du connu à l'inconnu, du concret à l'abstrait. Sans astreindre les maîtres à suivre pas à pas le livre, ce qui serait déplacé, tout en leur laissant l'initiative qui appartient à tout instituteur, ils se rappelleront qu'il faut gagner du temps et s'occuper du but à atteindre.

Qu'ils s'inspirent des ouvrages auxquels j'ai fait allusion précédemment ; ils y trouveront des guides expérimentés qu'ils pourront quitter parfois, pour y revenir en temps opportun.

Nous aborderons ici l'étude des noms abstraits.

Un exemple en passant : *Comment un oiseau est-il habillé ? — Un oiseau est habillé de plumes. — Quel nom donnerons-nous à l'ensemble de ses plumes ? — Nous lui donnerons le nom de* **plumage**. — De là, par analogie, les autres mots : *branchage, herbage, vitrage.....*

Comment se nomme le contenu d'une brouette ? — D'où brouettée, pelletée, assiettée, platée, cuillerée, charretée.....

Qu'est-ce qu'une petite cave ? — D'où caveau, levraut, dindonneau, lapereau, chevreau.....

Comment se nomme la personne qui fait confire les fruits ? — D'où confiseur, imprimeur, glaneur, laboureur, cultivateur, tanneur.....

Par les **exercices de langage** l'élève s'habituera indirectement à la manière de tracer un plan et de composer. Chacun de ces exercices donnera lieu à un entretien, puis à un devoir écrit composé en commun et reproduit au tableau noir.

J'insiste sur ce point, car tout travail où la parol intervient seule laisse forcément dans l'esprit un vague que dissipe rapidement l'emploi de la craie ou du crayon.

MODÈLES D'EXERCICES DE LANGAGE
AU COURS ÉLÉMENTAIRE

L'Alimentation

Notre principal *aliment* est le *pain* que l'on achète chez le *boulanger*. Le pain se fait avec la *farine*. Nous mangeons aussi de la *viande*, des *légumes* et des *fruits*.

On achète la *viande* chez le *boucher*, les *fruits* et les *légumes* chez le *fruitier*. L'épicier vend le *sucre*, le *sel*, le *poivre*, le *chocolat* dont nous faisons usage chaque jour.

Le repas du matin est le *déjeûner*, et celui du soir le *dîner*.

Destructeurs d'Insectes

Les *oiseaux* sont de grands destructeurs d'*insectes* : ce sont les auxiliaires des *cultivateurs*. Les oiseaux qui chassent le plus activement les ennemis de nos récoltes, sont : *le corbeau*, *l'hirondelle*, *le martinet*, *la mésange*, *la bergeronnette*, *l'alouette*, *le rossignol*, *le pinson*, *le roitelet*, *le chardonneret*, *la fauvette*, *le linot.....*

CONSTRUCTION DE PHRASES D'APRÈS L'IMAGE

(La gravure est sous les yeux des élèves)

———

Qui est-ce qui mange ? Quoi ? Avec qui ? Quand ? Comment ? Où ?

Qui est-ce qui voyage ? Où ? Quand ? Comment ? Avec qui ? Pourquoi ?

L'enfant complètera des phrases où l'on a négligé, à dessein, de mettre le complément déterminatif, le complément direct ou le complément circonstanciel ou même un seul mot, nom, verbe ou adjectif.

Les mots qui doivent servir à les compléter se trouvent dans un tableau spécial.

Ainsi, après avoir appris les mots : *soyeux, cotonnier, jaunâtre, pays chauds,* on complètera la phrase ci-après :

Le..... fournit un duvet..... ; il croît dans.....

Le *cotonnier* fournit un duvet *jaunâtre* ; il croît dans les *pays chauds.*

Le bon sens, un jugement sûr les guideront dans cette circonstance.

Avec un mot donné, les élèves formeront des phrases plus longues qu'au cours préparatoire et qui pourront parfois renfermer plusieurs propositions. C'est-à-dire qu'au cours élémentaire, ce n'est plus précisément la phrase que nous poursuivons, mais l'étude du paragraphe.

Soient les mots eau et sel :

L'eau nous rend de grands services, c'est notre principale boisson ; grâce à elle, les continents communiquent entre eux.

Le sel est utile à l'homme et aux animaux. On l'extrait des eaux de la mer, que l'on fait évaporer. On le trouve aussi dans le sein de la terre.

A l'aide des questions : *qui, quoi, à qui, à quoi, pour qui, pourquoi, de qui, de quoi, avec qui, avec quoi, combien, comment, où, quand ?* il nous sera facile de faire construire des phrases plus ou moins longues, plus ou moins complètes.

Charles a chanté — Quoi ? — Une romance. — Avec qui ? — Avec son frère. — Où ? — A tel endroit. — Pourquoi ? — Parce qu'on l'en a prié.

On fait remarquer que certains compléments circonstanciels peuvent précéder le verbe et le sujet, et que le langage n'en est que plus élégant.

En opérant ainsi, n'est-ce pas continuer à préparer les matériaux de la composition française ?

L'étude des homonymes les plus connus se fera verbalement, puis par écrit, exemple :

Reine	*renne*	*rênes*	*Rennes*	*raine*
Coq	*coque*	*coke*	*Cook*	
Gai	*gué*	*guet*		

Camp	Caen	quant	quand	qu'en
Eau	haut	aulx	ô, oh	au (x)
But	butte	en butte		
Air	aire	Aire	hère	haire

Nous pouvons également parler des synonymes et des paronymes les plus familiers.

EXERCICES SUR LES CONTRAIRES

Unir............ Désunir, séparer, diviser, disjoindre, dissocier, désagréger, disperser, disséminer.

Aigrir...... Calmer, adoucir, consoler, apaiser, modérer, tempérer, mitiger, amortir.

Attaquer.... Défendre, protéger, assister, justifier, disculper.

EXERCICES SUR LES SYNONYMES

Erreur...... Inexactitude, écart, impair, faute, quiproquo, mécompte.

Persévérance Constance, assiduité, persistance, ténacité, fermeté.

Gloire...... Renommée, grandeur, honneur, éclat.

Secours..... Appui, aide, soutien, assistance, protection.

Race......... Tribu, caste, nation, peuple, lignée, lignage, maison, famille.

Joie......... Allégresse, bonheur, félicité, contentement, satisfaction, jubilation.

EXERCICES SUR LA PROPRIÉTÉ DE L'EXPRESSION

Sens propre	Sens figuré
Un corps robuste.	*Un corps d'armée.*
La tête d'un cheval.	*La tête de la nation.*
Le cœur d'un bœuf.	*Le cœur de l'été.*
Un vêtement de coton.	*Le style est le vêtement de l'homme.*
Un éclair de chaleur.	*Un éclair de génie.*
L'école primaire.	*L'école du malheur.*
Un puits artésien	*Un puits de science.*

Les verbes seront conjugués sous toutes les formes et étudiés plus en détail qu'au cours préparatoire. On en apprendra les différents temps qu'on fera suivre d'un ou de plusieurs compléments.

La lecture et la récitation des morceaux choisis exigeront l'explication rigoureuse des mots employés, des expressions et des phrases. On en fera faire le compte-rendu. Ce sont les moyens les plus efficaces d'arriver à des résultats. Le plan du morceau, l'idée générale, les idées secondaires, la façon de les exprimer, tout y est.

Munis de ces connaissances, nous pourrons aborder, mais fort modestement, les exercices proprement dits de composition.

C'est un contre-sens pédagogique de croire qu'on ne peut faire de rédaction au cours élémentaire. C'est en forgeant qu'on devient forgeron, et la main de l'ouvrier est d'autant plus habile que plus jeune et plus souvent elle a manié l'outil.

Mais dès le cours préparatoire, ne l'avons-nous pas exercé à la rédaction orale ?

Voici un enfant de cinq ans qui vient à l'école pour la première fois ; je lui pose les questions suivantes : « Comment vous appelez-vous ? — *Je m'appelle Jules.* — Quel âge avez-vous ? — *J'ai cinq ans.* — Où demeurez-vous ? — *Je demeure au bout du village.* — Que fait votre père ? — *Mon père cultive les champs.* — Et votre mère ? — *Ma mère aide mon père.* — Avez-vous un frère ? — *Je n'ai pas de frère, mais j'ai une sœur.* — Que fait-elle ? — *Elle va encore en classe.* »

Otez les questions et mettez toutes les réponses à la suite les unes des autres ; n'est-ce pas déjà un devoir convenable, pour un enfant de cet âge ?

Nous pouvons donc faire plus avec des élèves de sept à neuf ans.

Supposons que nous ayons à traiter le sujet suivant : *L'Été et l'Hiver.* Qu'est-ce que l'été ? — *L'été est une des quatre saisons de l'année.* — Quelle est la saison qui lui est opposée ? — *La saison qui lui est opposée est l'hiver.* — Ecrivez au tableau noir. — Quoi ? — Mais les deux réponses que vous venez de donner. Qu'est le jour en été ? — *En été les jours sont longs.* — Et en hiver ? — *C'est le* contraire. — Ecrivez : *Au contraire, les jours sont courts en hiver.* — Et puis encore ? — *Il fait chaud en été et froid en hiver,* etc., etc.

C'est peu de chose, si vous le voulez, mais ce n'est pas rien. J'ai excité l'attention collective de mes petits auditeurs ; je les ai obligés à intervenir ; leur intelligence est restée en éveil ; tous ont pris une part active à ce travail.

Dès le début, il ne faut pas se montrer très-exigeant ; si le mot trouvé par l'enfant est, à la rigueur, acceptable ; si la phrase n'est pas trop incorrecte, nous nous en contenterons, afin de ne pas le décourager.

On évitera cette discipline intellectuelle indiscrète et assujettissante qui substitue trop souvent la pensée du maître à celle de l'élève. Rien n'est plus préjudiciable à l'exercice de la Composition française qui exige avant tout l'activité personnelle et réfléchie de l'enfant.

Comment allons-nous procéder dans nos exercices de composition française ? Comme je viens de l'indiquer.

Le sujet du devoir est donné ; il convient de faire trouver l'idée principale qu'on inscrit au tableau noir ; puis les idées secondaires. Comme ci-dessus, chacun apporte sa pierre à l'édifice, c'est-à-dire son idée. Le maître encourage et guide. Vous ne serez pas étonnés si parfois vos petits auditeurs découvrent une pensée à laquelle vous n'avez pas songé vous-mêmes.

Il s'agit ensuite de mettre un peu d'ordre dans ce fatras. Nouvelles questions, nouvel exercice ; enfin, après les avoir conseillés pendant quelque temps, il faut les abandonner à leurs propres forces. Nous reviendrons sur ce sujet à propos du cours moyen.

Nous aurons aussi recours à la rédaction sur images. Ici les idées abondent ; on les inscrit également, puis on les arrange comme il vient d'être dit.

Quels sujets traiterons-nous ? Ceux que les enfants connaissent. Nous ne sortirons pas du domaine du concret ; la classe et les objets qu'elle renferme ; la maison et le mobilier ; la ferme et les instruments aratoires ; les animaux domestiques ; les animaux sauvages les plus connus ; le village, ses cultures, ses industries ; les végétaux, les céréales, les arbres fruitiers, les oiseaux, les insectes, les poissons d'eau douce, la coiffure, l'habillement, les aliments, les boissons, les gens au travail : le laboureur à sa charrue, le forgeron à sa forge, l'épicier à son comptoir ; souvent on laisse le choix du sujet à chacun des élèves.

On ira du général au particulier. Par exemple, après avoir parlé de la salle de classe, on parlera du pupitre du bon élève, où tout est rangé avec soin ; puis des objets qu'il renferme : livres, cahiers, crayon, porte-plume, etc.

Le sujet sera toujours approprié au milieu, à la saison. On parlera des céréales, en juillet, de la neige, en hiver. C'est-à-dire que l'élève aura toujours sous les yeux l'objet dont il doit donner la description.

En résumé, au cours élémentaire, nous ferons faire les divers exercices suivants :

1° Continuation des exercices de vocabulaire, étude des mots abstraits ;

2º *Exercices de langage plus étendus ; indication indirecte du plan et de la manière de lier et exprimer les idées ;*

3º *Phrases à compléter à l'aide de mots donnés et étudiés en premier lieu ;*

4º *Construction de phrases à plusieurs propositions à l'aide d'un ou plusieurs mots donnés, c'est-à-dire étude du paragraphe ;*

5º *Étude des homonymes, synonymes, contraires les plus usuels ;*

6º *Conjugaison orale et écrite de tous les temps des verbes avec compléments ;*

7º *Comptes-rendus oraux, parfois écrits, des leçons de lecture, de récitation surtout, et de tous les exercices de la journée ;*

8º *Exercices écrits de composition française ; étude du plan, recherche des idées, façon de les exprimer ;*

9º *Les divers sujets traités seront empruntés aux choses connues des enfants.*

Cours moyen et supérieur

Les devoirs de composition française sont très souvent d'une monotonie désespérante.

Quelques conseils ne sont pas inutiles.

En premier lieu, il convient d'appeler l'attention de l'élève sur l'inconvénient que présente l'emploi exagéré et continuel de certains temps des verbes, notamment du passé défini et des imparfaits de l'indicatif et du subjonctif.

Pour le convaincre, il suffira de lui mettre sous les yeux le tableau ci-dessous :

Prés' de l'Infinitif	Imp' de l'Indicatif	Prés' de l'Indicatif
chanter	*je chantais*	*je chante*
lire	*» lisais*	*» lis*
boire	*» buvais*	*» bois*
vendre	*» vendais*	*» vend*
mourir	*» mourais*	*» meurs*
courir	*» courais*	*» cours*
dormir	*» dormais*	*» dors*
craindre	*» craignais*	*» crains*
moudre	*» moulais*	*» mouds*

Examinez ces neuf verbes : à l'imparfait ils ont tous, bien entendu, la même terminaison *ais*, alors qu'au présent de l'indicatif, il n'y en a pas deux de semblables. Autant que possible, il vaut donc mieux faire un emploi judicieux de ce dernier temps, qui donne au style plus de vivacité et d'entrain.

Avec le passé défini et l'imparfait du subjonctif, les mêmes inconvénients se présentent ; celui-ci surtout revêt dans les verbes de la première conjugaison, une allure vraiment trop bruyante et trop belliqueuse.

« Il a fallu que j'allasse à la ville. »

N'est-il pas préférable d'employer un autre tour de phrase ?

« Il m'a fallu aller à la ville. »

« J'ai dû aller à la ville. »

Ces deux temps, fort en usage de Lyon à la Méditerranée, sont moins employés dans notre région.

Le travail de vocabulaire sera continué par l'étude des familles de mots, des synonymes, des homonymes, des contraires, des paronymes.

Au moyen d'exemples, on pourra donner une idée exacte des figures de mots et des figures de pensées les plus importantes et les plus usitées.

Famille de Mots

Chanter — *chant* — *chanteur* — *chantre* — *chanson* — *chansonnier.*

Papetier — *papeterie* — *paperasser* — *paperasse* — *paperassier.*

Graine — *grainetier* — *graineterie* — *grenier* — *greneler* — *grener* — *grenier* — *grenaille* — *granivore* — *grange* — *granule...*

Poser — *posage* — *poseur* — *position* — *apposer* — *apposition...*

Paronymes (adjectifs)

Une nouvelle officielle.	*Un avis officieux.*
Un serpent venimeux.	*Une plante vénéneuse.*
Une saison pluvieuse.	*Les eaux pluviales.*
Un régime salutaire.	*Un climat salubre.*

Paronymes (verbes)

Discuter une question.	*Disputer les prix.*
Eculer des chaussures.	*Acculer un sanglier.*
Ecorcer un arbre.	*Ecosser des haricots.*
Précéder quelqu'un.	*Procéder à une vente.*

Les Figures de Mots

Métaphore... { *Cette vipère envenime toute discussion. — O temps, suspends ton vol. — Et rose, elle a vécu ce que vivent les roses, l'espace d'un matin.*

Métonymie.. { *Feuille de papier. — Le dos de la main. — A cheval sur un âne. — Boire une tasse de lait. — Le bronze grondait. — Mille amitiés.*

Les Figures de Pensées

Comparaison. { *Malin comme un singe. — Bavarde comme une pie.*

Allégorie.... { *La vie est semblable à un chemin dont l'issue est un précipice affreux.*

Antithèse ... { *Ma cour fut ta prison, ma faveur, tes liens.*

Hyperbole... { *Ce chapeau est ravissant, adorable. — Un abîme de méchanceté.*

Litote........ *Va, je ne te hais point.*

Périphrase... { *Ces feux inanimés dont se parent les cieux (les étoiles).*

Réticence ... { *Il faut faire le bien gratis, car si l'on compte sur la reconnaissance...*

Allusion..... { *Je sais qu'il est peu de distance du Capitole à la Roche Tarpéienne.*

. . . .

Je persiste à croire qu'un des meilleurs exercices préparatoires consiste ici encore dans le compte-rendu verbal des diverses leçons de la journée, principalement de celles de lecture et de récitation. On se montrera plus exigeant que précédemment ; l'élève devra parler avec abondance, facilité et correction. Qui parle bien écrit bien, je le répète.

Au cours moyen, la phrase à construire sera plus complète, si l'on veut, sans cesser d'être claire, précise, élégante même. D'ailleurs, il ne s'agit plus seulement de la phrase, du paragraphe, mais des paragraphes, c'est-à-dire du devoir en entier.

EXERCICE DE LANGAGE & DEVOIR ÉCRIT

Le Blé

TABLEAU DES QUESTIONS

Qu'est-ce que le blé ?	Pourquoi ?
Caractères distinctifs de cette plante.	Le blé doit-il être enterré profondément ?
Principales variétés de blé.	A quelle époque le récolte-t-on ?
A quelle époque le sème-t-on ?	Comment le bat-on pour en sortir le grain ?
Précautions à prendre avant de semer.	Les ennemis du blé.

Lorsque vous voulez expliquer clairement le mécanisme d'une machine, votre première préoccupation est de la démonter pièce par pièce, de décrire chacune de ces dernières, d'en expliquer l'emploi, puis de procéder à la reconstruction de l'objet.

Le moyen le plus efficace pour donner une idée exacte de la phrase, c'est également de la décomposer en ses divers éléments constitutifs : sujet, verbe, compléments de diverses natures.

Mettez ensuite sous les yeux de l'élève des modèles puisés dans les œuvres de nos meilleurs écrivains, modèles qu'il tâchera d'imiter, dans la mesure de ses forces et de ses moyens.

L'exemple suivant, pris entre mille, les convaincra que les bons auteurs ont le souci constant de la forme de la phrase : voyez quelle variété !

. . . .

Il (Tartarin) arrivait dans la région des neiges. **Tout de suite, il tira** ses lunettes de leur étui, les assujettit solidement. **La minute était solennelle. Un peu ému, fier tout de même, il sembla** à Tartarin que, d'un bond, il s'était élevé de mille mètres vers les cimes et les grands dangers. **Il n'avança plus** qu'avec précaution, rêvant des crevasses et des rotures dont lui parlaient ses livres et, dans le fond de son cœur, maudissant les gens de l'auberge qui lui avaient conseillé de monter tout droit et sans guide. **Au fait, peut-être s'était-il trompé** de montagne ! **Plus de six heures qu'il marchait,** quand le Rigi ne demandait que trois heures. **Le vent soufflait,** un vent froid qui faisait tourbillonner la neige dans la brume crépusculaire.

A. DAUDET.

C'est par une culture générale de l'esprit qu'on se prépare sérieusement à l'acquisition des idées. Les bonnes lectures faites avec attention ; les voyages, quand on peut s'en offrir ; les promenades, la conversation des personnes instruites y préparent également.

Les voyages exercent sur les facultés intellectuelles une influence singulièrement féconde ; ils nous apprennent à comparer les types, les mœurs, le caractère, le costume des différentes races ; ils nous habituent à regarder et à voir.

Que le maître se garde de recourir à ces livres dans lesquels on trouve, tout imprimés, sans la moindre lacune, un canevas du devoir à faire. Ce serait décapiter l'exercice et lui enlever tout intérêt.

Nous avons fait connaître, dès le cours élémentaire, sans leur donner un nom spécial, les trois parties essentielles de la composition française. La première, c'est l'acquisition des idées ou *invention*. L'élève doit d'abord s'efforcer de comprendre nettement la question et d'en dégager le point essentiel. C'est indispensable. Il en distinguera avec soin les termes qu'il tâchera de bien saisir, notamment pour le développement des maximes et des proverbes ; il retiendra un certain nombre d'idées autour desquelles d'autres viendront tout naturellement se grouper.

Il s'agit maintenant du plan à adopter ; c'est la *disposition*. Savoir mettre chaque chose à sa place n'est pas aisé ; c'est un art qui convient aussi bien à l'écrivain qu'à toute autre personne. Il serait peut-être superflu d'inscrire dans le plan toutes les idées secondaires ; on se contentera, surtout au cours supérieur, de mentionner les plus importantes.

Les idées sont trouvées ; nous les avons classées, autant que possible, dans un ordre naturel et logique ; il nous reste à les exprimer, *élocution*. Ce n'est pas non plus une petite affaire : écrire avec élégance et correction, relier les idées les unes aux autres, faire ressortir toutes les nuances de la pensée, exigent une connaissance exacte de la langue, c'est-à-dire des mots qui la constituent et de la manière de les exprimer convenablement.

Dans la préparation consciencieuse d'un travail de ce genre, il faut éveiller l'esprit d'observation des élèves, les questionner, les interroger pour leur faire trouver les idées, tâcher de les leur faire remplacer par des idées bien à eux, si c'est possible, afin que leur jeune personnalité ressorte clairement.

Pour traiter convenablement un sujet, il faut en outre du jugement, du bon sens et les connaissances techniques dont nous avons déjà parlé.

Après les avoir guidés, conseillés, stimulés pendant quelque temps, il sera avantageux, comme au cours élémentaire, de les laisser livrés à leurs propres forces, sauf à reprendre, s'il le faut, les rênes que vous aurez abandonnées pour un moment.

PLAN D'UN DEVOIR

Les Voyages à pied

Idée générale
Il est très
agréable
de voyager
à pied

1° Idée principale
Quand on
voyage à pied
on est
plus libre

1° On part et l'on s'arrête quand on veut ;

2° On va du côté qui plaît ; rivières, bois, grottes, carrières, on examine tout à loisir.

3° On ne dépend ni des chevaux ni des postillons.

4° On n'a pas besoin de choisir les chemins.

2° Idée principale
Quand on
voyage à pied
on peut
s'instruire
davantage

1° On a le loisir d'étudier à fond les productions des pays qu'on traverse, la manière de cultiver.

2° On apprend à connaître la nature dont les musées et les livres ne sauraient donner une idée absolument suffisante.

SUJET TRAITÉ

Les Voyages à pied

Je ne conçois qu'une manière de voyager plus agréable que d'aller à cheval, c'est d'aller à pied. On part à son moment, on s'arrête à sa volonté, on fait tant et si peu d'exercice qu'on veut. On observe tout le pays, on se détourne à droite, à gauche; on examine tout ce qui nous flatte ; on s'arrête à tous les points de vue. Aperçois-je une rivière, je la côtoie ; un bois touffu, je vais sous son ombre ; une grotte, je la visite, une carrière, j'examine les minéraux. Partout où je me plais, j'y reste. A l'instant que je m'ennuie, je m'en vais. Je ne dépends ni des chevaux ni du postillon. Je n'ai pas besoin de choisir des chemins tout faits, des routes commodes ; je passe partout où un homme peut passer, je vois tout ce qu'un homme peut voir et, ne dépendant que de moi-même, je jouis de toute la liberté dont un homme peut jouir.

Voyager à pied, c'est voyager comme Thalès, Platon et Pythagore. J'ai peine à comprendre comment un philosophe peut se résoudre à voyager autrement et s'arracher à l'examen des richesses qu'il foule aux pieds et que la terre prodigue à sa vue. Qui est-ce qui, aimant un peu l'agriculture, ne veut pas connaître les productions particulières au climat des lieux qu'il traverse et la manière de les cultiver ? Qui est-ce qui, ayant un peu de goût pour l'histoire naturelle, peut se résoudre à passer un terrain sans l'examiner, une roche sans l'écorner, des montagnes sans herboriser, des cailloux sans chercher des fossiles? Vos philosophes de ruelles étudient l'histoire naturelle dans les cabinets, ils ont des colifichets, ils savent des noms, et n'ont aucune idée de la nature. Mais mon cabinet est plus riche que ceux des rois, ce cabinet est la terre entière. Chaque chose y est à sa place : le naturaliste qui en prend soin a rangé le tout dans un fort bel ordre. Daubenton ne ferait pas mieux.

Combien de plaisirs différents on rassemble par cette agréable manière de voyager ! sans compter la santé qui s'affermit, l'humeur qui s'égaye. J'ai toujours vu ceux qui voyageaient dans de bonnes voitures bien douces, rêveurs, tristes, grondants et souffrants, et les piétons toujours gais, légers et contents de tout. Combien le cœur rit quand on approche du gîte ! combien un repas grossier paraît savoureux ! quel bon sommeil on fait dans un mauvais lit. Quand on ne veut qu'arriver on peut courir en chaise de poste ; mais quand on veut voyager, il faut aller à pied.

J.-J. ROUSSEAU.

PLAN DE LA NARRATION

1° L'exposition donne l'intelligence du sujet.
> *Le lieu de l'action. — La présentation des personnages. — Les circonstances qui préparent l'action.*

2° L'intrigue, le nœud : fond du récit.
> *Commence aux premiers incidents, — montre les personnages entrant en relations ; — elle comprend une ou plusieurs scènes qui toutes font avancer l'action.*

3° Le dénouement
> *Est la fin, la solution de la question, doit découler naturellement de ce qui précède.*

La fable présente une quatrième partie qui est la morale exprimée ou sous-entendue.

NARRATION :

Le Naufrage de la « Blanche Nef »

La flotte fut rassemblée au mois de décembre dans le port de Barfleur. Au moment du départ, un certain Thomas, fils d'Etienne, vint trouver le roi, et lui offrant un marc d'or, lui parla ainsi : « Etienne, fils d'Erard, mon père, a servi toute sa vie le tien sur la mer ; et c'est lui qui conduisait le vaisseau sur lequel ton père monta pour aller à la conquête ; seigneur roi, je te supplie de me bailler en chef le même office ; j'ai un navire appelé la *Blanche Nef* et disposé comme il convient. » Le roi répondit qu'il avait choisi le navire sur lequel il voulait passer, mais que, pour faire droit à la requête du fils d'Etienne,

Il confierait à sa conduite, ses deux fils, sa fille, et tout leur cortège.

Le vaisseau qui devait porter le roi mit le premier à la voile par un vent du sud, au moment où le jour baissait, et, le lendemain matin, il aborda heureusement en Angleterre ; un peu plus tard sur le soir, partit l'autre navire ; les matelots qui le conduisaient avaient demandé du vin au départ, et les jeunes passagers leur en avaient fait distribuer avec profusion. Le vaisseau était manœuvré par cinquante rameurs habiles : Thomas, fils d'Etienne tenait le gouvernail ; ils naviguaient rapidement par un beau clair de lune, longeant la côte voisine de Barfleur. Les matelots, animés par le vin, faisaient forces de rames pour atteindre le vaisseau du roi. Trop occupés de ce désir, ils s'engagèrent imprudemment parmi les rochers à fleur d'eau dans un lieu alors appelé Ras de Catte, aujourd'hui Ras de Catteville.

La *Blanche Nef* donna contre un écueil de toute la vitesse de sa course et s'entr'ouvrit par le flanc gauche : l'équipage poussa un cri de détresse qui fut entendu sur les vaisseaux du roi, déjà en pleine mer ; mais personne n'en soupçonna la cause. L'eau entrait en abondance, le navire fut bientôt englouti avec tous les passagers, au nombre de trois cents personnes parmi lesquelles il y avait dix-huit femmes. Deux hommes seulement se retinrent à la grande vergue qui resta flottante sur l'eau. C'était un boucher de Rouen nommé Bérauld, et un jeune homme de naissance plus relevée, appelé Godefroy, fils de Gilbert de l'Aigle.

Thomas, le patron de la *Blanche Nef*, après avoir plongé une fois, revint à la surface de l'eau, apercevant les têtes des deux hommes qui tenaient la vergue. « Et le fils du roi, leur dit-il, qu'est-il arrivé de lui ! — Il n'a pas reparu, ni lui, ni son frère, ni sa sœur, ni personne de leur compagnie. — Malheur à moi ! » s'écria le fils d'Etienne ; et il replongea volontairement. Cette nuit de décembre fut extrêmement froide et le plus délicat des deux hommes qui survivaient perdant ses forces, lâcha le bois qui le soutenait et descendit au fond de la mer en recommandant à Dieu son compagnon.

Bérauld, le plus pauvre de tous les naufragés, avec son justaucorps de peau de mouton, se soutint à la surface de l'eau ;

il fut le seul qui vit revenir le jour; des pêcheurs le recueillirent
dans leur barque ; il survécut, et c'est de lui qu'on apprit les
détails de l'événement.

Augustin THIERRY, (Conquête de l'Angleterre.)

La Cigale et la Fourmi

La cigale ayant chanté
Tout l'été,
Se trouva fort dépourvue
Quand la bise fut venue,
Pas un seul petit morceau
De mouche ou de vermiceau
Elle alla crier famine
Chez la fourmi sa voisine
La priant de lui prêter
Quelque grain pour subsister
Jusqu'à la saison nouvelle.
« Je vous paierai, lui dit-elle,
Avant l'août, foi d'animal,
Intérêt et principal. »
La fourmi n'est pas prêteuse,
C'est là son moindre défaut.
« Que faisiez-vous au temps chaud
Dit-elle à cette emprunteuse ?
— Nuit et jour, à tout venant,
Je chantais ne vous déplaise.
— Vous chantiez, j'en suis fort aise :
Eh bien ! dansez maintenant. »

LA FONTAINE.

Cette fable peut être traduite ainsi :

I

La cigale chante aux rayons de soleil d'été, c'est-à-
dire qu'elle produit un bruit strident et monotone.
En apparence, c'est là son unique occupation. Elle

est donc peu prévoyante ; elle vit au jour le jour. Pas la moindre provision n'est mise de côté pour la mauvaise saison.

II

Naturellement, pour ne pas mourir de faim, elle cherche à emprunter et s'adresse à la fourmi sa voisine qu'elle sait laborieuse et bonne ménagère. Elle demande peu ; quelques grains seulement, et pour cause ; elle promet de rembourser à la moisson, foi de cigale,

III

L'auteur nous prévient ; la fourmi n'est pas prêteuse ; si elle prête, c'est à bon escient. Aussi désire-t-elle savoir à qui elle a affaire. De là force questions : « Que faisiez-vous quand le temps était favorable ?

IV

Du matin au soir la cigale chantait ; et toutes les personnes qui passaient à proximité de son domicile étaient sûres d'être régalées d'une chanson.

V

Voilà une belle garantie pour la fourmi, voilà une jolie manière de préparer des économies pour le remboursement du capital à emprunter. Tête légère, tu feras l'an prochain ce que tu as fait l'été dernier. Tu chantais, eh bien, va te promener, danse maintenant, cherche ailleurs !

On doit faire remarquer, au cas particulier, que la

fourmi aurait dû agir avec plus d'indulgence et faire en sorte que la cigale ne meure pas de faim.

La fable peut donner lieu au devoir ci-après :

L'Économie et l'Imprévoyance

Remarquez que ces deux mots sont des mots abstraits dont les enfants tireront peu de chose. Demandez-leur donc de remplacer l'imprévoyance par l'homme imprévoyant et l'économie par l'homme économe et de suite les idées vont leur venir en foule.

Au fond, qu'est-ce donc que la cigale ? C'est la femme insouciante, paresseuse et bavarde. Elle se lève la dernière, laisse partir son mari à l'usine ou dans les champs, ses enfants à l'école, sans leur avoir préparé à déjeûner. A dix heures du matin on la surprend encore taillant une bavette avec une autre cigale, médisant de tous, calomniant au besoin.

Dix heures et demie sonnent à l'horloge de la paroisse : « Ah ! mon Dieu, et moi qui n'ai pas encore mis ma soupe au feu ! » Les enfants reviennent à onze heures et sont disputés ; le mari rentre à onze heures et demi et le potage n'est pas prêt, mais il y est habitué. Que fait-il ? Il va au cabaret. C'est la gêne, les disputes, les coups et la misère.

Voyez la fourmi. La première elle est debout, préparant sans bruit le léger repas du matin. En temps utile elle éveille son mari, lui sert gaiement à manger et l'encourage. Un peu plus tard, c'est au tour des enfants ; elle les fait lever, leur sert à déjeûner, les débarbouille, les peigne, les met de bonne humeur, leur fait répéter leurs leçons et les envoie en classe.

Aussitôt elle aère les chambres, fait les lits, balaye l'appartement et prépare le repas de midi.

A dix heures, tout est en train, elle n'a plus qu'à surveiller, et cependant à peine si elle a le temps de parler à la voisine. A onze heures, puis à onze heures et demie, toute la famille se trouve réunie. On sent une bonne odeur de soupe aux choux. On se met à table, la conversation est vive, gaie, animée, le mari repart à son travail heureux et satisfait. Si on le voit parfois au café, c'est le dimanche et encore ? A qui le doit-on ? A sa femme.

Que Dieu fasse éclore beaucoup de fourmis en France... et ailleurs, — ne soyons pas égoïstes.

Beaucoup d'autres fables se prêtent à des exercices du même genre.

La Justice et la Charité

Si le sujet est ainsi donné, les élèves vont se trouver dans le même embarras qu'avec « l'économie et l'imprévoyance. » Ils se contenteront de donner plus ou moins péniblement les définitions qu'ils ont rencontrées dans le livre de morale, et ce sera tout, c'est-à-dire que le devoir sera manqué, mauvais. Dites-leur de remplacer en imagination, la justice par l'homme juste ; la charité par la personne charitable, et les voilà à leur aise.

C'est que le texte d'abord abstrait est devenu concret ; c'est qu'ils trouveront presque toujours dans la localité, un homme juste et un homme charitable qu'il leur sera bien plus facile de comparer et de juger.

Nous prendrons les sujets à traiter autour de nous ; nous ferons principalement décrire les différents phénomènes qui se produisent chaque jour ; les divers travaux des champs et de l'industrie. Les élèves parleront donc uniquement de ce qu'ils connaissent. On ne leur demandera pas la description imaginaire de pays inconnus dont ils possèdent à peine les noms. Nous ne les ferons parler que de choses vues.

Certains sujets, a-t-on écrit, n'ont pas leur place marquée dans nos écoles, et je partage complètement cette opinion ; ce sont ceux qui sont tristes ou lugubres ; ceux qui ne sont pas naturels ; ceux où des enfants se permettent de donner des conseils ou d'adresser une réprimande à des camarades de leur âge : c'est pédant, prétentieux et parfaitement ridicule.

Le ruisseau. — **Faisons appel aux cinq sens.** A tour de rôle, ils vont nous apporter leur tribut d'idées que nous noterons soigneusement. Autant de sensations diverses, autant d'idées différentes.

Par une belle journée de printemps, je me transporte sur les rives de ce cours d'eau.

Je vois le méandre qu'il décrit à travers la prairie ; ses eaux claires et limpides où se jouent des bandes de petits poissons ; les plantes terrestres et les plantes aquatiques dont les fleurs émaillent ses bords ou son lit ; les vieux saules qui semblent se mirer dans le cristal de ses eaux ; les animaux qui viennent s'y désaltérer ; la libellule aux ailes diaprées qui cherche sa proie ; les petits oiseaux qui poursuivent la libellule, l'épervier qui guette les petits oiseaux. J'entends le le murmure des eaux, le bourdonnement des insectes, chant des oiseaux, l'aboiement des chiens de garde, le mugissement des bœufs, la voix mâle du laboureur.

Je respire le parfum des fleurs et des plantes aromatiques ; j'éprouve du bien-être au contact de cet air rafraîchissant ; je bois l'eau du ruisseau avec volupté, — si elle n'est pas contaminée ; — je me baigne dans son lit ; puis je l'admire portant dans tout son cours la vie et la fécondité.

La plante. — Par où commencer ? Mais par le commencement, par la racine, — tous les sens en éveil et à l'œuvre. — De là, je passe au tronc plus ou moins élevé, plus ou moins gros, dont l'écorce est plus ou moins rugueuse ; aux branches, aux rameaux, à la fleur, au fruit et à la graine.

Si l'élève a le sentiment quelque peu poétique, si sa muse l'inspire, il fera davantage. Le chêne au cœur d'acier, au tronc robuste, n'est-il pas l'emblème de la force ; le saule pleureur avec ses rameaux qui se penchent vers le sol, celui de la mélancolie, de la tristesse ; le peuplier et le bouleau, avec leur feuillage toujours agité, celui de la gaîté ? le pin, avec son tronc noueux et déformé, avec ses racines tortueuses qui semblent étreindre le sol aride des côteaux, est lui-même le symbole de l'énergie, du courage indomptable.

Pour bien indiquer la manière de donner la description d'un animal, d'un oiseau, je ne vois pas de plus beau modèle à donner que le portrait de l'oiseau-mouche, de BUFFON :

. . . .

Leur bec est une aiguille fine et leur langue un fil délié ; leurs petits yeux noirs ne paraissent que des points brillants ; les plumes de leurs ailes sont si délicates qu'elles paraissent transparentes ; à peine aperçoit-on leurs pieds, tant ils sont courts et menus ; ils en font peu d'usage ; ils ne se posent que pour passer la nuit et se laissent pendant le jour emporter dans les airs ; leur vol est continu, bourdonnant et rapide. Le battement de leurs ailes est si vif, que l'oiseau s'arrêtant dans les airs, paraît non-seulement immobile, mais tout-à-fait sans action.

. . . .

Et ce que j'avance là est très exact.

Dans une école primaire supérieure de jeunes filles, j'assistais, en seconde année, à la correction d'un devoir de composition française, par le professeur : « Voyage autour de ma chambre ».

Les élèves s'étaient contentées, toutes ou à peu près,

d'une énumération rapide et sèche des objets que contenait la pièce. Aussi la meilleure des notes obtenues ne dépassait guère la moyenne.

La maîtresse se mit à lire le « Voyage autour de ma chambre » de Xavier de MAISTRE. Toutes restèrent attentives, étonnées et ravies des horizons nouveaux que leur découvrait l'écrivain, avec ses réflexions si intéressantes et si judicieuses : aussi le même devoir recommencé fut-il bien meilleur que la première fois.

En abordant le domaine scientifique proprement dit, nous recommanderons la sobriété et la précision.

Voici le vulgaire poêle. Si nous devons en parler, quelle est l'idée générale à faire ressortir ? Pour répondre à cette question, il suffit de poser cette autre : « Que voulait l'inventeur ? Le foyer est donc la partie importante, l'idée principale, comme la pile est celle du télégraphe et la toile métallique, celle de la lampe de Davy.

Les proverbes sont généralement considérés comme très difficiles à développer, et, en réalité, ils le sont bien un peu. Les jeunes gens n'y comprennent que très peu de chose ; heureux encore quand ils ne se mettent pas à la besogne avec un point de départ faux.

Quelques phrases embarrassées, sèches, banales ; des redites ; c'est là tout leur travail.

Pour traiter convenablement un sujet de ce genre, plusieurs opérations différentes et successives sont nécessaires :

1° **Bien fixer** *le sens du proverbe et ne pas se fier aux apparences* ;

2° **Démontrer**, *par des exemples, que le proverbe est vrai* ;

3° **Prouver**, *par des raisons solides, qu'il ne peut en être autrement* ;

4° **Conclure et tirer la morale**, *s'il y a lieu* ;

5° *Enfin et surtout rendre d'abord* **concret** *le sujet*.

Les phénomènes de la nature seront observés, étudiés avec soin, dans leurs causes, leur marche et leurs effets. Le vent, la pluie, la grêle, la neige, les orages, les inondations, les marées — sur le littoral, — la végétation.

Comme modèles de description, on fera apprécier :

L'Orage du poète de saisons, SAINT-LAMBERT.

L'Ouragan dans le désert de la Thébaïde, de CHA-TEAUBRIAND.

Le Naufrage du « Saint-Géran », de BERNARDIN DE SAINT-PIERRE.

L'Orage

On voit à l'horizon, de deux points opposés,
Des nuages monter dans les airs embrasés ;
On les voit s'épaissir, s'élever et s'étendre,
D'un tonnerre éloigné, le bruit s'est fait entendre,
Les flots en ont frémi, l'air en est ébranlé,
Et le long du vallon le feuillage a tremblé ;

Il succède à ce bruit un calme plein d'horreur,
Et la terre en silence attend dans la terreur,

Des monts et des rochers le vaste amphithéâtre
Disparaît tout à coup sous un voile grisâtre ;

Le nuage élargi les couvre de ses flancs ;
Il pèse sur les airs tranquilles et brûlants,
Mais des traits enflammés ont sillonné la nue ;
Et la foudre, en grondant, roule dans l'étendue ;
Elle redouble, vole, éclate dans les airs ;
La nuit est plus profonde, et de vastes éclairs
En font sortir sans cesse un jour pâle et livide.
Du couchant ténébreux s'élance un vent rapide,
Qui tourne sur la plaine, et, rasant les sillons,
Enlève un sable noir qui roule en tourbillons.
Ce nuage nouveau, ce torrent de poussière,
Dérobe à la campagne un reste de lumière.
La foudre éclate, tombe ; et des monts foudroyés
Descendent à grand bruit les graviers et les ondes,
Qui courent en torrents sur les plaines fécondes.
O récolte ! ô moissons ! tout périt sans retour :
L'ouvrage d'une année est détruit dans un jour.

Saint-Lambert.

Un Ouragan dans le Désert

Soudain de l'extrémité du désert accourt un tourbillon. Le sol emporté devant nous manque à nos pas, tandis que d'autres colonnes de sable, enlevées derrière nous.

Egaré dans un labyrinthe de tertres mouvants et semblables entre eux, le guide déclare qu'il ne reconnaît pas sa route ; pour dernière calamité, dans la rapidité de notre course, nos outres remplies d'eau se sont écoulées. Haletants, dévorés, d'une soif ardente, retenant fortement notre haleine dans la crainte d'aspirer des flammes, la sueur ruisselle à grands flots de nos membres abattus. L'ouragan redouble de rage : il creuse jusqu'aux antiques fondements de la terre, et répand dans le ciel les entrailles brûlantes du désert. Enseveli dans une atmosphère de sable embrasé, le guide échappe à ma vue.

Tout à coup, j'entends son cri ; je vole à sa voix : l'infortuné, foudroyé par le vent de feu, était tombé mort sur l'arène, et son dromadaire avait disparu. En vain, j'essayai de ranimer mon malheureux compagnon ; mes efforts furent inutiles. Je m'assis à quelque distance, tenant mon cheval en main, et n'espérant plus qu'en Celui qui changea les feux de la fournaise en un vent frais et une douce rosée. Un accacia qui croissait dans ce lieu me servit d'abri. Derrière ce frêle rempart, j'attendis la fin de la tempête. Vers le soir, le vent du nord reprit son cours ; l'air perdit sa chaleur cuisante, les sables tombèrent du ciel et me laissèrent voir les étoiles, inutiles flambeaux, qui me montrèrent seulement l'immensité du désert.

CHATEAUBRIAND.

Le Naufrage du « Saint-Géran »

Tout présageait l'arrivée prochaine d'un ouragan. Les nuages qu'on distinguait au zénith étaient, à leur centre, d'un noir affreux, et cuivrés sur leurs bords. L'air retentissait des cris des paille-en-queue, des frégates, des coupeurs d'eau et d'une multitude d'oiseaux de marine qui, malgré l'obscurité de l'atmosphère, venaient de tous les points de l'horizon chercher des retraites dans l'île.

Vers les neuf heures du matin, on entendit du côté de la mer des bruits épouvantables, comme si des torrents d'eau, mêlés à des tonnerres, eussent roulé du haut des montagnes.

. . . .

. . . .

La mer, soulevée par le vent, grossissait à chaque instant, et tout le canal compris entre cette île et l'île d'Ambre, n'était qu'une vaste nappe d'écumes blanches, creusée de vagues profondes. Ces écumes s'amassaient dans le fond des anses à plus de six pieds de hauteur, et le vent, qui en balayait la surface, les portait par-dessus l'escarpement du rivage à plus d'une demi-lieue dans les terres. A leurs flocons blancs et innombrables qui étaient chassés horizontalement jusqu'au pied des montagnes, on eût dit d'une neige qui sortait de la mer. L'horizon offrait tous les signes d'une longue tempête ; la mer y paraissait confondue avec le ciel. Il s'en détachait sans cesse des nuages d'une forme horrible, qui traversaient le zénith avec la vitesse des oiseaux, tandis que d'autres y paraissaient immobiles comme de grands rochers. On n'apercevait aucune partie azurée du firmament ; une lueur olivâtre et blafarde éclairait seule tous les objets de la terre, de la mer et des cieux.

BERNARDIN DE SAINT-PIERRE.

La lettre. — Le défaut le plus commun, c'est le manque de naturel. Les élèves y sont aussi gauches, aussi gênés que dans leurs habits du dimanche ; et cependant c'est bien là qu'on devrait les retrouver tels qu'ils sont, avec leurs qualités et leurs défauts, leur propre caractère.

Le Diseur de « Phébus »

Que dites-vous ? Comment ? Je n'y suis pas ; vous plairait-il de recommencer ? J'y suis moins encore ; je devine enfin : vous voulez, Acis, me dire qu'il fait froid ; que ne disiez-vous : « Il fait froid ? » Vous voulez m'apprendre qu'il pleut ou qu'il neige ; dites : « il pleut, il neige ; » vous me trouvez bon visage et vous désirez de m'en féliciter ; dites : « Je vous trouve bon visage. » Mais répondez-vous, cela est bien uni et bien clair, et d'ailleurs qui ne pourrait pas en dire autant ? Qu'importe, Acis, est-ce un si grand mal d'être entendu quand on parle, et de parler comme tout le monde ? Une chose vous manque, Acis, à vous et à vos semblables, les diseurs de phébus ; vous ne vous en défiez point, et je vais vous jeter dans l'étonnement ; une chose vous manque, c'est l'esprit ; ce n'est pas tout, il y a en vous une chose de trop, qui est l'opinion d'en avoir plus que les autres ; voilà la source de votre pompeux galimatias, de vos phrases embrouillées, et de vos grands mots qui ne signifient rien.

. . . .
. . . .

Ayez, si vous pouvez, un langage simple et tel que l'ont ceux en qui vous ne trouvez aucun esprit.

LA BRUYÈRE.

Mais comment l'élève pourrait-il se montrer naturel ? Nous lui faisons mettre sous forme de lettre des devoirs de géographie, de morale, de sciences, d'histoire ! Ce n'est ni logique ni pratique. Il ne faudrait lui donner comme sujet que ce qui peut exciter dans son cœur une émotion, un sentiment quelconque et provoquer ses réflexions.

Volontairement ou par hasard, il a assisté à une scène, il éprouve le besoin de la raconter. Eh bien, qu'il la raconte avec ses impressions et son appréciation personnelle. Au style, on devrait le reconnaître.

L'illustre écrivain russe, TOLSTOÏ, est arrivé, dans l'école qu'il a établie, et qu'il dirige lui-même, à des résultats surprenants.

Il fait lire ou lit le travail d'un enfant. Qui a écrit cela ? — Un tel. — Jamais on ne se trompe. Mieux encore ; lorsqu'il signale une phrase trop longue ou obscure, l'élève qui en est l'auteur, s'arrache, dit-on, les cheveux de colère et corrige lui-même son devoir.

Nous sommes loin encore de cet état de chose. Mais tout instituteur, malgré son zèle, ne peut être un Tolstoï.

Le dialogue. — Cette forme de la composition française est fort peu en usage dans nos écoles ; elle y est négligée. C'est un tort.

En l'utilisant, on oblige l'enfant à plus de réflexion, encore, à plus d'attention. On évite ainsi les « qu'il lui dit », « il lui demande », « qu'il répondit », qui alourdissent si fort la phrase et énervent le lecteur.

Un exemple en fera comprendre l'avantage.

DIALOGUES

« Vous me connaissez, Gonzague... » Et rien ne saurait rendre ce qu'il mettait d'effusion, de caresse rapprochante, dans ce prénom troubadouresque de Bompard. C'était comme une façon de serrer ses mains, de se le mettre plus près du cœur... « Vous me connaissez, qué ! Vous savez si j'ai boudé quand il s'est agi de marcher au lion ; et, pendant la guerre, quand nous avons organisé ensemble la défense du cercle... » Bompard hocha la tête avec une mimique terrible ; il croyait y être encore. « Eh bien ! mon bon, ce que les lions, ce que les canons Krupp n'avaient pu faire, les Alpes y sont arrivées... J'ai peur. » — « Ne dites pas cela, Tartarin ! » — « Pourquoi ?.. Je le dis parce que cela est... » Et tranquillement, sans pose, il avoua l'impression que lui avait faite le dessin de Doré, cette catastrophe du Cervin restée dans ses yeux. Il craignait des périls pareils ; et c'est ainsi qu'entendant parler d'un guide extraordinaire, il était venu se confier à lui.

Du ton le plus naturel, il ajouta : « Vous n'avez jamais été guide, n'est-ce pas, Gonzague ? » — « Hé, si... seulement je n'ai pas fait tout ce que j'ai raconté... » — « Bien entendu ! » — « Sortons un moment sur la route, nous serons plus libres pour causer. »

. . . .

. . . .

« Avez-vous un carnet, Gonzague ? — Ah ! vaï, un carnet... Si vous croyez que je vais me laisser mourir comme cet Américain... Vite, allons-nous-en, sortons d'ici. » — « Impossible... Au premier pas nous serions emportés comme une paille, jetés dans quelque abîme. » — Mais alors, il faut appeler, l'auberge n'est pas loin... » Et Bompard à genoux, la tête hors du Sérac, dans la pose d'une bête au pâturage, hurle : « Au secours ! au secours ! à moi ! » — « Aux armes !... » crie à son tour Tartarin de son creux le plus sonore que la grotte répercute en tonnerre. Bompard lui saisit le bras : « Malheureux, le Sérac !... »

A. DAUDET. — *Tartarin sur les Alpes.*

Au cours complémentaire, nous continuerons à mettre sous les yeux de nos auditeurs les meilleurs modèles : narration, description, dialogue, lettre. On leur laissera plus de liberté et d'initiative d'une part, mais on se montrera plus exigeant de l'autre. Avec des jeunes gens de treize ans et plus, il serait vraiment trop naïf d'accepter un devoir qui respirerait la négligence ou le manque d'efforts sérieux, qui n'indiquerait pas au point de vue de la richesse des idées et des expressions, un travail consciencieux.

En résumé, au cours moyen et au cours supérieur nous ferons les exercices ci-après :

1° *Comptes-rendus oraux, parfois écrits, de leçons de lecture, de récitation ou de toute autre leçon ;*

2° *Décomposition de la phrase, recomposition, formes diverses qu'elle peut revêtir. Mettre de nombreux exemples sous les yeux des élèves.*

3° *Lectures fréquentes et attentives des meilleurs passages de nos bons auteurs ;*

4° *Dans la préparation d'un devoir, habituer les élèves à bien dégager l'idée générale ;*

5° Tout sujet abstrait sera rendu concret, surtout lorsqu'il s'agira d'un proverbe ou d'une maxime;

6° Les élèves n'auront à écrire que sur des choses connues;

7° On continuera à faire appel aux sens; le maître fera tout pour obtenir que chacun de ses élèves écrive selon son tempérament;

8° Tout d'abord, on fera connaître les différentes formes que peut prendre la composition française : description, narration, lettre, dialogue;

9° Lectures faites par le maître.

LA CORRECTION DES DEVOIRS

Quelle méthode adopter pour la correction des devoirs de composition française ?

Il a été recommandé à l'instituteur de lever les cahiers des élèves et de corriger toutes les copies à l'encre rouge, dans le silence du cabinet.

S'il ne s'agissait que de quelques enfants, le travail ne serait pas trop dur, mais lorsqu'il faut lire et annoter de vingt-cinq à quarante rédactions, la besogne devient pénible, et le profit qu'en retirent les élèves est au moins problématique.

Les cahiers sont ensuite rendus.

La première, l'unique préoccupation des intéressés est de se reporter à l'appréciation personnelle du maître. Ils se soucient comme un poisson d'une pomme, de ses annotations.

Il faut en conclure que cette manière de procéder est défectueuse et inefficace. Nous devons chercher autre chose.

Afin de contrôler plus facilement les devoirs, faites diviser, du haut en bas, la page du cahier en deux parties inégales, — moins d'espace à droite ; — faites aussi numéroter, d'une manière uniforme, les paragraphes qui seront séparés par un alinéa.

C'est à gauche, contre la marge, que les élèves transcrivent leur travail définitif.

L'instituteur recueille ensuite les cahiers. Au hasard, il en prend une douzaine ; il souligne, à l'aide de signes conventionnels différents, les fautes d'ortographe, les expressions impropres, les phrases incorrectes ou ambigües.

Qui donc va corriger ? Mais l'élève lui-même. Ce sera pour lui tout profit, et il y a lieu d'espérer qu'il arrivera à faire cette correction avec autant de plaisir qu'il en aurait à un jeu qui serait de son goût.

Au moment indiqué, le maître envoie au tableau noir, divisé comme la page du cahier, un élève, et lui fait écrire, ou plutôt reproduire les paragraphes de son travail, les moins bons.

Il dirige l'attention de l'enfant sur toutes les fautes commises et l'invite à rectifier. Il fait appel, si besoin est, aux connaissances des petits camarades, et toute la classe finit par intervenir.

C'est dans la colonne de droite que s'inscrivent les rectifications.

Le même travail se fait sur le cahier de devoirs.

Les Oiseaux et l'Hiver

DEVOIR DE L'ÉLÈVE	SES CORRECTIONS avec annotations ou remarques du Maître
1° *Voici la saison ou presque tous les petits oiseaux nous quittent, parcequ'ils ne trouvent plus dans nos pays de quoi se nourrir.*	Ils n'attendent pas l'hiver (Maître). parce qu'ils
2° *Ils s'en vont dans les contrées chaudes de l'Italie, de la Grèce, de l'Afrique. Ils émigrent. Ils font comme les gens riches qui, à l'approche de l'hiver quittent nos du nord pour aller se promener sur les bords ensoleillés de la Méditerranée.*	plus Du moment qu'ils s'en vont, ils émigrent (M). régions
Les oiseaux s'en vont ainsi, parce que, dans les contrées chaudes, ils trouvent des insectes pour leur nourriture.	Ceci a sa place dans le 1er paragraphe (M.)
3° *Mais tous les oiseaux ne quittent pas nos pays. Parmi ceux qui restent, on distingue : le rouge-gorge, l'élégante bergeronnette, le hardi moineau, le bouvreuil au poitrail écarlate.*	la gentille
Ces oiseaux ne se nourrissent pas exclusivement d'insectes ; en hiver, ils mangent quelques grains. On les voits voltiger, à travers les arbres dénudés. Comme pour nous demander l'aumône de temps à d'autres, il pousse des petits cris plaintifs.	Vague (M.) voit autres, ils poussent

André BLOCH (cours moyen).

Voilà pour les corrections.

Dans une séance ultérieure, on peut agir inversement, c'est-à-dire faire écrire sur le tableau, en suivant l'ordre adopté, les paragraphes qui semblent à peu près irréprochables. On obtient ainsi un travail complet qui peut être donné sinon comme modèle, du moins comme exemple.

Le maître fera en sorte que tous les élèves soient pris à partie, sans qu'ils s'y attendent. Ils n'est pas indispensable de les interroger exactement à tour de rôle. Il examinera aussi plus fréquemment les devoirs des plus négligents, des moins travailleurs, des moins bien doués au point de vue intellectuel.

On a compris, je pense, que ce numérotage des paragraphes ne s'applique guère qu'aux élèves du cours préparatoire, élémentaire et moyen, première année ; dès l'âge de onze à douze ans, chacun écrit comme il sait et comme il peut. Autant de devoirs, autant de formes diverses ; voilà, ce que nous devons souhaiter et ce que nous pouvons espérer, ce qu'il faut à tout prix, essayer d'obtenir.

CALCUL & SYSTÈME MÉTRIQUE

Des progrès ont été réalisés dans les écoles primaires, mais nous sommes encore loin de la perfection. Ainsi pour l'enseignement du calcul et du système métrique, deux méthodes sont en présence ; l'une appartient à la routine ; la seconde, celle dont nous allons parler, enseigne d'abord à compter sur les nombres de 1 à 10, de 10 à 20, etc., puis à faire faire aux enfants, sur ces mêmes nombres, les quatre opérations, à l'aide de petits problèmes oraux. La première rebute l'élève ; l'autre l'intéresse et éveille son intelligence ; le choix n'est pas douteux.

Cours préparatoire

Premier exercice. — Les enfants sont près du tableau noir ; le maître tient à la main un bout de bois, un bâtonnet. Qu'est-ce que cela ? — Les élèves qui ne connaissent pas encore l'instituteur, qui le craignent peut-être, hésitent à répondre ; mais ils viennent à l'école pour parler, il faut donc qu'ils parlent. Qu'est-ce que cela ? Un bout de bois. — Dites tous. — Un bout de bois. — Voyez comment on représente un bout de bois, un bâtonnet ; et le maître trace le chiffre 1. Eh bien, ce signe s'appelle un ; il représente un bout de bois, un chapeau, un arbre, un fruit... Quel est celui d'entre vous qui va tracer ce signe au tableau ? Tous doivent le faire ; au besoin, on leur guide la main.

Deuxième exercice. — Combien ai-je de bâtonnets ? — Un. — Et maintenant ? — Deux. — Maintenant ? — Trois. — Maintenant ? — Quatre. — En ce moment ? Deux — Combien en ai-je ôté ? — Deux... Sans qu'ils s'en doutent, les élèves font oralement l'addition et la soustraction.

Prenez trois élèves ; donnez à chacun deux bâtonnets. Combien cela fait-il ? — Six bâtonnets. — On en donne deux à un voisin, et maintenant ? — Huit... — Que viennent de faire les élèves ? — La multiplication. Vous mettez sur la table six bâtonnets ; vous appelez deux élèves que vous invitez à se les partager ; après quelques hésitations ils en prennent chacun trois. Vous appelez trois enfants qui doivent se distribuer ces six bouts de bois, ils en prennent chacun deux. Qu'ont-ils fait ? La division. Voilà les quatre opérations faites intuitivement. Le mot paraît savant ; mais vous voyez ce qu'il veut dire.

A la leçon suivante, avant d'étudier le 2, il faut reprendre et revoir le chiffre 1 que quelques enfants ont peut être déjà oublié ; puis à un premier bâtonnet on en ajoute un second. Combien de bouts de bois ai-je en ce moment ? — Deux. — Dites tous. — Deux. — Voyez comme on représente deux objets. Et le maître fait le chiffre 2 au tableau noir, chiffre que les élèves doivent reproduire eux-mêmes. Il passe ensuite à un exercice qui contrôle son travail.

Montrant le chiffre 1, il dit : Louis, apportez-moi autant de bâtonnets que ce signe en représente ; montrant le 2 ; Charles, apportez sur le bureau autant de

bâtonnets que ce signe en représente. Ou bien prenant
un bâtonnet, deux bâtonnets, il oblige les élèves à
tracer les signes qui doivent les représenter.

Deuxième exercice — Comme ci-dessus, on fait faire,
avec les bâtonnets, les quatre opérations de la façon
que nous avons indiquée.

On envoie ensuite les enfants à leur place, et ils
doivent dessiner sur l'ardoise des 2 et des 1, c'est-à-
dire les chiffres appris.

A la troisième leçon, avant d'étudier le 3, il faut revoir le 2 et le 1, puis on opère comme nous l'avons
dit. On fait ainsi écrire les 9 premiers nombres. Ces
nombres sont compris en neuf leçons, mettons dix-huit.
N'y a-t-il pas gain, puisque, avec les procédés ordinairement employés, les élèves ne les connaissent pas
toujours suffisamment en trois mois ?

Il s'agit ensuite de l'étude des nombres de 10 à 20.
Aux neuf bâtonnets avec lesquels les enfants se sont
familiarisés, on en ajoute un nouveau. Combien ai-
je de bâtonnets ? — **Dix.**

Le maître, prenant une petite ficelle, fait un paquet
de ces dix bâtonnets. Combien de bâtonnets avons-
nous dit ? — Dix. — Cela fait combien de paquets ? —
Un. — Eh bien, ce paquet de 10 s'appelle une dizaine.
— Combien de bâtonnets dans une dizaine ? — Dix —
Combien de pommes, de chapeaux, de chaises dans
une dizaine ? — Dix. — Que préférez-vous d'une dizaine de pommes ou d'une douzaine? — Une douzaine.
— Pourquoi ? — Parce qu'il y en a deux de plus, etc.

A ce paquet *(dizaine)* on ajoute un bâtonnet et l'on

dit : Combien de bâtonnets ? — Onze. — Quel est celui d'entre vous qui peut m'écrire ce nombre ? — *(Hésitation)*. — Voyons, Louis, combien y a-t-il de paquets *(dizaine)* ? — Un. — Faites un 1 ; combien de bâtonnets à côté ? — Un. — Faites encore un 1 ; combien de bâtonnets ici ? — Onze. — Eh bien, ce nombre que vous avez écrit s'appelle ou s'énonce onze. Montrez-moi le chiffre du paquet *(dizaine)* ? Et l'enfant le montre sans hésiter, de même celui de l'unité *(le bâtonnet)*. — On ôte le bâtonnet, le paquet reste seul. Combien ai-je de bâtonnets ? — Dix. — Allez m'écrire ce nombre, Charles. — Combien de paquet ? — Un. — Ecrivez le chiffre 1. — Combien de bâtonnets libres à côté ? — Point. — Quel est le signe qui représente rien ? — *(A propos de l'étude des chiffres, le maître a dû faire remarquer que le chiffre 0, employé isolément, n'a aucune valeur)*. — Le zéro — Mettez un zéro à droite. On ajoute deux bâtonnets au paquet. Combien en ai-je ? — Douze. — Ecrivez ce nombre. L'enfant repré-sente le paquet par le chiffre 1 et les deux autres bâ-tonnets par le chiffre 2. C'est de cette façon qu'on écrit le nombre douze. On procède ainsi jusqu'à 20. On a écrit le nombre 19, un paquet de dix et neuf bâtonnets. Aux neuf bâtonnets, on en ajoute un nou-veau et l'on fait un nouveau paquet de dix. Combien de paquets ou dizaines ? — Deux. — Combien de bâtonnets ? — 20. — Et maintenant ? — 21. — Ernest, écrivez ce nombre. Et l'élève représente les deux paquets par un 2 et le bâtonnet par un 1. Voilà 21, de même 22, 23, jusqu'à 30 ; puis on opère de même de 30 à 40, de 40 à 50, jusqu'à 100. En trois mois, il connaît et comprend les 100 premiers nombres.

On a écrit le nombre 99 : 9 paquets de 10 et neuf bâtonnets. On ajoute un bâtonnet. Combien de bâtonnets ? — 100. — Combien de paquets ? — 10. — De ces 10 paquets, on fait à l'aide d'une ficelle un paquet de cent. Combien de bâtonnets ? — 100. — Eh bien, ce paquet s'appelle une centaine. Combien de bâtonnets *(unités)* dans une centaine ? — Cent. — Combien de dizaines dans une centaine ? — Dix. — A la centaine, on ajoute un paquet de 10. Combien cela fait-il ? — 110. — On ajoute un bâtonnet. Et maintenant ? — 111. — Arthur, allez m'écrire ce nombre. L'enfant dit :

une centaine....................	1	
une dizaine....................	1	1 1 1
une unité....................	1	c. d. u.

On demande ensuite : « Où est le chiffre des dizaines, des unités, des centaines ? » L'enfant ne fera certainement pas d'erreur. On ôte l'unité. Combien de bâtonnets ? — 110. — Louis, écrivez ce nombre. L'enfant dit :

1 paquet de 100	1	
1 paquet de dix..........	1	1 1 0
point d'unité..........	0	c. d. u.

On enlève la dizaine.

Ecrivez :

1 centaine	1	
point de dizaine . . . . : .	0	1 0 0
point d'unité . . . . '	0	c. d. u.

On fait ainsi écrire les nombres jusqu'à mille.

Cours élémentaire

A partir de ce moment, pour l'écriture des nombres on doit se passer des objets, sauf à les reprendre de temps à autre. Les élèves écriront les dizaines, les centaines de mille, comme ils ont écrit les dizaines et les centaines d'unités. Mais, dès que les cent premiers nombres sont connus, même plus tôt, d'autres exercices s'imposent dont le but est d'arriver à la rapidité du calcul : 1° Faire compter les élèves, au fur et à mesure qu'on avance, de deux en deux, en montant, en descendant. On commence par les nombres pairs, si l'on veut, puis par les nombres impairs ; puis de 3 en 3, de 4 en 4, de 5 en 5, etc.

De temps à autre, il est bon, pour entraîner les indolents, de faire compter les élèves tous ensemble, en veillant bien à ce que personne ne demeure inactif. On peut faire remarquer qu'après une période plus ou moins longue, les unités des nombres que l'on nomme ou que l'on forme ne manquent pas de revenir :

de 4 en 4.	4	8	12	16	20
	24	28	32	36	40
de 6 en 6.	6	12	18	24	30
	36	42	48	54	60

A mon avis, ces exercices, qui sont excellents, bien qu'assez mécaniques, devraient revenir tous les jours. Dans les cours élémentaires, les leçons doivent être attrayantes toujours, mais peu longues.

Inutile de faire étudier ce qu'on appelle la table d'addition ; elle ne devrait pas exister.

L'enseignement du système métrique est d'une très grande facilité pour les jeunes enfants, mais encore est-il bon de savoir se faire comprendre ; il faut enseigner et non professer.

Le programme est bref : « Notions élémentaires du mètre, du litre, du gramme, du franc. » Mais, direz-vous, nous n'avons pas de compendium métrique ? Vous trouverez facilement un mètre pliant en laiton. Chaque fragment aura 1 décimètre de longueur. Avec cet instrument peu coûteux, vous ferez de bonnes leçons. Non seulement vous vous en servirez pour l'étude du système métrique, mais il vous rendra plus tard les plus grands services pour l'enseignement de la numération décimale, ainsi que vous le verrez dans quelques instants. Vous dépliez ce mètre et vous le montrez.

Qu'est-ce que cela ? (Il y a au moins parmi vos élèves un fils de menuisier, ou de charpentier ou de maçon). — Un mètre. — A quoi sert le mètre ? — A mesurer. — A mesurer quoi ? — La table, un mur, une fenêtre, etc. — Approchez-vous, Louis, et voyons si vous êtes aussi grand que ce mètre.

Qui pourrait me montrer, dans cette salle, un objet qui ait un mètre à peu près ? Vous m'apporterez tous demain, un bâton d'un mètre ; le papa ou la maman vous aidera à le trouver. Et les exercices écrits sur l'ardoise, exercices dont j'ai parlé ci-dessus, se font à ce moment. Lorsque les élèves savent compter jusqu'à dix, on procède à un second exercice, s'il y a lieu. On plie le mètre, on fait remarquer que tous les fragments ont une longueur égale, puis on dit : « Comptons-les. — Un... deux... trois... dix. — Combien y en a-t-il dans le mètre ? — Dix. — Ces petites longueurs ont un nom, pas difficile à retenir, chacune d'elles s'appelle un décimètre. Comptons ensemble. — Un décimètre, deux décimètres, dix décimètres. — Combien de décimètres dans un mètre ? — Dix. — Combien faut-il de décimètres pour faire un mètre ? Dix. — Montrez-moi, la main ouverte, une longueur d'un décimètre ; dans cette salle un objet qui ait un décimètre. Allez me tracer au tableau noir une ligne horizontale, verticale, oblique, d'un décimètre, etc., etc. Ce soir sur vos baguettes d'un mètre, vous ferez à la maison des crans indiquant la division du mètre en décimètres. Nous verrons demain quel est celui qui aura le mieux travaillé.

Impossible, pour le moment, de parler de la division du mètre en centimètres, car il faut que les élèves sachent compter jusqu'à 100. Attendons le mois de janvier.

Mais nous sommes au mois de janvier, nous allons reprendre le mètre.

A quoi sert le mètre ? — A mesurer les longueurs. — Combien y a-t-il de décimètres dans le mètre ? —

Dix. — Voyez maintenant ces petites divisions qui partagent le décimètre *(on montre le centimètre)*. Comptons combien il y en a dans le décimètre. — Un, deux, trois, dix. — Dans un décimètre il y en a combien ? — 10. — Dans deux ? — 20. — Dans trois ? — 30. — Dans quatre ? — 40. — Dans cinq ? — 50. — Dans six ? — 60. — Dans sept ? — 70. — Dans huit ? — 80. — Dans neuf ? — 90. — Dans 10 ? — 100. — Comment avons-nous appelé les divisions du mètre en dix parties égales ? — Décimètres. — Comment allons-nous appeler les divisions en cent parties égales ? — Centimètres. — Combien de centimètres dans un mètre ? — 100. — Dans un décimètre ? — 10. — Dans deux décimètres ? — 20, etc., etc. — Vous allez reprendre vos bâtons d'un mètre et vous me partagerez un des décimètres en dix centimètres.

Plus tard, on opèrera de la même façon pour les millimètres.

Il n'est pas nécessaire que l'élève ait une connaissance complète du mètre pour passer aux autres parties du programme. Parlons du litre. Vous ne l'avez pas entre les mains, me direz-vous, mais vous avez bien le litre en verre ; l'aubergiste vous prêtera volontiers son litre en étain pour quelques instants, l'épicier son litre pour mesurer l'huile. Ces trois objets sont sur le bureau à côté d'un petit baquet d'eau. Vous appelez vos élèves. En présence de tous, vous remplissez le litre en verre qu'ils connaissent bien et vous leur dites de verser cette eau dans le litre en étain, puis dans le litre à huile, les élèves

voient de suite que la contenance de ces trois vases
est la même. On parle d'abord de l'usage de chacun
de ces ustensiles.

Plus tard, au moment même où les enfants étudient
le décimètre, on saisit l'occasion pour leur parler du
décilitre. Vous avez le litre et le décilitre. Un élève
transvase le contenu du décilitre dans le litre ; on
constate que dix décilitres font le litre, que le litre
vaut dix décilitres. Quand on parlera du centimètre,
on parlera du centilitre. Comme il existe, on opèrera
sur le décilitre avec le centilitre comme on a fait du
litre avec le décilitre ; ils verront que dans un décilitre il y a dix centilitres ; dans deux décilitres, 20 ;
dans trois, 30 ; dans dix décilitres, 100 centilitres ;
dans un litre 100 centilitres.

Par analogie, quand, au bout de six mois, on parlera
du millimètre, on causera du millilitre. En ce qui
concerne le gramme, ou plutôt le kilogramme qui
est la véritable unité de poids, on se procure une
balance chez le voisin, l'épicier ou le boucher. On
place sur un des plateaux le litre vide, on fait équilibre avec du sable ou ce que l'on veut, puis on remplit le litre d'eau et l'on invite les enfants à prendre,
dans la série des poids, celui qui peut lui aussi faire
équilibre ; après quelques hésitations, l'un d'eux
arrive à placer le poids d'un kilog. Donc le litre d'eau
pèse 1 kilog. — 2 litres ? — 2 kilog. — 3 litres ? — 3
kilog. — etc. — Et le franc ? Chaque institutrice,
chaque instituteur, a dans son porte-monnaie ce qu'il
faut pour le faire connaître. On montre une pièce de

1 fr., on la fait peser. Un franc pèse 5 grammes. On remplace le poids par un sou *(0 fr. 05)*, il y a équilibre. Un sou pèse aussi 5 grammes ; 2 sous ? — Dix grammes. — 3 sous ? — 15 grammes. — C'est-à-dire qu'on compte de 5 en 5. Avec quoi fait-on une pièce d'argent ? Une pièce de 5 centimes ? C'est l'occasion d'en parler. Voilà les leçons à faire aux plus jeunes élèves, sur le système métrique. On les répète toute l'année, pendant deux ans, s'il le faut, c'ar c'est en revoyant sans cesse ce qui a été appris qu'on finit par le bien faire retenir et le bien savoir.

Dès que les élèves connaissent les nombres de 1 à 100, comme ils ont été exercés aux additions et aux soustractions orales à l'aide d'objets, de bâtonnets, il est important de les habituer à s'en passer. Combien font 2 pommes et 3 pommes ? — 5. — 5 pommes et 5 pommes ? — Dix. — Dix pommes font combien de dizaines ? — Une. — 20 pommes ? — Deux. — J'ai 8 pommes, j'en mange 3, combien m'en reste-t-il ? — 5. — 4 élèves ont à se partager 8 oranges, combien chacun d'eux en aura-t-il ? — Deux. — Puis, à la suite, on commence les additions et les soustractions écrites. Les enfants doivent connaître immédiatement plusieurs signes *(+ plus)* ; *(— moins)* ; *(= égal)*. On ne doit jamais poser une addition ni une soustraction comme celles-ci :

24	427
38	342
42	

On doit indiquer les opérations aux élèves, et puis, pour s'assurer qu'ils connaissent bien la numération des nombres entiers, on leur donne à additionner ou à retrancher des nombres ayant plus ou moins de chiffres.

Exemple : — $48 + 225 + 6 + 54 =$
— $745 - 88 =$

Mais il est indispensable, après quelques exercices, de remplacer ces nombres abstraits par des nombres concrets, en un mot de donner à résoudre de petits problèmes ; *Ex.* : J'ai acheté 845 moutons, j'en ai revendu 263, combien m'en reste-t-il ?

Si les élèves hésitent pour faire l'opération qu'ils ont à effectuer, on modifie l'énoncé verbalement, en donnant des nombres avec lesquels les élèves sont familiarisés : *Ex.* : J'ai acheté 8 oranges, j'en ai revendu 3, combien m'en reste-t-il ? — 5. — Quelle opération avons-nous faite ? — Une soustraction. — Eh bien, le problème que je vous ai donné est le même. — Monsieur, il faut soustraire. — Faites.

On agit de même pour les problèmes sur l'addition, sur l'addition et la soustraction combinées, plus tard, sur ceux qui ont rapport à la multiplication, à la division.

Étude du livret. — Le programme du cours élémentaire comporte l'étude de la multiplication, par conséquent celle du livret. On commence beaucoup trop tard cette étude ; on devrait s'en occuper pendant que les enfants s'exercent aux deux premières opérations écrites. Les instituteurs qui ont enseigné

pendant plusieurs années doivent savoir quelles difficultés ils ont à vaincre pour faire apprendre la table
de multiplication : c'est que les élèves n'en comprennent pas le mécanisme.

Demandez brusquement combien font 3 fois 7. Les
élèves vont être obligés de recommencer : 3 fois 1, 3 ;
3 fois 2, 6 ; 3 fois 3, 9, jusqu'à 3 fois 7 pour donner
la réponse 21.

Si, reprenant les bâtonnets qui nous ont été si utiles
au début, vous montrez par exemple, aux élèves que
4 fois 7, cela fait 4 tas de 7 bâtonnets, ils vont faire
par l'addition, ce qu'ils ne retiennent pas machinalement 7 et 7 = 14 et 7 = 21 et 7 = 28 ou plutôt 7 et 7
= 14 et 14 = 28. Ce procédé ne dispense pas l'enfant
d'étudier la table, mais il lui en facilite singulièrement
l'étude. Les résultats sont rapides. Il faut y tenir la
main, c'est très important.

Cours moyen

NUMÉRATION DÉCIMALE

Il n'est pas nécessaire d'attendre que les élèves de
la division inférieure soient arrivés au cours moyen
pour leur parler de la numération décimale, qui est
aussi facile à enseigner que celle des nombres entiers.

Un instrument qui nous a déjà servi dans le cours
élémentaire, pour donner aux élèves des notions très
claires du système métrique, va nous faciliter l'enseignement de la numération décimale ; je veux parler
du mètre, du mètre en laiton ou en bois, partagé en

dix parties égales et dont chaque partie vaut par suite un décimètre.

Qu'est-ce que cela? — Le mètre. — Comment appelle-t-on chacun de ces fragments ? — Un décimètre. — Combien de décimètres dans le mètre? — Dix. — Montrant le mètre, l'instituteur dit : « Louis, allez m'écrire ce nombre. » L'élève doit écrire au tableau noir le chiffre 1. Bien, c'est un mètre, c'est l'unité.

Montrant le décimètre : Ecrivez ceci. — L'enfant doit dire : pas de mètre, 0, un décimètre, 1, on obtient 0,1.

C'est le moment de faire connaître qu'entre le chiffre 0 qui représente l'unité et le chiffre 1 qui représente le décimètre, il est absolument nécessaire de placer une virgule ; alors on écrit un décimètre ou $\frac{1}{10}$ de cette façon 0,1. Charles, venez m'écrire ceci. — Monsieur, 2 décimètres. — Ecrivez — Pas de mètre /unités/ 0 ; 2 décimètres, 0,2. — Ainsi de suite, jusqu'à 10 décimètres. Vous montrez un centimètre et vous vous rappelez qu'on le connait. L'élève doit dire et écrire :

Pas de mètre   0,
Pas de décimètre.   0,0
1 centimètre.   0,01

De même, jusqu'à dix centimètres que l'enfant devra écrire 0^{m}1.

Montrant 11 centimètres, vous dites : Charles, écrivez ceci :

Pas de mètre   0,
1 décimètre   0,1
1 centimètre. . . . .   0,11, etc.

Montrant le millimètre, écrivez ceci :

Pas de mètre 0,
Pas de décimètre. 0,0
Pas de centimètre 0,00
1 millimètre 0,001

On continue ainsi, toujours en se servant du mètre ; en peu de temps la numération décimale est connue jusqu'aux millièmes. Il est bien entendu que les décimètres deviennent des dixièmes ; les centimètres, des centièmes ; et les millimètres, des millièmes. Par analogie, les élèves écriront de la même façon les dix-millièmes, les cent-millièmes, les millionièmes.

Au bout de quelques semaines, on les habituera à se passer de mètre, pour écrire les fractions décimales et les nombres décimaux.

Ils doivent connaître le « pourquoi » de ce qu'on leur enseigne en arithmétique, comme en français, et ailleurs.

Multiplication et division des nombres entiers et décimaux par 10, 100, 1.000, etc. — L'instituteur met au tableau noir 10, 100, 1,000 10,000, etc. Il écrit, par exemple, le nombre 48 et invite un enfant à le multiplier par 100. L'élève procède comme à l'ordinaire, il faut le laisser faire, il obtient ceci :

$$\begin{array}{r} 48 \\ 100 \\ \hline 4800 \end{array}$$

surtout lorsqu'il n'oublie pas les zéros.

On comparo le nombre 48 au nombre 4800. Les enfants remarquent facilement qu'il y a ressemblance. On leur montre le multiplicateur 100. Combien a-t-il de zéros ? — Deux. — Si on les avait placés à droite de 48, n'aurait-on pas obtenu le produit cherché ? — Oui, Monsieur. — On procède de la même façon pour une multiplication par 10, par 1,000. De là, la règle que les enfants donneront eux-mêmes très facilement. Mais le pourquoi, il faut le donner aussi. Ne prenons pas le premier nombre venu, on peut faire mieux. Choisissons le nombre 11 à multiplier par 10, on obtient 110.

Le chiffre 1 à droite *(nombre 11)* représentait quel ordre ? — Les unités. — Dans 110 que représente-t-il ? — Les dizaines qui sont 10 fois plus grandes. — Le chiffre 1 des dizaines *(nombre 11)* représentait quel ordre ? — Les dizaines. — Dans 110 que représente-t-il ? — Les centaines qui sont dix fois plus grandes que les dizaines. — Qu'en concluez-vous ? — C'est que le nombre est bien multiplié par 10. On procède de même pour la division des nombres entiers, la multiplication et la division des nombres décimaux où il s'agit d'un simple déplacement de virgule ; mais prenons encore un exemple :

Soit à diviser 245 par 100.

Laissons faire la division

245 | 100
0450 | 2,45
0500
00

Combien de 0 dans 100 ? — Deux. — Séparons deux chiffres sur la droite de 245, on obtient 2,45. N'est-ce pas le résultat cherché ? — Si, Monsieur. — Eh bien, la règle ?.... Mais le pourquoi ? Prenons 111 ; divisons-le par 100, nous avons 1,11. Que représentait /dans *111/* le premier chiffre à droite ? — L'unité. — Et maintenant ? — Des centièmes qui sont 100 fois plus petits. — Que réprésente le 2ᵉ chiffre, celui du milieu ? — Des dizaines. — Et maintenant ? — Des dixièmes qui sont 100 fois plus petits. — Que représentait le chiffre à gauche /dans *111/* ? — Des centaines. — Et maintenant ? — Des unités qui sont 100 fois plus petites. — La conclusion ? — C'est que le nombre a bien été divisé par 100. — Donnez la règle. — Pour diviser un nombre par 10, 100, 1,000, etc...

Je viens d'indiquer quelques démonstrations intuitives qu'il ne faut jamais omettre ; mais donnons-en deux autres encore.

On dit aux élèves 4 fois 5 ou 5 fois 4, c'est la même chose.

Non, ce n'est pas la même chose, c'est le résultat qui est identique.

Prenons 4 fois 5 et plaçons méthodiquement 4 rangées de 5 cailloux :

Regardons dans un sens, nous aurons 4 rangées de

5, ou 20 cailloux ; dans l'autre sens, 5 rangées de 4 cailloux, ou 20 cailloux. Le résultat est donc bien le même.

On connaît le théorème : « *Quand on multiplie le dividende et le diviseur par un même nombre, le quotient ne change pas.* »

J'ai acheté 6 mètres de drap pour 42 fr. Que vaut le mètre ?

R. — 7 fr. *(Division à faire)*,

J'ai acheté 6ᵐ25 pour 43 fr. 75. Quel est le prix du mètre ?

Encore une division ; mais je ne sais pas l'effectuer. Toutefois, je sais que si j'avais acheté 625 mètres *(100 fois plus)*, j'aurais dépensé 100 fois 43 fr. 75 ou 4,375 fr. ; donc la division de 43,75 par 6,25 donne le même résultat que 4,375 par 625 ; le quotient n'a pas changé.

« *Mais le reste est multiplié par ce nombre.* »

6 enfants ont à se partager 45 pommes ; ils en prennent chacun 7 et il en reste 3.

Doublons le nombre des enfants et le nombre de pommes ; 12 enfants auront à se partager 90 pommes ; ils en recevront chacun 7 et il en restera 6. Le quotient n'a pas changé, mais le reste de la division a été multiplié par 2, comme le diviseur et le dividende.

Nous trouverons d'autres démonstrations du même genre un peu plus loin.

Fractions ordinaires

Le maître tient à la main un bâtonnet ; avec un canif, il partage ce bâtonnet en deux parties égales.

Qu'ai-je fait ? — Monsieur, vous avez partagé le bâtonnet en deux parties égales. — Qu'est-ce que chacune
des parties ? — La moitié du bâtonnet. — On l'appelle
aussi une demie. Ecrivons ce nombre *(le maître montre
une moitié)*. Combien de parties ? — Une. — Ecrivez
le chiffre 1. En combien de parties a-t-on partagé le
bâtonnet ? — En deux. — Mettons ce 2 sous le chiffre
1 et séparons-les par un trait horizontal, on obtient
$\frac{1}{2}$. *(Montrant une moitié)*. Qu'est-ce que cela ? — Une
moitié ou une demie. On partage chacune des demies
en deux parties égales. En combien de parties ai-je
partagé le bâtonnet ? — En 4 parties. — Quand on
partage une pomme en 4 morceaux, comment nomme-
t-on chacun d'eux ? — Un quartier. — Comment
appellerons-nous une partie du bâtonnet partagé en
quatre ? — Un quart. — Ecrivons un quart *(montrant
$\frac{1}{4}$)*. Combien de parties ? — Une. — Mettez un 1. En
combien de parties le bâtonnet est-il divisé ? — En
quatre. — Mettons ce 4 sous le 1 et séparons-les par un
trait horizontal, on obtient $\frac{1}{4}$. Montrant une des parties, comment nomme-t-on ceci ? — Un quart. —
Ce nombre que nous venons d'écrire représente ce $\frac{1}{4}$
et s'appelle $\frac{1}{4}$. Montrant 3 parties. Ecrivons ceci :
combien de parties ? — 3. — En combien de parties
a-t-on partagé l'unité ? — En quatre. — Comment
appelle-t-on une partie ? — Un quart. — Deux parties ?
— Deux quarts. — Trois parties ? — Trois quarts. —
Le nombre que nous avons écrit s'énonce $\frac{3}{4}$. Parta-
geons chaque part en deux parties égales. En combien de parties l'unité est-elle partagée ? — En huit

parties. — Comment appeler chacune des parties ? — Un huitième. — Combien de huitièmes dans une unité ? — Huit. — Combien de parties ici ? /on en montre 3/. — Trois. — Comment les appellerons-nous ? — Trois huitièmes. — Ecrivons le nombre 3, mettons au-dessous le chiffre 8 et séparons-les par un trait horizontal. C'est le nombre $\frac{3}{8}$. Dans $\frac{1}{2}$, $\frac{1}{4}$, $\frac{3}{4}$, $\frac{3}{8}$, qu'indique le chiffre supérieur ? — Combien on a pris de parties. — Le nombre inférieur ? — En combien de parties l'unité est partagée — Chacun de ces nombres se nomme une fraction ordinaire. Comment écrit-on une fraction ordinaire ? — Avec deux nombres. — Une fraction décimale ? Prenons un exemple. Ecrivez un dixième en fraction décimale.

$$0,1$$

en fraction ordinaire

$$\frac{1}{10}$$

Quelle différence y a-t-il entre les deux ? — C'est que la première est représentée par un seul nombre et la seconde par deux. Dans la première, l'un des nombres est sous-entendu. — Dans $\frac{3}{4}$, quel est le chiffre qui indique le nombre même, la quantité ? — Le 3. — Ce chiffre est donc le vrai nombre, on l'appelle, à cause de cela, le numérateur. Le nombre inférieur vous paraît indiquer quoi ? — Il indique en combien de parties l'unité est partagée. En fait, c'est le nom de la fraction. — Aussi l'appelle-t-on dénominateur, du verbe dénommer, donner un nom. Revenons à nos fractions. Qu'est-ce que ceci ? — Une demie. — Ecrivez

$$\frac{1}{2}$$

Et ceci ? — Deux quarts. Y a-t-il quelque chose de ressemblant avec la demie ? — Oui, Monsieur, c'est la même quantité. Alors on peut écrire : $\frac{1}{2} = \frac{2}{4}$.

Et ceci ? — $\frac{4}{8}$ — Remarquez-vous aussi quelque chose ? — C'est que $\frac{4}{8}$, $\frac{2}{4}$ et $\frac{1}{2}$, représentent la même quantité. — Donc nous avons : $\frac{1}{2} = \frac{2}{4} = \frac{4}{8}$. — Oui, Monsieur. Comparez les termes de la 2ᵉ fraction à ceux de la 1ʳᵉ, que voyez-vous ? — C'est qu'ils sont deux fois plus forts. — Comparez ceux de la 3ᵉ à ceux de la 2ᵉ ? — Ils sont aussi deux fois plus forts. — Et à ceux de la 1ʳᵉ ? — Ils sont quatre fois plus forts. — La conclusion alors ? — Quand on multiplie les deux termes d'une fraction par un même nombre, elle ne change pas de valeur. *(Principe sur lequel on s'appuie pour réduire deux ou plusieurs fractions au même dénominateur).*

Qu'est ceci ? — Un bâtonnet. — Une unité.

Ecrivons,

Et encore ? — Deux demies — Ecrivons $1 = \frac{2}{2}$ — Et encore ? — Quatre quarts. — Ecrivons $1 = \frac{2}{2} = \frac{4}{4}$. — Et encore ? — Huit huitièmes. — Ecrivons $1 = \frac{2}{2} = \frac{4}{4} = \frac{8}{8}$. — Que conclure ? — Quand les deux termes d'une fraction sont égaux, la fraction est équivalente à l'unité. — On pose ensuite une série de questions comme celles-ci :

Que préférez-vous de $\frac{16}{16}$ ou de $\frac{4}{4}$, de $\frac{2}{2}$ ou de $\frac{32}{32}$, de $\frac{3}{3}$ ou de $\frac{9}{9}$? — C'est la même quantité.

Tout à l'heure nous avions $\frac{2}{2} = \frac{4}{4} = \frac{8}{8}$ —, on peut écrire : *(Il suffit de faire l'exercice inverse)* $\frac{8}{8} = \frac{4}{4} = \frac{2}{2} = 1$.

Comparons la 1re fraction à la 2e. — Les termes sont deux fois plus petits. — La 2e à la 3e. — Les termes sont aussi deux fois plus petits. — La 1re à la 3e. — Les termes de celles-ci sont 4 fois plus petits. — *(Autre exemple)*. Qu'est-ce que ceci ? — $\frac{4}{8}$ — Et ceci ? — $\frac{2}{4}$ — Et ceci ? — $\frac{1}{2}$. — Ces trois quantités ont-elles quelque chose de ressemblant ? — Oui, Monsieur, elles sont équivalentes. — On peut donc écrire ceci :

$$\frac{4}{8} = \frac{2}{4} = \frac{1}{2}$$

Comparez les termes de ces fractions. — Pour obtenir la seconde, on divise les deux termes de la 1re par la même quantité, 2. Pour obtenir la 3e, on divise les deux termes de la 2e par 2 et ceux de la première par 4. — Qu'en conclure ? — C'est qu'on peut diviser les deux termes d'une fraction par un même nombre, sans qu'elle change de valeur (*Principe sur lequel on s'appuie pour la simplification des fractions*). — Comparons d'autres fractions. Qu'est-ceci ? — Une demie. — Ecrivons $\frac{1}{2}$; et ceci ? — Un quart. — Ecrivons $\frac{1}{4}$. Et ce quart ? — La moitié de la demie. — Et ceci ? — Un huitième ? — Qu'est ce huitième ? — La moitié du $\frac{1}{4}$ et le $\frac{1}{4}$ de la moitié. Alors nous avons ceci :

$$\frac{1}{2} \qquad \frac{1}{4} \qquad \frac{1}{8}$$

Voyez les numérateurs, que sont-ils ? — Egaux. — Et les dénominateurs ? — Inégaux. — Voyez-vous une conséquence pratique de cette comparaison ? — Oui,

Monsieur. — Laquelle ? — « — Le huitième est-il aussi grand que le quart ? — Non, Monsieur. — Le quart est-il aussi grand que la moitié ? — Non, Monsieur. — Alors ? De deux ou plusieurs fractions qui ont même numérateur, la plus **petite** est celle qui a le plus **grand** dénominateur, et la plus **grande** est celle qui a le plus **petit** dénominateur. — Voyons maintenant ? — Qu'est-ce que ceci ? *(on montre une demie, soit $\frac{4}{8}$)* — Quatre huitièmes. — Et ceci ? — Deux huitièmes, c'est-à-dire moitié de la moitié. — Nous avons : $\frac{4}{8}$ et $\frac{2}{8}$, comparez. Que sont les dénominateurs ? — Semblables. — Les numérateurs ? — L'un est deux fois plus grand que l'autre. La conclusion ? — De deux fractions qui ont le même dénominateur, la plus **grande** est celle qui a le plus grand numérateur, et la plus **petite** est celle qui a le plus **petit** numérateur.

Voilà des notions précises qu'il faut bien graver dans la mémoire des enfants. Je n'entrerai pas dans le détail des opérations qu'on peut effectuer sur les fractions, mais il est certain que les notions précédentes bien comprises, le reste ira de soi. J'ajouterai cependant qu'il n'est pas suffisant de connaître un procédé pour réussir, mais qu'il faut savoir l'employer, c'est-à-dire en avoir son « moi. »

Calcul mental — Problèmes divers

Le calcul mental est surtout un enseignement pratique ; il développe en même temps les facultés intellectuelles des élèves ; mais il faut aussi faire en sorte qu'il serve aussi de préparation à la résolution des problèmes écrits dont les énoncés doivent être clairs et très courts.

PREMIER EXEMPLE

Un fermier vend pour 5,326 fr. 50 de blé à 26 fr. 50 l'hectolitre. On demande la contenance en hectares du champ qui a produit cette récolte, sachant qu'un hectare produit 19 hectolitres ?

Beaucoup d'élèves se trouveraient embarrassés et ne feraient rien livrés à eux-mêmes. Mais modifions l'énoncé : Une personne vend pour 24 sous d'oranges à 2 sous l'une. Combien de boîtes faut-il pour les contenir si chacune d'elles doit renfermer 3 oranges ? A 2 sous l'orange, combien d'oranges pour 24 sous ? — 12. — A 3 oranges par boîte, combien de boîtes faut-il ? — 4. — Quelle est la première opération que nous avons faite ? — Une division. — La seconde ? — Une division. — Parfaitement, les 24 sous sont les 5,326 fr. 50 ; les 2 sous, 26 fr. 50 ; les 3 oranges, les 19 hectolitres. — Le problème maintenant est facile à résoudre.

DEUXIÈME EXEMPLE

Un moissonneur a travaillé 45 jours dans une ferme à 4 fr. 50 par jour. On lui donne 125 fr. et du cidre à 0 fr. 15 le litre, combien aura-t-il de litres de cidre ?

Disons ceci : Un enfant a travaillé 6 heures à 3 sous à l'heure ; on lui donne 12 sous et des crayons à 2 sous l'un. Combien aura-t-il de crayons ?

A 3 sous l'heure, combien a-t-on pour 6 heures ? — 18 sous. — Quelle opération ? — Une multiplication. — L'enfant a reçu 12 sous, combien lui en redoit-on ? — 6 — Avec 6 sous, combien aura-t-il de crayons à deux sous ? — 3. — Quelle opération ? — Une division. — C'est le problème que vous avez à faire.

Le calcul mental, commun la plupart du temps aux élèves des cours supérieur et moyen, doit donc comprendre deux parties : l'une se rapportant aux exercices de calcul rapide, l'autre à la préparation de la résolution des problèmes écrits qui doivent suivre.

Le programme du cours moyen ajoute « les élèves seront initiés aux procédés de calcul rapide. »

Exemple : Combien coûtent 36 litres à 0 fr. 25 le litre ? — Le procédé ordinaire consisterait à faire la multiplication, mais ce n'est pas cela. — Quelle opération avons-nous à faire ? — Une multiplication. — Ce sera long, voyons. Combien coûteraient 36 litres de vin à 1 fr. le litre ? — 36 fr. — A 0 fr. 50 ? — 18 fr., c'est-à-dire la moitié. — A 0 fr. 25 ? — 9 fr., soit le quart. — Ce qui veut dire que pour multiplier un nombre par 0 fr. 25 et réciproquement on prend mentalement le $\frac{1}{4}$ de ce nombre. Comment multiplie-t-on un nombre par 0 fr. 20, 0 fr. 50, par 0 fr. 75, etc. ? — Inutile de dire que si l'on multiplie des nombres, il est important aussi de multiplier les exercices d'application. Exemple : $32 \times 0,25$, par 0,50 ; $48 \times 0,75$, par 0,50, par 0,25, etc., etc.

Avec 8 fr., combien aurai-je de litres de vin à 0 fr. 25 le litre ? — » — Combien a-t-on de litres pour 1 fr. ?

— 4. — Et pour 8 fr. ? — 32. — Pour diviser un nombre par 0,25, il suffit de le multiplier par 4. — Avec 12 fr., combien aurai-je de litres de vin à 0 fr. 50? Combien en aurai-je pour 1 fr. ? — 2. — Pour 12 fr. ? — 24. — Pour diviser un nombre par 0 fr. 50, on le multiplie par 2.

J'ai acheté 48 bœufs à 250 fr. l'un, combien dois-je ? Les enfants feraient la multiplication. A 1,000 fr., combien valent 48 bœufs ? 48,000 fr. — 250 fr. représentent quelle fraction de 1,000 ? — Le $\frac{1}{4}$ — Nous avons donc multiplié 48 par un nombre 4 fois trop fort ; prenons le $\frac{1}{4}$ de 48,000 fr. — 12,000 fr. — C'est le résultat. Comment multiplie-t-on un nombre par 500 ? — On le multiplie par 1,000 et on prend la $\frac{1}{2}$ du résultat. — Par 125 ? — On multiplie le nombre par 1,000 et on prend le $\frac{1}{8}$ du résultat, etc., etc.

Que valent 24 poulardes, si l'une coûte 11 fr. ? Les élèves font la multiplication, laissez-les faire, ils ont :

$$\begin{array}{r} 24 \\ 11 \\ \hline 24 \\ 24 \\ \hline 264 \end{array}$$

Vous leur faites remarquer que les deux chiffres de 24 se retrouvent au produit : l'un aux centaines, l'autre aux unités ; que les dizaines du produit forment la somme en valeur absolue des chiffres du multiplicande. On n'avait donc qu'à dire ; 2 et 4 font 6 et placer ce 6 entre le 2 et le 4.

$$2\ \underset{\smile}{6}\ 4$$

Je crois utile de répéter qu'on ne doit se servir du crayon ou de la plume qu'autant qu'on ne peut s'en passer.

De temps à autre, on reçoit d'excellentes leçons des plus humbles personnalités ; les paysans et les paysannes qui vont au marché vendre leurs produits en donnent quelques-unes aux maîtres inexpérimentés ; les épiciers, les marchands de vins peuvent en faire autant.

Vous entrez dans un bureau de tabac, vous achetez des timbres-poste pour 6 fr. 75. Pour payer, vous donnez une pièce de 20 fr. ; comment vous rendra-t-on votre monnaie ? Le buraliste dit : 6 fr. 75 et 0 fr. 25 font 7 fr. et 3 fr., 10 fr., et 10 fr., 20 fr. Au lieu d'une soustraction, on a fait une addition. C'est de cette façon qu'on doit procéder.

Beaucoup de personnes, pour effectuer mentalement une addition, une soustraction, une multiplication, commencent par poser en esprit l'opération, comme si elle se posait au tableau noir, mais ce n'est en réalité qu'une opération écrite, sans écriture. Le calcul mental procède différemment et commence par la gauche au lieu de commencer par la droite.

Grâce au calcul mental, des problèmes nombreux,

variés, résolus rapidement, accoutumeront les enfants à se servir, en temps utile, des ressources de l'arithmétique. Ces exercices constituent une excellente gymnastique de l'esprit.

La méthode de calcul mental

COURS MOYEN ET SUPÉRIEUR	COURS ÉLÉMENTAIRE ET PRÉPARATOIRE

Addition

Soit à additionner :

423 342	23 42

Les élèves doivent d'abord décomposer par écrit, puis mentalement les nombres donnés ainsi qu'il suit :

$$423 = 400 + 20 + 3$$
$$342 = 300 + 40 + 2$$

On dit : 400 plus 300 font 700 ; $20 + 40$ font 60, soit 760 ; $3 + 2$ font 5, au total 765.

D'une manière aussi simple : $423 + 300$ font 763 ; $723 + 40$ font 763 ; $763 + 2$ font 765.

$$23 = 20 + 3$$
$$42 = 40 + 2$$

On dit : 20 plus 40 font 60 ; 2 plus 3 font 5, total : 65.

$23 + 40$ font 63 ; $63 + 2$ font 65.

Soustraction

Cette opération n'existe pas dans le calcul mental, excepté pour quelques cas particuliers.

Quelle différence existe entre le nombre 423 et 900?

Voici la progression à établir et à faire établir par les élèves :

423   430   500   900

On dit : de 423 à 430, il y a 7 ; de 430 à 500, il y a 70 ; 70 et 7 font 77 ; de 500 à 900, il y a 400, total : 477.

De combien 60 surpasse-t-il le nombre 23 ?

23   30   90

On dit : de 23 à 30, il y a 7 ; de 30 à 60, il y 30 ; 30 et 7 font 37.

Cas particulier. — **Cours moyen et supérieur**

De combien 1,120 surpasse-t-il 342 ?

Échelle : 342   350   400   1,100 + 20

De 342 à 350, il y a 8 ; de 350 à 400, il y a 50 ; 50 + 8 font 58 ;

De 400 à 1.100, il y a 700 ; 700 + 58 font 758 ; 758 + 20 font 778.

Au cours élémentaire et au cours préparatoire

De combien 73 surpasse-t-il 28 ?

Progression : 28 — 30 — 70 + 3.

Je dis : de 28 à 30, il y a 2 ; de 30 à 70, il y a 40 ; 40 plus 2 font 42 ; 42 plus 3 font 45.

Multiplication

COURS SUPÉRIEUR ET MOYEN

Multiplier 427 par 3 :

$427 = 400 + 20 + 7.$

Je dis : 3 fois 400 font 1200 ; 3 fois 20 font 60 ; 1200 + 60 font 1260 ; 3 fois 7 font 21 ; 1260 + 21 font 1281.

COURS PRÉPARATOIRE ET ÉLÉMENTAIRE
(Plutôt élémentaire).

Multiplier 24 par 3 :

$24 = 20 + 4.$

Je dis : 3 fois 20 font 60 ; 3 fois 4 font 12 ; total 72.

Division

C M et C S

Par les nombres de 2 à 12

Prendre la moitié de 2423 :

$2423 = 2000 + 400 + 20 + 3.$

La moitié de 2000 est de 1000.

La moitié de 400 est de 200 ; soit 1200.

La moitié de 20 est de 10 ; soit 1210.

La moitié de 3 est de 1 1/2 ; soit 1211 1/2.

Diviser 7625 par 5 :

$7625 = 7000 + 600 + 20 + 5.$

Le 1/5 de 7000 est de 1400.

Le 1/5 de 600 est de 120 ; soit 1520.

Le 1/5 de 20 est de 4 ; soit 1524.

Le 1/5 de 5 est de 1 ; soit 1525.

C E et C P

Prendre la moitié de 48 :

$48 = 40 + 8.$

La moitié de 40 est de 20.

La moitié de 8 est de 4. Total 24.

Diviser 424 par 4 :

$424 = 400 + 20 + 4.$

Le 1/4 de 400 est de 100.

Le 1/4 de 20 est de 5 ; soit 105.

Le 1/4 de 4 est de 1 ; soit 106.

Soit à retrancher 435 de 625. (Cas particulier).

R. — 435 ôtés de 635 donnent 200, mais on n'a que 625 ; la réponse est donc 200 — 10 ou 190.

Soit à multiplier 15 par 12.

R. — 10 fois 15 font 150, 2 fois 15, 30 ; le produit est donc 150 + 30 ou 180.

Combien coûtent 8 chevaux à 475 fr. l'un ? (Cas particulier).

A 500 fr. l'un, les 8 chevaux coûteraient 4,000 fr. ; à ôter 8 fois 25 fr. ou 200 fr. La réponse est donc 4,000 — 200 ou 3,800 fr.

Combien font 612×80 ?

R. — 8 fois 600, 4,800 ; 8 fois 12, 96 ; 4,896 dizaines ou 48,960 unités.

Combien font 319×400 ?

R. — 4 fois 310, 1,240 ; 4 fois 9, 36 et 1,240, 1,276 centaines ou 127,600 unités.

Quantité de problèmes plus élevés, qu'on fait résoudre par écrit, doivent se résoudre mentalement.

1º 15 ouvriers mettent 24 jours pour faire un ouvrage, combien faudra-t-il de temps à 45 ouvriers, à 60 ?

R. — Quand on emploie 45 ouvriers au lieu de 15, on en occupe 3 fois plus ; ils mettront donc 3 fois moins de temps ou $\frac{24}{3}$ ou 8 jours ; 60 ouvriers mettront $\frac{24}{4}$ ou 6 jours.

2º Quels sont les intérêts simples de 3,200 fr. pour 2 ans, à 5 % ?

R. — 100 fr. en 1 an rapportent . . . . . 5 fr.
1,000 fr.　　　»　　　　»　　. . . . . 50 fr.
3,000 fr.　　　»　　　　»　　. . . . . 150 fr.
200 fr.　　　　»　　　　»　　. . . . . 10 fr.
　　　　　　　　　　　　　　　　　　　　————
　　　　　　　　En tout . . . . . 160 fr.
　　　　　　　　En 2 ans . . . . 320 fr.

On fait remarquer, au cas particulier qui vient d'être cité, ceci :

En un an, l'intérêt est les $\frac{5}{100}$ du capital, ou en simplifiant le $\frac{1}{20}$; en 2 ans, $\frac{2}{20}$ ou $\frac{1}{10}$; il suffisait donc, pour obtenir la réponse, de prendre le $\frac{1}{10}$ de 3,200 fr., 320 fr..

3º Combien rapportent 12,500 fr. en 2 ans, à 5 % ?
R. — $\frac{12,500}{10}$ ou 1,250 fr.

En quatre ans ?
R. — 1,250 $\times$ 2, c'est-à-dire 2,500 fr. ou le double du dixième.

4º Combien rapportent 2,400 fr. en 2 ans 3 mois à 6 % ?
R. — 100 fr. en 1 an rapportent. . . . 6 fr.
1,000 fr.　　　»　　　　»　　. . . . . 60 fr.
2,000 fr.　　　»　　　　»　　. . . . . 120 fr.
400 fr.　　　　»　　　　»　　. . . . . 24 fr.
2,400 fr.　　　»　　　　»　　. . . . . 144 fr.
　　　　　　　　　　　　　　　　　　　　————
2,400 fr. en 2 ans　　　»　　. . . . . 288 fr.
2,400 fr. en 3 mois ($\frac{1}{4}$ de 144). . . 36 fr.
　　　　　　　　　　　　　　　　　　　　————
　　　　　　　　　　　Total . . . . 324 fr.

Comment on corrige un problème. — L'élève qui est au tableau noir répète de mémoire l'énoncé du problème ; d'un trait à la craie, il partage la longueur du tableau en deux parties : un tiers à gauche pour les opérations ; le reste à droite pour le raisonnement abrégé.

L'enfant calcule, mais il lui est interdit de faire par écrit les opérations qu'il peut résoudre mentalement ; ses camarades travaillent en même temps que lui, sur l'ardoise ; ils écoutent, contestent au besoin les résultats et rectifient les erreurs.

Le raisonnement s'inscrit également sur le tableau au fur et à mesure qu'on avance ; puis, soit avant la solution, soit à la suite, la réponse se détache nettement sur une ligne spéciale.

Tous prennent le cahier de devoirs ; un d'entre eux dicte la solution mot par mot, nombre par nombre, et les élèves terminent au même instant.

Pour bien former le jugement de vos auditeurs, demandez, dès que le problème est posé, la réponse approximative. Vous serez bientôt renseigné sur le bon sens dont ils sont doués et qui nécessairement se rectifiera avec la pratique, l'expérience.

Numération des nombres exprimant des carrés ou des cubes

Encore une difficulté sérieuse pour les maîtres. Mon instituteur ne se mettait guère en frais d'imagination pour se faire comprendre : « Il faut 2 chiffres

pour chaque ordre d'unité ; on représente les décimètres par 2 chiffres, les centimètres par 2 chiffres,
ce qui veut dire que les centimètres occupent le 3⁰
et le 4⁰ rang. » Pourquoi ? Comprenez si vous le pouvez ; et les soufflets se multipliaient parfois pour ouvrir
les intelligences par trop obtuses.

Pourquoi, dans chaque école primaire, n'aurait-on
pas le mètre **matérialisé** ? Avec 4 lattes d'un mètre,
on forme un carré d'un mètre de côté ; ces lattes
doivent être peu épaisses, mais assez fortes. Avec
d'autres baguettes plus légères, on divise le mètre
carré en cent décimètres carrés. Les enfants connaissent les fractions. Montrant le mètre carré :

Combien de décimètres carrés dans le mètre carré :
— Cent. — En combien de bandes *(vous les montrez)*
a-t-on partagé le mètre carré ? — En dix bandes. —
Combien chaque bande contient de décimètres carrés ?
— Dix. — Alors, chacune de ces bandes représente
quelle portion du mètre carré ? — Le $\frac{1}{10}$. — Quelle
différence trouvez-vous entre le décimètre carré et le
dixième du mètre carré ? — C'est que le dixième vaut
dix décimètres carrés. — Combien de décimètres
carrés avons-nous dit, dans le mètre carré ? — 100.
— Le décimètre carré se trouve être quelle fraction
du mètre carré ? — Le $\frac{1}{100}$. — *(Montrant un décimètre*
carré), Louis, écrivez ce nombre ? —

Pas de mètre carré 0,
Pas de dixième 0,0
1 centième *(ou d. m. q.)* . . . . 0,01 —

Montrant, je suppose, 4 décimètres carrés, Charles, écrivez 4 décimètres carrés ? —

Pas de mètre carré 0,
Pas de dixième 0,0
4 centièmes *(d. m. q.)* 0,04
Ainsi de suite.

Montrant 11 décimètres carrés. Écrivez,
Pas de mètre carré 0,
1 dixième (*1 bande*) 0,1
1 centième (*1 d. m. q.*) 0,11

Par analogie, on pourrait faire écrire les millièmes et les cent-millièmes, c'est-à-dire les centimètres carrés. Un des décimètres carrés est partagé par des fils de fer en cent parties égales. Combien de centimètres carrés dans le décimètre carré ? — 100. — Dans dix ? 1,000 — Dans cent ? — 10,000. — Dans un mètre carré ? — 10,000. — Le c. m. q. représente quelle fraction du m. q. ? — La $\frac{1}{10,000}$ partie. — Montrant une des bandes du décimètre carré (*elle représente 10 c. m. q.*). Combien de ces bandes dans un d. m. q ? — 10. — Dans cent ? — 1,000. — Quelle fraction du m. q. cette bande représente-t-elle ? — La $\frac{1}{1,000}$ partie. — Reprenons encore une fois. Dans le mètre carré, que représente une des dix bandes ? — Le $\frac{1}{10}$ du m. q. — Le décimètre carré ? — Le $\frac{1}{100}$ du m. q. — Dans ce même décimètre carré, que représente une des dix bandes ? — $\frac{1}{1,000}$ du m. q. — Et le centimètre carré ? — $\frac{1}{10,000}$ du m. q.

René, écrivez un centimètre carré —

Pas de mètre carré. 0,

Pas de dixième (*une bande de 10 d. m. q.*) 0,0

Pas de centième (*d. m. q.*) 0,00

Pas de millième (*une bande de 10 c. m. q.*) 0,000

1 dix-millième (*1 c. m. q.*) 0,0001

Et voilà pourquoi les centimètres carrés sont au 4ᵉ rang à droite de la virgule.

Ecrivons encore et prenons le nombre 125 centimètres carrés. On montre les 5 centimètres carrés $\left(\frac{5}{10,000}\right)$; 2 bandes du décimètre carré $\left(\frac{2}{1,000}\right)$ et le décimètre carré $\left(\frac{1}{100}\right)$. .

L'élève dit :

Pas de mètre carré 0,

Pas de $\frac{1}{10}$ (*bande de 10 d. m. q.*). 0,0

1 centième (*d. m. q.*). 0,01

2 millièmes (*2 bandes de 10 c. m. q.*). . . 0,012

5 dix-millièmes (*5 c. m. q.*) 0,0125

Par analogie encore, on fera écrire les millimètres carrés qui, représentant les millionièmes, iront au 6ᵒ rang. Il est facile de voir que la numération des carrés est absolument celle dont nous avons parlé plus haut ; il en est de même pour les cubes.

On peut introduire le mètre cube dans toutes les écoles ? Employons le mètre carré dont nous nous sommes servis si utilement. On le pose sur le plancher. A chacun des angles, on visse une latte d'un mètre de hauteur ; puis, sur ces montants, on met un autre mètre carré non partagé en décimètres. Voilà le mètre cube ; beaucoup qui croient en avoir une idée bien exacte (*je parle des maîtres*) seront étonnés en le voyant ; car ce mètre cube peut contenir **5 pièces de vin de 200 litres** et c'est quelque chose. On prend une poutre d'un décimètre d'équarrissage à peu près, et l'on y découpe, plus ou moins grossièrement, 11 décimètres cubes.

C'est le jour de la leçon. Les élèves sont placés en demi-cercle. (*Remarquez que ceci est dans le programme du cours moyen, mais les élèves du cours supérieur feront bien d'écouter*). On examine bien le mètre cube, ses trois dimensions ont 1 mètre. La base est bien divisée en cent parties égales *(décimètres carrés)*. Charles, prenez ces décimètres cubes ; qu'est la base de chacun d'eux ? — Un décimètre carré. — A l'un des angles du mètre cube, formez une colonne ; (*l'enfant place 10 d. m. cubes les uns sur les autres et l'on atteint la hauteur du mètre*). Combien de décimètres cubes dans cette colonne ? — Dix. — Combien de colonnes de 10 décimètres cubes peut-on placer dans le mètre cube ? — Autant que la base mesure de décimètres carrés, c'est-à-dire 100. — Si une colonne renferme 10 décimètres cubes, 100 colonnes en contiennent combien ? — 1,000. — Le mètre cube vaut combien de décimètres cubes ? — 1,000. — Alors le décimètre cube représente quelle fraction du mètre cube ? — La millième partie. — Voyez cette colonne de 10 décimètres cubes, combien, avons-nous dit, peut-on en placer dans le mètre ? — 100. — Elle représente quelle fraction du mètre cube ? — La centième partie. — Supposez que 10 colonnes de décimètres cubes soient placées sur une des faces du mètre cube,

elles comprendraient combien de décimètres cubes?
— 100. — Elles garniraient exactement l'une des faces;
combien de fois faudrait-il faire l'opération pour remplir le mètre cube? — 10 fois. — Cette couche de 100
décimètres cubes représente alors quelle fraction du
mètre cube? — La dixième partie. — (*On doit insister longtemps là-dessus, et s'il est nécessaire, avant
d'en tirer les applications, de recommencer la leçon,
il ne faut pas hésiter à le faire*). Reprenons. Le décimètre cube est le $\frac{1}{1,000}$ du mètre cube ; la colonne
de 10 décimètres cubes, le $\frac{1}{100}$ et la couche de 10
colonnes, le $\frac{1}{10}$.

Charles, écrivez 1 d. m. c.

Pas de mètre cube (*unité*).   0,

Pas de dixième (*couc. de 10 col. de 10 d. m. c.*)   0,0

Pas de centième (*colonne de 10 d. m. c.*) .   0,00

1 millième (*d. m. c.*)   0,001

On voit de suite que le chiffre des décimètres cubes
va au 3e rang, parce que le décimètre cube est la millième partie du mètre cube.

Mettons un autre décimètre cube à côté de la colonne de dix décimètres, cela fait 11 décimètres.

Ecrivons ce nombre :

Pas de mètre cube   0,

Pas de dixième.   0,0

1 centième (*la colonne*)   0,01

1 millième (*le d. m. c.*)   0,011

Quelle différence faites-vous entre le décimètre cube
et le dixième du mètre cube? — Le dixième de mètre

cube (*couche de 10 colonnes de 10 d. m. c.*) vaut 100 décimètres cubes.

Ecrivons encore 125 décimètres cubes :

Pas de mètre cube 0,

1 dix^me de m. c. (*couc. de 10 col. de 10 d. m. c.*)   0,1

2 centièmes de m. c. (*2 col. de 10 d. m. c.*)   0,12

5 millièmes de m. c. (*5 d. m. c.*) 0,125

On exerce les élèves à écrire sur les carrés et les cubes, non-seulement des fractions décimales, mais aussi des nombres décimaux. Plus tard on les habituera à se passer du mètre carré et du mètre cube, sauf à y revenir de temps à autre.

Il est très important de mettre sous les yeux des élèves des cours moyen et supérieur le tableau ci-après qui fait connaître la concordance des mesures de capacité, de volume et de poids. Une excellente gymnastique intellectuelle va en résulter.

CAPACITÉ	VOLUMES	MESURE DE BOIS DE CHAUFFAGE	POIDS
Ml	10 Mc	Dst	10 tonnes
Kl	Mc	st	Tonne
Hl	$\frac{1}{10}$ de mc	dst	Quintal
Dl	$\frac{1}{100}$ de mc	cst	Mg
l	dmc	»	Kg
dl	$\frac{1}{10}$ de dmc	»	Hg
cl	$\frac{1}{100}$ de dmc	»	Dg
ml	cmc	»	g

A 5 fr. le décalitre, combien le mètre cube ? — 500 fr. — A 0 fr. 50 le litre, combien le décastère qui correspond au myrialitre ? — 5,000 fr. — Si le décistère vaut 45 fr. quel est le prix de l'hectolitre ? — 45 fr. — Quelle différence y a-t-il entre le décimètre cube et le $\frac{1}{10}$ du mètre cube ? — La même différence qui existe entre le litre et l'hectolitre. — Quel est le poids d'un kilolitre d'eau pure ? — Une tonne ou 1,000 kil. — D'un décastère d'eau ? — Dix tonnes ou 10,000 kil.

Pendant quelque temps, les enfants, pour répondre aux questions qui leur sont posées, ont le tableau sous les yeux, puis ils prennent l'habitude de s'en passer.

Exercices de comparaison
et d'observation

Les élèves se sont familiarisés avec le mètre et ses sous-multiples, avec le litre, avec le kilogramme et le gramme. (*Cours élémentaire*).

Les notions que nous avons données plus haut doivent être accompagnées ou suivies d'exercices qui ont leur importance, parce qu'ils développent le jugement des enfants tout en leur donnant une idée plus claire de ce qu'ils ont appris.

Vous connaissez le mètre et vous vous êtes rendu compte de sa longueur ? — Oui, Monsieur. — Dites-moi à vue, mais approximativement, la longueur de cette table ? — 4 mètres. — Vérifions. Quelle est, en mètres, la longueur de cette salle ; quelle est sa hauteur ? Donnez-moi la longueur de la cour, la distance qui sépare ces deux arbres, ces deux maisons.

Donnez, en centimètres, l'épaisseur de cette planche, la hauteur ou la largeur de cet encrier, etc., etc.

Combien ce seau, ce baquet, cet arrosoir peuvent-ils contenir de litres ? Cette petite fiole renferme combien de centilitres ?

Quel est, en gramme, le poids de ce morceau de sucre, de ce crayon, de ce canif ? (*Il est bien entendu que les élèves soupèsent ces objets*). En kilogrammes, en livres, quel est le poids de cette pierre, etc. ?

Ces exercices se continuent plus nombreux et plus variés au cours moyen et au cours supérieur, car on y embrasse tout ce qui a rapport au système métrique.

Quelle est, en mètres carrés, la surface de cette porte, de ce plancher, de ce mur, de cette petite cour ? En décimètres carrés, quelle est la superficie de ce plateau, de cette tablette ?

Quel est, en mètres cubes, le volume de cette salle, de ce cabinet ? En centimètres cubes, le volume de cet encrier, de cette règle, etc. ?

Après avoir fait des comparaisons à l'aide des mesures du système métrique, on doit aussi faire comparer une longueur quelconque à une autre longueur ; un poids à un autre poids ; une surface à une autre surface, etc.

Les exercices sont innombrables.

Pour éviter toute exagération dans l'application des divers procédés que j'ai indiqués au cours de cette conférence, et qui, d'ailleurs, reposent tous sur le même principe, il ne faut pas oublier que les élèves se mettent très rapidement à généraliser. Ils savent que si de 6 pommes on en ôte 4, il en reste 2 ; ils en concluent que 4 ôté de 6 donne 2.

5 fois 4 bâtonnets font 20 bâtonnets ; ils vous diront que 5 fois 4 fr. font 20 fr., d'où 5 fois 4 font 20.

5 enfants ont à se partager 15 oranges, ils en recevront chacun 3 ; d'où 15 divisé par 5 donne 3.

Je ne terminerai pas sans insister une dernière fois sur la nécessité de faire chaque jour du calcul mental dans vos écoles, au moins pendant 15 minutes, aux élèves des cours moyen et supérieur. C'est un stimulant énergique ; il force l'enfant à réfléchir ; il aiguillonne les uns ; il modère la pétulance des autres ; il donne de l'entrain à la leçon, la rend plus intéressante et l'égaye parfois. C'est, je l'ai dit, un excellent moyen de gymnastique intellectuelle ; il ne complète pas seulement l'enseignement de l'arithmétique, il en est le couronnement.

ENSEIGNEMENT DE L'HISTOIRE

Pour bien comprendre ce que doit être l'enseignement de l'histoire, il suffira d'étudier les motifs qui l'ont fait introduire dans les programmes.

Il faut meubler l'esprit de l'enfant des notions historiques les plus importantes.

Il y a, en effet, des hommes et des événements qu'un Français ne peut ignorer ; tels sont, par exemple, d'une part, Clovis, Charlemagne, Louis IX ; d'autre part : Bouvines, Rocroi, Denain, Valmy, Austerlitz.

Mais il en est qu'on peut laisser dans l'oubli : Henri Ier, Philippe le Long ; Agnadel, Montcontour.

Intéresser l'enfant aux destinées de son pays, et, par là, fortifier le sentiment de patriotisme.

On lui fera connaître comment l'unité nationale s'est formée ; comment la patrie a grandi ; les luttes de nos aïeux ; les souffrances qu'ils ont éprouvées. On fera remarquer l'évolution lente de la société vers le progrès ; comment est né le sentiment de solidarité.

Habituer l'enfant à raisonner, à comparer, à juger ; faire l'éducation du citoyen et surtout celle de la femme ; intéresser aussi les Français aux affaires publiques.

Le maître rappellera que l'histoire n'enregistre pas

seulement les causes justes, mais qu'elle cite aussi bien les iniquités commises. L'histoire du peuple à travers les âges doit être surtout connue et marche de pair avec l'histoire de la civilisation.

L'enseignement par règnes doit être abandonné, pour faire place à celui des grandes périodes historiques, en suivant l'ordre chronologique, bien entendu.

A l'aide des mots *autrefois,* — *aujourd'hui,* on offrira à l'esprit de l'élève des tableaux d'une clarté parfaite et l'enfant saura faire un choix qui n'est pas douteux :

Le pouvoir avant la Révolution. — Le pouvoir aujourd'hui.
L'impôt autrefois.   *— L'impôt aujourd'hui.*
Le paysan à travers les âges. — Le campagnard aujourd'hui.
            Etc.

Au cours préparatoire, où l'enseignement de l'histoire se réduit à quelques biographies, on procède par des interrogations multiples ; la leçon se fait au moyen d'images, de gravures. Ailleurs, on fait davantage.

Les Croisades. — En réalité, il n'y en a qu'une et non huit.

Causes *politiques* : il s'agit d'attaquer les Musulmans sur leur territoire même, afin de les éloigner de l'Europe ; *sociales* : les barons ne cessaient de se battre entre eux, dévastant les campagnes, détruisant les récoles, augmentant la misère des pauvres serfs ; on donnait satisfaction à leur goût batailleur en les envoyant en Orient ; *religieuses* : on ne pouvait admettre, à cette époque, que le tombeau du Christ fût aux mains des infidèles. Que citer ? La marche des Croisés, prise de Jérusalem, Saint-Jean d'Acre, Louis IX en Egypte et à Tunis.

Les conséquences : le prestige du nom *franc* se répand à l'est de la Méditerranée ; maintien de la paix publique, par suite du départ des nobles ; vague sentiment d'une patrie commune ; ouverture de nouvelles routes commerciales ; la bourgeoisie s'enrichit.

Guerres de religion. — Il n'en existe qu'une seule.

Causes : La France, placée entre le midi catholique et le nord protestant devient le champ de bataille des partis que l'*intolérance religieuse* précipite l'un contre l'autre ; mais, à un moment donné, lorsque les Guises, fiers des lauriers de Calais et de Metz, cherchent à supplanter les Bourbons, la querelle devient politique et la religion n'est plus qu'un prétexte.

A citer : Michel de l'Hôpital, la Saint-Barthélemy, l'Edit de Nantes, sa révocation, exode des Protestants. Que devient le paysan pendant ces luttes odieuses ?

De temps à autre, il est nécessaire d'employer quelques procédés de récapitulation.

Le Pouvoir royal. — De 987 à 1328, il s'accroît, en même temps que le domaine royal s'agrandit ; il décline pendant la guerre de Cent ans ; il se raffermit avec Louis XI et François Ier ; il perd de sa force pendant les guerres de religion ; il tend à l'absolutisme et à la centralisation administrative avec

Richelieu et Louis XIV ; puis, à une date indéterminée, la royauté perd de son prestige, pour aboutir à la catastrophe de 1789-1792.

On ferait un tableau identique, avec la Féodalité, avec les Etats-Généraux, avec l'état du paysan à travers les siècles.

Le Blocus continental. — Il faut poser ce principe : l'Angleterre est l'ennemie irréconciliable de Napoléon ; Napoléon est l'adversaire irréductible de l'Angleterre.

Dès ses premières armes, Bonaparte reprend Toulon aux Anglais ; par le traité de Campo-Formio, 1797, il s'empare des Iles Ioniennes, pour combattre le commerce de l'Angleterre dans la Méditerranée ; par l'expédition d'Egypte, 1798-1799, il cherche à couper aux Anglais la route des Indes.

Pendant le Consulat et l'Empire, à peine une année de trève, de 1802 à 1803, par suite du traité d'Amiens.

Le blocus continental n'est donc pas le résultat d'un caprice, d'un coup de tête ; mais un acte réfléchi, mûri, provenant d'une conception lente.

L'application rigoureuse du Décret de Berlin doit amener de part et d'autre, des actes de violence. Aussi, en 1807, l'Angleterre fait bombarder Copenhague.

La même année, Napoléon s'empare du Portugal, de l'Espagne en 1808 ; de Rome, en 1809 ; de la Hollande, en 1810.

Vient ensuite la campagne de Russie, puis celle d'Allemagne, enfin celle de France, qui voit la chute du colosse.

L'Angleterre a vaincu.

Voilà comment il faut présenter l'histoire à l'esprit des enfants, et ramener à l'unité, lorsque la chose est possible, les diverses phases d'une période.

On fera, dans le programme, une place aux vrais grands hommes :

Au XV⁰ siècle, Gutenberg, Christophe Colomb ; au XVI⁰, Ambroise Paré ; plus tard, Képler, Newton, Papin, Harwey ; au XVIII⁰, Franklin, Buffon, Jenner ; enfin Berthollet, Jacquard, Cuvier, Le Verrier, de Lesseps, Victor Hugo, Pasteur, etc. C'est-à-dire aux génies qui ont rendu, par leurs écrits, par leurs découvertes scientifiques, les services les plus distingués à l'humanité.

Cours élémentaire

Le procédé employé au cours préparatoire continuera à l'être avec avantage au cours élémentaire. Toutefois l'usage du livre sera autorisé, puisque les enfants savent lire.

Lorsque l'Instituteur aura donné la leçon, qu'elle sera comprise, il n'y aura certes pas d'inconvénients, tant s'en faut, à ce que les élèves lisent dans un ouvrage orné de belles gravures le récit qui vient d'être fait.

Mais il faut absolument abandonner le système qui consiste simplement à dire : « Vous apprendrez tel paragraphe, ou de telle page à telle autre » ; c'est fort commode et très peu profitable. D'autres maîtres expliquent le texte du livre, cela vaut mieux et cependant c'est encore insuffisant.

A partir du cours élémentaire, l'enseignement devient plus sérieux, on procède avec méthode ; on fait remarquer la suite et l'enchaînement des faits, ainsi que leurs causes et leurs conséquences. On demande aux enfants de donner leur appréciation.

De temps à autre, vous utiliserez avec fruit des promenades ayant un but déterminé. La vue d'un vieil édifice ou de quelques ruines fournira l'occasion de parler des aïeux, des mœurs et des coutumes d'autrefois. C'est un beau sujet de leçon qu'une visite à l'église de Brou, tombeau de Philibert le Beau et de Marguerite d'Autriche ; à la Chapelle-Ronde, antique sépulture des ducs de Lorraine ; à l'église de Bonsecours, admirable joyau, qui abrite les restes de Stanislas Leckzinski et de sa fille Marie.

La féodalité

Vous avez bien travaillé depuis huit jours. C'est demain jeudi, nous irons, si vous le voulez, faire une promenade du côté de Jasseron. Que tout le monde soit prêt pour sept heures du matin. C'est entendu ? — Oui, Monsieur.

On arrive à Jasseron vers huit heures. Que voit-on sur cette hauteur ? — Les ruines d'un château. — A quelle époque a-t-il été détruit ? — Au moment de la Révolution. — Non, c'est bien plus tôt. Cherchez bien ? — Sous Henri IV, par le maréchal de Biron. — C'est cela. Qui habitait ce château ? — Les seigneurs.

— Voyez comme ils savaient placer leurs demeures.

Sur un point élevé. — Pourquoi ? — Afin de pouvoir se défendre plus facilement et de découvrir au loin l'ennemi. — Ils étaient donc parfois attaqués? — Oui, Monsieur, par d'autres seigneurs. (*Ici le maître décrit au tableau noir les parties les plus importantes du château, qu'il montre d'ailleurs sur une gravure*). Il y en avait donc beaucoup ? — Oui, Monsieur, d'ici même on voit la tour du château d'Hautecourt et les ruines de celui de Cuisiat. — Et au pied du château, qu'y avait-il ? — Comme aujourd'hui, les maisons des paysans. — Oui, mais ces maisons étaient de misérables cabanes et ceux qui les habitaient étaient bien misérables aussi. — C'étaient les demeures des serfs et des vilains. — Oui, puis quand un seigneur invitait des voisins à une partie de chasse c'était autre chose encore. Tous, hommes et femmes, chevauchaient à travers les blés en épis, dont une bonne partie était détruite ; les pigeons du château mangeaient le reste et si les vilains se plaignaient, les coups pleuvaient sur leur dos, drus comme grêle, quand on ne les pendait pas. Vous voyez que tout n'était pas rose dans l'ancienne société. — Non, Monsieur. — Mais le sentiment religieux était très vif et comme, en dehors des parties de chasse, il y en avait d'autres où les hommes étaient le gibier, car les seigneurs se battaient très souvent entre eux, vous l'avez vu, l'Eglise intervint. Forte de son influence, elle défendit les guerres privées (*luttes entre les seigneurs*) du mercredi soir au lundi matin. — Pourquoi ne les a-t-elle pas interdites toute la semaine ? — Parce que la chose était impossible ; on était très batailleur à cette époque et c'était bien beau d'obtenir ce que l'Eglise a obtenu. — Oui, mais quand les seigneurs n'obéissaient pas ? — Ils étaient excommuniés ; enfin, il y avait à Paris quelqu'un qui, autant par intérêt que par commisération, intervenait quand il le pouvait soit pour arrêter les conflits, soit pour en profiter. — Le Roi. — Précisément, le Roi était le chef plus ou moins respecté, plus ou moins obéi de la féodalité.

Septième et huitième Croisades

En montant sur le trône, Louis IX n'avait que onze ans ; était-il en état de gouverner la France ? — Non, Monsieur. — Sa mère, Blanche de Castille (*on l'appelait ainsi parce qu'elle était la fille du roi de Castille ; voyez la Castille, où est-elle ? — En Espagne*), gouverna en son nom. C'était une femme intelligente et énergique. Vous connaissez bien les hommes qui n'obéissaient au roi qu'à regret ? — Oui, monsieur, les seigneurs. — Justement, ils essayèrent de se révolter, mais ils furent obligés de se soumettre.

Plus tard, quelques-uns s'allièrent aux Anglais ; tous furent battus à Taillebourg et à Saintes. Voyez. — Dans le département de la Charente-Inférieure. — Puis, la paix étant signée avec l'Angleterre, Louis IX résolut d'aller combattre les Musulmans. — Quelles sont les croisades que vous connaissez déjà ? — La première, conduite par Godefroy de Bouillon ; la seconde par Louis VII et la troisième par Philippe-Auguste et Richard Cœur-de-Lion. — Comment ces derniers sont-ils partis ? — Par eau. — Louis IX va faire de même. Voyez ce tracé. Quelle est cette mer. — La Méditerranée. — Dites le chemin suivi par les croisés, il est tout indiqué ? — Les croisés s'embarquèrent à Aigues-Mortes, passèrent en Sicile. — Oui, pour y prendre un frère du roi, Charles d'Anjou, qui régnait dans ce pays. — Ils allèrent dans l'île de Chypre, puis débarquèrent en Egypte. — L'Egypte appartenait aux Musulmans ; le roi prit Damiette, mais il fut battu à Mansourah où son frère Robert fut tué. Lui-même, prisonnier, dut rendre Damiette et racheter ses chevaliers. Remis en liberté, il revint en France. Quelques années plus tard, il entreprit une nouvelle expédition. Voyez. — Il partit encore d'Aigues-Mortes, s'arrêta en Sardaigne, puis débarqua à Tunis. — Tunis appartenait aussi aux infidèles ; le roi, à peine arrivé, fut atteint d'une grave maladie, la peste, dont il mourut, 1270.

Les élèves reproduisent ensuite sur le cahier de devoirs, la marche des croisés ; ce travail devra être terminé en quelques minutes ; il ne leur sera pas inutile pour la préparation de la leçon.

N'oublions pas que la géographie est la sœur aînée de l'histoire, et qu'elle doit mettre son expérience à la disposition de sa sœur cadette.

Cours moyen

Le programme d'histoire paraît bien chargé ; on achève assez facilement, dans les cinq premiers mois de scolarité, tout ce qui se rapporte à la grammaire, à la géographie, à l'arithmétique, etc., mais on ne vient pas à bout de l'enseignement historique.

Cela tient à plusieurs causes ; on répète inutilement pendant de longs jours ce que les élèves doivent connaître depuis longtemps ; puis, au lieu de prendre l'utile, l'indispensable, on meuble la mémoire des enfants de détails superflus.

Notre première leçon commence donc, si l'on veut, avec l'avènement de Louis XI ; mais l'essentiel, c'est d'arriver à l'histoire moderne et à l'histoire contemporaine. Comment les enfants pourraient-ils bien comprendre la Révolution s'ils ne connaissaient ni la féodalité, ni la monarchie absolue ? Il s'agit de s'entendre ; passons plus rapidement sur les faits éloignés.

Inutile non plus de s'étendre longuement sur la triste période des guerres de religion ; on s'arrêtera au contraire avec complaisance sur le règne réparateur de Henri IV.

D'un autre côté, les débats parlementaires et les crises ministérielles n'intéressent guère les enfants et ne parlent pas à leur imagination. Que leur importe la chute de tel ministère et l'avènement de tel autre ! il ne faut pas trop insister.

On n'oubliera pas de rattacher, quand l'occasion se présentera, les faits de l'histoire locale du département

À l'histoire générale de la France, c'est un autre moyen de rendre l'étude de cette dernière plus intéressante et plus agréable. Il ne faut pas non plus qu'elle soit une simple récitation de mots. A un moment donné, on parlera des transformations successives et lentes de la société, on jettera un coup d'œil rétrospectif sur l'ensemble d'une période, on comparera le présent au passé, on se rappellera que l'histoire du peuple est plus intéressante que celle des rois.

A l'aide des cartes historiques, on étudiera les progrès lents, mais solides de la royauté sur la féodalité et les nations rivales. Examinez la France en 1461 et en 1483 et dites si Louis XI a été un bon ou un mauvais souverain, s'il a été un mauvais roi, comme on le pense dans quelques-unes de nos écoles.

La dernière leçon faite au cours élémentaire, reproduite à dessein, vous indique le procédé à employer au cours moyen, lorsqu'il s'agit de l'enseignement des faits. Ici, les élèves interviennent peut-être moins, mais ils ne demeureront pas quand même inactifs.

Je suppose que nous ayons à parler de l'expédition de Charles VIII en Italie. Afin de gagner du temps, le tracé de la carte a été fait avant la classe, mais la marche de l'armée ne sera indiquée qu'au cours de la leçon, au fur et à mesure que les évènements se dérouleront ; toutefois ce n'est qu'un détail.

Quel est le nom du dernier roi dont nous avons parlé ? — Louis XI. — Il laissait un fils, Charles VIII, âgé de treize ans seulement. La sœur de ce prince, Anne de Beaujeu, fut chargée de la régence. Comme d'habitude, voyant une femme au pouvoir, les seigneurs, si rudement secoués par Louis XI, essayent de ressaisir une partie de leurs prérogatives. Savez-vous quel était leur principal chef ? C'est le prince qui succèdera à Charles VIII. — Le duc d'Orléans. — Oui, et le duc de Bretagne François. Ils sont battus à St-Aubin-du-Cormier (Morbihan), le duc d'Orléans enfermé à Blois et le duc de Bretagne est obligé de donner sa fille Anne en mariage à Charles VIII. Ce mariage était-il désirable ? — Oui, Monsieur, parce qu'il préparait la réunion de la Bretagne au domaine royal.

Charles VIII était devenu majeur, sa sœur lui avait remis le pouvoir. Il avait lu pas mal de romans qui lui avaient exalté l'imagination ; il résolut de s'emparer de l'Italie, de Constantinople et de rétablir à son profit l'Empire d'Orient. Voilà bien de beaux projets pour une tête si faible ! Par où va-t-il commencer ? — Par le pays le plus rapproché, par l'Italie. — Il rend le Roussillon à Ferdinand le Catholique, la Franche-Comté à Maximilien d'Autriche et donne de l'argent à Henri VII d'Angleterre afin d'obtenir leur neutralité. Vous vous souvenez de quelqu'un qui a fait un testament en faveur de Louis XI. — René d'Anjou, qui cédait au roi l'Anjou, la Provence et le royaume de Naples où sa famille avait régné. — Vous vous rappelez que le frère de Saint-Louis, Charles d'Anjou, a en effet régné sur Naples ? — Oui, Monsieur. — Mais Louis XI, qui avait à compléter l'unité française, ne tenait pas du tout à Naples et n'y serait pas allé.

Son fils vit là une première étape pour la réalisation de son irréalisable rêve ; appelé par Ludovic Sforza, duc de Milan, il réunit une armée à Lyon, marcha sur Grenoble, passa les Alpes au col du Mont Genèvre et s'avança sur Turin ; il y serait resté plus longtemps, si Ludovic ne l'avait décidé à aller de l'avant. L'armée traverse les Apennins au col de Pontremoli, passe à Pise, à Florence, à Rome et entre dans Naples sans livrer combat. Remarquez qu'une autre partie de l'armée sous le commandement de d'Aubigny suivait le versant oriental des Apennins et qu'elle vint rejoindre le roi à Naples après avoir franchi le col de San-Germano. Pendant que le roi était dans cette ville où il s'oubliait dans les délices de... Naples, ses ennemis ne demeuraient pas inactifs. Ceux-là mêmes, à qui il avait donné de l'or ou rendu des provinces, voulurent le prendre dans la souricière où il s'était mis. Ils réunirent à Fornovo, près du col de Pontremoli, une armée de mercenaires. Charles VIII, averti, laisse un de ses lieutenants à Naples. Il peut repasser le col de Pontremoli qui n'était pas gardé et grâce à la ruse d'un Italien à son service, Trivulzio, il les bat et rentre en France. Mais le royaume de Naples est complètement perdu.

On complète cet exposé par le récit rapide de la bataille de Fornovo, puis on fait faire le croquis de la carte. Voilà la prochaine leçon à apprendre.

Remarquez que cette carte pourra servir pour toutes les guerres d'Italie, il suffira d'y ajouter les noms des lieux historiques dont il sera question plus tard avec la date de l'évènement. C'est ainsi qu'on placera Milan, Agnadel, Ravenne, Novare, Marignan, Pavie, Cérizoles.

Il est bien entendu que le maître doit avoir, pour la préparation de ses leçons, un ouvrage plus complet que celui des élèves ; l'exposé doit se faire sans livre, la craie à la main, la plupart du temps. Il serait au moins étrange que l'instituteur fût obligé de lire dans un volume les différents faits qu'il a à expliquer. Pour enseigner l'histoire, **même et surtout à l'école primaire, il faut la posséder parfaitement.**

Si les résultats laissent tant à désirer dans la plupart des écoles, c'est qu'on ne sait pas trouver le temps de faire des révisions rapides. Cinq minutes me suffisent pour revoir, par exemple, à grands traits toute la guerre de Cent-Ans, les guerres d'Italie, les guerres de religion, etc.

C'est un moyen d'obtenir des résultats ; ce n'est pas un élève qui saura son histoire, mais tous. Je dois ajouter qu'il faut pour cela beaucoup d'activité, un amour profond de sa profession et un peu de vif-argent dans les veines.

Malgré cela, les révisions elles-mêmes ne suffiraient pas et les faits deviendraient confus dans la mémoire des enfants, si l'on n'avait soin de coordonner, d'éclairer, de réunir les évènements *en un tout*, par une grande idée générale qui préside à une époque de l'histoire.

S'il s'agit, par exemple, de la rivalité de la France et de la Maison d'Autriche, montrons la formation du colossal empire qui enserre la France de toutes parts et qui menace notre indépendance :

François Ier et Henri II engagent hardiment une lutte qui se termine par le traité de Cateau-Cambrésis ; c'est la première période.

L'empire de Charles-Quint se partage et la guerre continue contre la branche espagnole avec Henri IV : traité de Vervins A son tour, Richelieu attaque l'Autriche, guerre de Trente-Ans, paix de Westphalie, et assure à la France la prépondérance.

Les élèves comprendront ainsi pourquoi une guerre dure parfois si longtemps et sauront mieux en apprécier les causes et les conséquences logiques.

De même, on fera remarquer que là question d'Espagne est le pivot des guerres de Louis XIV, comme l'Angleterre est, dit-on, celui des guerres de Louis XV.

Lors d'un interrogatoire, sur une partie quelconque des programmes, laissez à l'enfant le temps de la réflexion, ne le pressez pas. Plusieurs maîtres ont aussi la fâcheuse habitude de commencer un mot qu'ils prétendent faire trouver ; de là des quiproquos parfois fort amusants, mais qui égayent toujours un peu aux dépens de celui qui en est l'auteur principal. D'autres fois, au moment de l'inspection, on veut souffler des réponses qui souvent sont mal entendues ; nouveaux quiproquos, nouveaux rires.

A l'époque où l'on enseignait l'histoire sainte à l'école primaire, je me rappelle avoir entendu ceci : *Le maître.* — Quel est le premier roi de France ? — *Les élèves.* — .... — *Le maître.* — C'est Pha, c'est

Phara... ? — *Les élèves.* — ...on ! — Où l'on dit le nom tout entier, où l'on se tait.

Le jour de l'inspection aussi : *L'inspecteur.* — Voici un morceau de fer, pour en faire une barre, que fait-on ? — *Les élèves.* — .... — *Le maître, complaisant, souffle :* On le passe au laminoir. — *Les élèves.* — On lui passe un habit noir !

Une remarque, lors d'un interrogatoire : *Le maître.* — Quel est le roi qu'on a surnommé le Chevelu ? — *Les élèves.* — .... — *Le maître.* — Le mot Chevelu ne vous met pas sur la voie ? — *Les élèves.* — C'est Charles-le-Chauve !

Avec les anciens programmes et l'enseignement mécanique : *Le maître.* — A quelle époque David tua-t-il le géant Goliath ? — *Les élèves.* — A l'époque de la Fronde.

Contentons-nous du nécessaire et mettons de côté tout ce qui pourrait apporter la confusion dans l'esprit des élèves. Prenons un exemple :

Guerre de Hollande
et 1ʳᵉ coalition contre la France
(1672-78)

On explique d'abord les causes de la guerre.

L'armée française, commandée par le roi avec Turenne, Condé, Luxembourg, Vauban, se réunit à Sedan, passe par Liège, dont l'évêque était l'allié de Louis XIV et franchit le Rhin à Tol-Huis. La plupart des villes de Hollande se rendent ; mais une révolution éclate à La Haye. Guillaume d'Orange, proclamé stathouder, fait percer les digues qui retiennent les eaux de la mer et le territoire est inondé. En même temps, il forme contre la France une coalition à laquelle adhèrent l'Espagne et l'Empire. La guerre devient générale et s'étend de Bâle à la mer du Nord. Mais il y a un fait capital autour duquel nous grouperons tous les autres. C'est la belle campagne de Turenne en Alsace. Ici il ne faut pas craindre d'entrer dans les détails.

La carte comprendra le cours du Rhin, de Bâle à son embouchure. L'Alsace et les Vosges sont dessinées à une échelle assez forte.

Turenne était dans le Palatinat, lorsqu'il apprit que Strasbourg, violant sa neutralité, avait ouvert ses portes à 40,000 Allemands qui se répandaient dans toute l'Alsace. Il repasse rapidement le Rhin et vient se placer près du col de Saverne, à l'endroit même où la Zorn, formant une espèce de fer à cheval, lui donne de trois côtés une défense naturelle difficile à enlever. Les Allemands essayent bien de le déloger, mais c'est en vain. De guerre lasse, ils prennent leurs quartiers d'hiver dans les principales villes d'Alsace, et ne s'occupent plus de l'armée française qu'ils supposent arrêtée par la mauvaise saison.

Tout à coup, Turenne repasse le col de Saverne et, côtoyant le versant occidental des Vosges, vient tomber comme la foudre sur Belfort qu'il enlève ; il prend de même Mulhouse, Colmar ; écrase les Allemands à Turckheim et les rejette sur la rive droite du Rhin.

L'année suivante, il eût la tête emportée par un

boulet à Sassbach (1675) au moment où il se croyait sûr de battre son habile rival Montécuculli.

C'est autour de ce bel épisode qu'on groupera les autres évènements de cette guerre, la bataille de Sénef (1674) et les victoires navales remportées par les Français devant Syracuse et devant Palerme. Puis on parlera du traité de Nimègue (1678) qui nous donnait la Franche-Comté, Fribourg-en-Brisgau et douze places dans les Pays-Bas.

Il serait très intéressant d'appuyer quelques leçons, quand c'est possible, d'une lecture empruntée à l'un des grands historiens : à Michelet, Henri Martin, Augustin Thierry, Thiers, Vaulabelle, Louis Blanc, etc. Autre chose encore ; quand on parlera de Jeanne d'Arc ou de Waterloo, on citera les vers de Casimir Delavigne et de Victor Hugo. A propos de Henri IV, on lira le passage de la Henriade sur le siège de Paris ; à propos de la découverte de l'Amérique, les Trois jours de Christophe Colomb, de Delavigne, etc. C'est-à-dire que la poésie elle-même vous viendra en aide ; les morceaux ci-après pourront être lus ou appris quand le moment en sera venu :

Combat entre les Francs et les Romains.	Châteaubriand
Massacre des enfants de Chilpéric.	H. Martin.
Bataille de Poitiers (732)	Id.
Roland à Roncevaux.	A. de Vigny.
La dame de la Roche Guyon	Pontsevrez (chanson de France)
La captivité de Jeanne d'Arc	V. Hugo.
La mort de Jeanne d'Arc	C. Delavigne.
Jeanne d'Arc	A. de Musset.
Trois jours de Christophe Colomb	C. Delavigne
Bataille de Cerisolles.	A. Duruy, Pour la France.
Siège de Paris.	Voltaire (la Henriade).
Bataille de Hochstedt (2e)	Id. (siècle de Louis XIV).

Retraite de Russie (1812). . . . Ph. de Ségur.
       Id. . . . . V. Hugo
Waterloo . . . . Id.
       Id. . . . . C. Delavigne.
Le Rhin allemand (1840). . . . A. de Musset.
Les soldats de l'an II. — Metz et
       Strasbourg . . . . . . V. Hugo.
Châteaudun. . . . . Th. de Banville.

Pour revoir rapidement de grandes périodes d'histoire et exercer le jugement des enfants, il est bon de leur faire remarquer que plusieurs dates, ayant certains rapports, rappellent des faits importants.

TRAITÉ DES RÈGNES DE LOUIS XIV ET DE LOUIS XV

1648 . . . . Traité de Westphalie.
1658 (plus 1). . . . . . Traité des Pyrénées.
1668 . . . . Traité d'Aix-la-Chapelle.
1678 . . . . Traité de Nimègue.
1698 (moins 1) . . . . Traité de Ryswick.
1738 . . . . Traité de Vienne.
1748 . . . . Traité d'Aix-la-Chapelle.
1415 . . . . Bataille d'Azincourt.
1515 . . . . Bataille de Marignan.
1715 . . . . Mort de Louis XIV.
1815 . . . . Waterloo.

Cours supérieur

Il était indispensable et rationnel d'introduire dans les programmes des écoles primaires, au moins pour le cours supérieur, des notions sur les civilisations antiques auxquelles la nôtre doit beaucoup. On s'était trop confiné autrefois dans l'histoire de France ; on risquait de faire croire aux élèves que l'histoire du monde avait commencé avec celle de notre patrie.

Mais comme il ne s'agit en définitive que de notions sommaires, on devra se contenter de deux leçons sur l'Egypte, d'une sur l'Assyrie, une autre sur les Phéniciens, trois ou quatre sur la Grèce, autant sur Rome.

On mettra sous les yeux des élèves les gravures que l'on rencontre aujourd'hui dans tous les livres. Pour l'Egypte : les Pyramides, le Sphinx, le temple de Karnak, Ramsès II s'adorant lui-même, les dieux, intérieur d'une chambre sépulcrale, la pesée des âmes, le scribe accroupi, les caractères hiéroglyphiques, l'obélisque de Louqsor.

Pour l'Assyrie : Palais Assyrien, Temple chaldéen, Taureaux ailés de Khorsabad, la façade d'un palais, les jardins suspendus de Babylone.

Pour la Grèce : les deux lutteurs (statue), Acropole d'Athènes, Temple de Zeus à Olympie, le Parthénon, la Vénus de Milo, l'Apollon du Belvédère, vases grecs.

Enfin, pour Rome : intérieur d'une maison romaine, de la grotte de Campana, d'un tombeau étrusque, d'une boulangerie à Pompéi, villa romaine, scène d'une comédie de Térence, le Colisée, un port romain, le Panthéon, Columbarium romain, rue de Pompéi, le Capitole, le Forum, les Catacombes.

Sommaire d'une leçon sur l'Egypte, à développer, bien entendu : « Origine des Egyptiens. — Les dieux : Osiris et Isis. — Divisions de l'ancienne Egypte : Delta ou basse Egypte. — Moyenne Egypte. — Haute Egypte ou Thébaïde. — Trois Empires : 1° Ancien Empire ;

fondation de Memphis, les Pyramides. — 2° Moyen Empire : Thèbes capitale. — Le lac Mœris, les rois pasteurs ou Hyksos. — 3° Nouvel Empire : Ramsès II Neïamounn (Sésostris), Thèbes capitale. — Décadence, Néchao, conquête de l'Egypte par Cambyse. — Monuments : Temples, palais, obélisques, pyramides. — Religion : Monothéisme. — Sciences : Géométrie, arithmétique. — Astronomie : l'année partagée en douze lunaisons de 30 jours. — Arts : Obélisque de Louqsor, riche littérature. — Ecriture : Hiéroglyphes. — Lecture d'une page de Bossuet (discours sur l'histoire universelle). »

MORCEAUX A LIRE, A FAIRE RÉCITER OU A DONNER EN DICTÉE

Le Nil	Bossuet (Histoire universelle).
Thèbes.	Id. Id.
Siège de Troie	Homère, Iliade (Traduction).
Retraite des Dix-Mille	Xénophon.
Mort d'Alexandre.	Bossuet (Histoire universelle).
Pardon à Cinna	Corneille, Cinna.
Combat des Horaces et des Curiaces	Id. Horace.
Parallèle de Rome et de Carthage .	Montesquieu (Grand' des Romains).
Grandeur d'Attila	Id. Id.
Mazeppa	Victor Hugo.
Navarin	Id.

et ceux du cours moyen.

GÉOGRAPHIE

L'enseignement de la géographie est certainement le plus facile et le plus agréable, parce qu'il dépend beaucoup des sens et qu'il ouvre à l'imagination des horizons nombreux et variés.

Les enfants ont sous les yeux, outre les accidents naturels du sol, les cartes murales, le globe terrestre, les gravures qui leur donnent une idée très exacte de la plupart des expressions géographiques. L'instituteur reste toujours, bien entendu, le grand moyen d'action et vient tout animer par sa parole.

Qu'il se transporte, avec ses jeunes élèves, sur une colline des environs. De là, il domine le territoire de la commune.

Dans le lointain se dessinent des monticules échelonnés qui expliquent la chaîne de montagne, comme la colline qu'il foule aux pieds donne l'idée de la montagne elle-même. Voici le plateau boisé, la plaine verdoyante, le petit ruisseau sinueux qui promène paresseusement ses eaux dans la prairie et se divise en plusieurs branches pour former des îlots. De distance en distance, il reçoit le tribut de cours d'eau moins importants qui sont ses affluents ; l'endroit où ils se réunissent se nomme confluent. Voilà le vallon et l'étang avec ses anses, ses petits golfes et ses promontoires.

Mais admettons que le village soit situé dans un

pays absolument plat et que l'examen auquel nous venons de nous livrer devienne impossible.

Cours préparatoire

Vous êtes dans la cour de récréation, un arrosoir à la main. Vous versez l'eau dans un creux du sol. Qu'est-ce que cela ? — De l'eau. — Coule-t-elle ? — Non, Monsieur. — Qu'y a-t-il tout autour ? — De la terre. — Eh bien, cette eau renfermée dans les terres forme un **Lac**, seulement le lac est beaucoup plus grand et bien plus profond.

Prenez ensuite une pelletée de terre que vous jetterez au milieu de l'eau ; une partie de cette terre va émerger. Qu'est-ce que cela ? — De la terre. — Qu'y a-t-il tout autour ? — De l'eau. — Cette terre entourée d'eau est une **île**, mais l'île est bien plus étendue.

Voyons un peu sur la carte murale comment on représente une île, un lac.

Deux ou trois termes géographiques par leçon, c'est déjà quelque chose ; il ne faut s'occuper, au moins pour le moment, que des plus importants.

Dans une autre occasion, on parlera d'une presqu'île en procédant comme nous avons dit, puis d'une montagne, d'une chaîne de montagnes, d'un détroit, d'un golfe, etc.

On répète très souvent ce qui a été dit. C'est le seul moyen de le bien faire retenir. « La répétition est l'âme de l'enseignement. »

Même avec les élèves les plus avancés, ce principe

est bon à suivre, il ne faut pas trop compter sur leur travail personnel. C'est fâcheux, mais c'est comme cela.

Il est huit heures du matin. Le soleil est à l'horizon. Vous êtes dans la cour.

Montrez votre main droite, votre main gauche. Placez-vous de façon que le soleil se trouve à votre droite. Vous y êtes ? — Oui, Monsieur. — Bien. Etendez tous le bras droit. Ce matin, qu'a fait le soleil de ce côté ? — Il s'est levé. — Ce côté s'appelle le **levant**. Il a encore d'autres noms que je donnerai plus tard. Allongez le bras gauche. Que fera le soleil ce soir, dans cette direction ? — Il se couchera. — C'est le **couchant**.

Vers une heure de l'après-midi, ou plutôt vers midi, si c'est possible, on prend les mêmes enfants et on les place dans la même situation que le matin. On a remarqué un arbre, une maison dans la direction de l'est, bien entendu. Qu'avez-vous à votre droite ? — Le levant. — A votre gauche ? — Le couchant. — Quelle heure est-il ? — Il est midi. — Où se trouve le soleil ? — Derrière nous. — Le côté où le soleil se trouve en ce moment s'appelle le **midi**.

Devant vous, vous avez le côté opposé au midi ; il a un nom qu'il faut retenir : c'est le **nord**.

Il n'est pas besoin de faire remarquer aux maîtres que dans l'hémisphère austral, les choses ne se passent pas absolument ainsi : à midi, on a le soleil devant soi. Les vents du nord y sont chauds et ceux du midi y sont froids. Il suffit, pour s'en rendre compte, d'examiner un globe terrestre.

Plus tard, au cours élémentaire, le levant s'appellera encore **est** ou **orient**; le nord, **septentrion**; le couchant, **ouest** ou **occident** et le midi, **sud**.

Avant d'étudier la géographie de la commune, les enfants devront être exercés à dire dans quelle direction se trouve telle ou telle rue du village, tel ou tel bâtiment.

Ils apprendront également à s'orienter dans le local scolaire. Le maître tracera au plafond la rose des vents.

Puisque les élèves connaissent les points cardinaux, donnons-leur une idée des cartes géographiques.

Proposons-nous de faire le plan de la salle de classe. Vous vous rappelez que les enfants ont entendu parler du mètre, du décimètre et, vers le mois de janvier, du centimètre. Ce n'est donc pas sans raison que les programmes sont ainsi faits, car les connaissances déjà acquises d'autre part vont être utiles dans d'autres parties.

Admettons que la salle soit orientée de manière que les murs soient aux quatre points cardinaux. Prenons un tableau noir et plaçons-le horizontalement soit sur deux tables, soit sur deux tréteaux.

Où se trouve le nord? — De ce côté. — Mesurons la longueur du mur situé au nord. — Il a cinq mètres. — Pouvons-nous porter ces cinq mètres sur le tableau? — Non, Monsieur. — Comment faire? — » — Eh bien, nous allons représenter chaque mètre par un décimètre. Ce mur aura combien de décimètres sur le tableau ? — Cinq. — Le mur est au nord de la salle ? — Oui, Monsieur. — Représentons-le par une ligne de cinq décimètres au nord du tableau noir. (Ce sont les élèves qui opèrent eux-mêmes). Prenons le mur de l'ouest. — Il a huit mètres et sera représenté par une ligne de huit décimètres. — Tracez cette ligne.

On mène ensuite des parallèles aux côtés obtenus et l'on a le plan de la salle. Vous savez que le programme de dessin permet d'employer ce mot « parallèle. »

Par le même procédé, on indique les diverses ouvertures, fenêtres et porte, puis la place du bureau et des tables. Voilà une leçon qui ne laisse pas les élèves inactifs et qui les intéresse au plus haut point. Vous pouvez remarquer que, sans qu'ils s'en doutent, ils s'habituent petit à petit à l'échelle de la carte. Les exercices qui vont suivre leur en donneront une idée plus complète encore.

Généralement, l'emplacement des services scolaires, y compris le jardin, est rectangulaire. Nous en mesurons les côtés ; mais cette fois nous obtenons comme longueur trente mètres et vingt-deux mètres de largeur. Il n'est pas possible de porter ces dimensions telles quelles sur le tableau noir ; à raison de un décimètre par mètre, c'est également impraticable. Comment allons-nous faire ? — » — Eh bien, un mètre sera représenté par un demi-décimètre. Quelle longueur faudra-t-il pour représenter 30 mètres ? — 30

demi-décimètres ou 15 décimètres. — Pour 22 mètres ?
— 22 demi-décimètres ou 11 décimètres.

On opère comme ci-dessus. Voilà une nouvelle échelle plus petite que la première, parce qu'elle représente des lignes et une surface plus grandes. Sur ce plan, on fait indiquer l'espace occupé par le bâtiment, par le préau couvert, par la cour, par le jardin. Rien de plus instructif et de plus agréable que ces exercices bien conduits. Puis, les élèves reproduisent sur l'ardoise le dessin obtenu.

Les rues du village ont été mesurées ; l'instituteur n'a d'ailleurs qu'à consulter le plan cadastral.

On commence par placer au tableau noir la maison d'école ; puis on trace les diverses rues de la localité. Ici encore, les élèves verront que le village étant plus grand que le bâtiment scolaire, il ne sera pas possible de représenter un mètre par un demi-décimètre. Il pourra l'être par un demi-centimètre ou par un millimètre, selon les circonstances. On aura soin d'indiquer sur ce plan la mairie, l'école des filles, l'école de garçons, la fontaine publique, l'église.

Après le village, l'ensemble de la commune, puis le canton, l'arrondissement, le département seront reproduits toujours à une échelle plus petite.

Mais il est évident que les bâtiments n'y seront pas représentés comme la maison d'école l'a été. De là, l'emploi des signes conventionnels avec lesquels les élèves doivent se familiariser.

Cours élémentaire

Au cours élémentaire, de même que les enfants ont entre les mains un petit livre d'histoire de France, il sera également utile de leur donner la géographie du département avec des cartes bien faites et un texte clair et facile.

Mais ne restons pas trop longtemps sur la géographie de la région. Evitons les impatiences justifiées de ces jeunes cerveaux avides de nouveautés.

Avant de parler de la France, il est bon de leur donner de la Terre une idée exacte et de bien leur faire remarquer la place que notre pays occupe sur la planète.

Pour le moment, mettez de côté les mappemondes et les planisphères et prenez le globe terrestre.

Qu'est-ce que cela? — Une boule. — Cette boule s'appelle un globe, et comme ce globe représente la terre sur laquelle nous vivons, on l'appelle un globe terrestre. Vous comprenez pourquoi? — Oui, Monsieur. — Quelle est donc la forme de la terre? — La terre est ronde comme une boule. — Oui, mais vous comprenez que la terre est plus grosse que cette boule? — Oui, Monsieur. — Ce globe que vous avez sous les yeux a été construit comme nous avons fait le plan de la salle de classe, de la maison d'école, du village, c'est-à-dire à une échelle donnée et beaucoup plus petite encore que celles dont nous nous sommes servis jusqu'alors. Quelle est notre patrie? — La France. — Voici la France dans une partie du monde qui s'appelle Europe. A côté de la France, il y a d'autres pays. Nommez-les. (Remarquez que les enfants savent lire). — La Russie, l'Allemagne, l'Italie, l'Angleterre, l'Espagne, etc. — Il y a aussi d'autres parties du monde, voyez. — L'Asie, l'Afrique, l'Amérique et l'Océanie. — S'il y a de grandes agglomérations de terres, on rencontre aussi de vastes étendues de mer. Voyez. — L'Océan Atlantique entre l'Europe et l'Afrique, d'un côté, et les deux Amériques de l'autre. C'est une des mers les plus fréquentées par les vaisseaux ; et ceci ? — L'Océan Pacifique entre l'Amérique et l'Asie. — Et puis ? — L'Océan glacial du Nord, l'Océan glacial du Sud, la mer des Indes.

Louis, prenez cette feuille et mesurez le tour de ce globe. — Il a un mètre de circonférence. — Eh bien, ce mètre en représente quarante millions. Vous voyez que l'échelle employée est bien plus petite que celles que vous connaissez déjà ; la terre a une circonférence de 40,000 kilomètres.

, Une nomenclature aride n'est pas toute la géographie ; chaque région n'a pas seulement des golfes, des îles, des détroits, mais aussi son climat, ses productions, sa faune et sa flore. Non-seulement le Mississipi et l'Amazone sont de grands fleuves, mais ils arrosent des contrées immenses, fertiles et sans doute destinées à un remarquable avenir. Sans entrer dans trop de détails, on parlera donc des différents climats terrestres, de la végétation plus ou moins luxuriante, des animaux sauvages ou domestiques. Les gravures qu'on rencontre dans les ouvrages de géographie seront très utiles et ajoutent beaucoup d'intérêt aux différentes leçons : vues de paysages alpestres ou pyrénéens, des régions polaires ou tropicales ; photographies de villes, de châteaux historiques, de ports, de paysages, de forêts, etc.

Avant d'entrer au cours moyen, il faut parler de la France.

Les élèves en dessineront les contours sur l'ardoise, ils nommeront les mers et les chaînes de montagnes qui en forment les limites ; ils montreront sur la grande carte murale les principaux fleuves, les bassins et une vingtaine de villes les plus importantes. Ils réalisent en très peu de temps des progrès remarquables qui comblent de joie et les parents, et les élèves, et le maître lui-même.

Quand on fait réciter une leçon de géographie, on doit mettre l'atlas de côté. Tous les élèves regardent la carte murale. L'atlas est destiné à la préparation de la leçon à domicile et non à la récitation de cette même leçon en classe.

On peut connaître la petite carte de l'atlas et se trouver complètement' dépaysé sur la grande carte murale ; c'est inévitable.

L'atlas ainsi employé dans l'école est la plaie de l'enseignement géographique.

Idée de l'Equateur et des parallèles

Prenez une orange ; percez-la de part en part avec une aiguille à tricoter qui passera par le centre. Vous avez l'axe de la terre. C'est autour d'une ligne semblable, mais imaginaire, que la planète exécute son mouvement de rotation ; les deux extrémités sont les pôles.

Au moyen d'un couteau, coupez l'orange à égale distance des deux pôles, le cercle obtenu est l'Equateur. Qu'est-ce donc que l'Equateur ? — Un cercle qui partage le globe terrestre en deux parties égales en passant à égale distance des deux pôles. — Il ne peut y avoir qu'un seul équateur, c'est facile à comprendre.

Aux $\frac{23}{90}$ de la distance de l'Equateur aux pôles, coupons l'orange parallèlement au cercle obtenu ; nous aurons, au nord, le Tropique du Cancer ; au sud, le Tropique du Capricorne. Par le même procédé, on obtient les cercles polaires. Nous avons également, du même coup, les cinq zones de la terre. Faites remarquer que la zone torride est comprise entre les deux tropiques, qu'elle a une largeur de 46 degrés et que l'Equateur la divise en deux parties égales.

Le Méridien

Ayez une autre orange, coupez-la de façon que la section passe par les deux pôles, vous aurez un méridien. Qu'est-ce qu'un méridien ? — Un cercle qui divise la terre en deux parties égales en passant par les deux pôles. On peut faire passer un méridien par tous les points de la surface de la terre. Il est aisé de s'en rendre compte. Nous nous servons du méridien de Paris.

Le jour et la nuit

En hiver, vers quatre heures de l'après-midi, mettez sur une table, une lampe qui représentera le soleil. Prenez le globe terrestre ; transportez-le autour de la lumière en décrivant un cercle et en lui imprimant un mouvement lent de rotation. Il est bien entendu que l'Equateur est à la hauteur de la lampe.

Une moitié exacte de la terre est éclairée quand l'autre est dans l'ombre. Il fait jour dans la première et il fait nuit dans la seconde.

De plus, imprimez au globe un mouvement de rotation de gauche à droite ; tous les points de la terre sont successivement éclairés en 24 heures avec une marche apparente du soleil de l'est à l'ouest.

Les saisons

Il est bien rare que les élèves de nos écoles primaires et beaucoup de grandes personnes se rendent exactement compte des saisons. Mais reprenons l'expérience précédente. Nous supposons, bien entendu, l'axe du globe incliné comme celui de la terre.

A quoi sont dues l'inégalité des jours et des nuits et la variété des saisons ? — A l'inclinaison de l'axe de la terre.

La majestueuse planète Jupiter jouit d'un printemps éternel, parce que son axe est presque perpendiculaire au plan de son orbite.

On pourrait, par une expérience du même genre,

expliquer les éclipses et les phases de la lune. N'oubliez pas de la faire.

Il ne faut pas oublier que cet axe, dans le mouvement de translation, reste toujours parallèle à lui-même. L'instituteur promène le globe, avec un mouvement de rotation autour de la bougie en décrivant une ellipse ou tout simplement une circonférence, fait les remarques nécessaires et donne les explications indispensables.

Cours moyen

En attendant la véritable rentrée, on revoit le programme du cours élémentaire, puis on commence de suite par l'étude de la France.

La première étude est celle de la carte physique : les côtes de la Manche, de l'Océan Atlantique et de la Méditerranée ; la chaîne des Pyrénées ; celles des Alpes, du Jura et des Vosges, la frontière du Nord-Est. On fait le tracé au tableau noir ; le maître parle et fait intervenir les élèves. Il ne se contente pas de citer les caps, les embouchures des fleuves, les îles et les détroits. Ici la côte est basse et sablonneuse ; là, elle est bordée de falaises, plus loin de rochers granitiques, etc., etc. En route, on rencontre quelques lieux historiques ; on les cite, on les montre, on rappelle rapidement l'événement qui s'y est passé.

A grands traits, dans une autre leçon, on décrit, sur cette même carte, les bassins principaux et les cours d'eau les plus importants. Chemin faisant, on fait connaissance avec quelques grandes villes industrielles ou commerciales, on place les ports les plus considérables.

Plus tard, on parlera du genre de commerce qui s'y fait et des contrées avec lesquelles ils sont en relation.

Cette carte doit être reproduite rapidement, sans perte de temps, sur le cahier de devoirs journaliers.

Voilà la France. Les chaînes de montagnes et les collines qui en dépendent, en forment le véritable squelette. Puis, on reprend, en particulier, chaque bassin ; il s'agit, bien entendu, des bassins principaux, près desquels viendront se placer tout naturellement les bassins secondaires.

Cours du Rhône

L'instituteur est près du tableau noir, la craie à la main. Il montre le massif du Saint-Gothard, le col de la Furka. C'est là que le Rhône, alors torrent, prend sa source, dans un glacier, à une altitude de 1,753 mètres. Son cours est de 812 kilomètres ; la pente moyenne est donc de $\frac{1753}{812}$ ou 2^m16 par kilomètre. C'est dire que ses eaux s'écoulent rapidement ; c'est le plus impétueux des fleuves de France.

Resserré entre les Alpes bernoises et les Alpes pennines, il coule d'abord de l'est à l'ouest, puis incline vers le nord-ouest. Il traverse le lac Léman, arrose Genève, suit la direction du sud-ouest que lui fait prendre un des contreforts du Jura, le Crêt de la Neige, coule du Nord au Sud, passe devant les forts de l'Écluse et de Pierre-Châtel.

Arrêté par les Alpes du Dauphiné, il reprend la direction du nord-ouest, puis va droit à l'ouest jusqu'à Lyon. Il reçoit d'abord l'Ain, puis la Saône (rive droite) ; arrêté aussi par la chaîne des Cévennes, il va à peu près directement du nord au sud, reçoit à gauche l'Isère, la Drôme, puis à droite, l'Ardèche ; à gauche encore, la Durance, un peu plus bas, sur la rive droite, le Gard, et se jette dans la Méditerranée en formant un delta, l'île de la Camargue.

On a placé, en même temps, les hauteurs qui limitent le bassin ; on décrit sommairement les affluents et les petits fleuves côtiers : le Var, l'Hérault, l'Aude et le Têt. On fait observer que non-seulement un cours d'eau rencontre des montagnes qui lui opposent un obstacle invincible, mais aussi des rochers qui en rendent la marche sinueuse. Chemin faisant, on cite les localités arrosées par le Rhône ; on parle de la nature des terrains et des cultures diverses qu'on rencontre. Le cours du fleuve est expliqué.

Mais il ne suffit pas d'avoir fait sur le tableau noir le croquis du bassin, il faut montrer sur la grande carte murale la position de ce bassin.

Les élèves ont ensuite quelques minutes pour le reproduire sur le cahier de devoirs.

Ces croquis seront toujours complétés par le tracé d'un méridien et d'un parallèle qui font nécessairement connaître, par leur point d'intersection, la longitude et la latitude du lieu le plus important.

Voilà la leçon à préparer.

On continue ainsi l'étude de la carte physique. C'est sur ce canevas bien connu qu'on apprend les

Cartes climatérique
  »   administrative
  »   économique
  »   agricole
  »   militaire.

On fera grâce, à d'aussi jeunes enfants, de toutes les sous-préfectures. Ce qui importe, c'est qu'ils connaissent les villes importantes, soit industrielles, soit commerciales.

Trop de détails nuisent beaucoup à l'intelligence de ce qui est enseigné : laissons là les broussailles.

Remarquez qu'en étudiant la carte climatérique, on revoit forcément la carte physique, puisqu'elle en est la conséquence ; en étudiant la carte économique, on revoit ce qui a été dit précédemment. Ce procédé nous conduit à des révisions fréquentes et nécessaires ; c'est un bien.

Que dirons-nous des cartes muettes qu'on commence à rencontrer dans les écoles ? Elles sont insuffisantes pour l'étude et la préparation d'une leçon, mais elles conviennent très bien pour la récitation de cette même leçon.

A défaut de cartes muettes, placez assez haut les cartes écrites pour que les élèves n'en puissent lire les noms, et vous obtiendrez le même résultat. Un détail : ayez toujours, près de la carte, au moins une grande baguette avec laquelle les élèves montreront les différents lieux géographiques ; mais, afin de ne pas détériorer les cartes murales, enveloppez d'un peu de flanelle l'extrémité de la baguette indicatrice.

Un fait qui surprend douloureusement, parce qu'il est trop général, c'est que la région du nord-est se trouve être souvent la moins connue des élèves. On nous montre très volontiers Toulouse, Bordeaux, Lyon, Brest, mais demandez Mézières, Bar-le-Duc, Nancy et surtout Strasbourg et Metz, ils sont introuvables. Les Allemands se gênent moins ; dans leurs écoles, Lyon, Nancy, Verdun, Besançon sont étudiés tout comme si ces villes appartenaient à l'Allemagne.

Le programme du cours moyen comporte principalement l'étude de la France et de ses colonies. On lui consacrera donc une bonne partie de l'année ; ce qui n'empêchera pas, afin de préparer le terrain, de faire, à propos des colonies, une légère excursion sur le domaine de la géographie générale.

On ne peut parler de l'Algérie et de la Tunisie sans dire un mot de la Tripolitaine, du Maroc et du Sahara ; du Sénégal, sans parler de Tombouctou, du Niger et de la région du lac Tchad ; de l'ile de la Réunion, sans aller à Madagascar ; d'Obock, sans toucher à l'Egypte et au canal de Suez.

On exercera aussi les élèves à prendre à vol d'oiseau, à l'aide de l'échelle indiquée, la distance d'une ville à une autre, d'une ville à la côte, etc. Ils continueront à remarquer céci : c'est que dans des cartes de mêmes dimensions, l'échelle de la France est plus grande que celle de l'Europe, et celle-ci que l'échelle du planisphère et du globe terrestre. On leur apprendra à connaître les signes conventionnels employés pour les cartes de l'Etat-major dont tous se serviront quand le service militaire les atteindra.

Chaque leçon de géographie aura pour conséquence le tracé, par les élèves, de la carte apprise.

Ils reverront au cours moyen, mais avec plus de détails, la géographie du canton, de l'arrondissement et du département.

La mer — L'Océan Atlantique — La Méditerranée

Vous êtes dans une école d'un département de l'intérieur ; vous parlez aux enfants de la mer qu'ils n'ont jamais vue, qu'ils ne verront peut-être jamais. Tâchez de leur en donner une idée à peu près exacte. Vous avez vu passer un train de voyageurs ? — Oui, Monsieur. — Il marche à une vitesse assez considérable ; eh bien, pour traverser cette mer que vous voyez, l'Océan Atlantique, pour aller des Antilles à Saint-Nazaire, il lui faudrait environ 12 jours de 24 heures. C'est quelque chose. L'Océan Pacifique est encore plus vaste. Mais les chemins de fer parcourent-ils les mers ? — Non, Monsieur, ce sont les bateaux à vapeur. — C'est bien cela. Quand on est en pleine mer, on ne voit que la mer et le ciel.

La mer, toujours la mer ! Les flots, les flots encor !
  L'oiseau fatigue enfin son inutile essor !
    Là-bas les flots, ici les ondes !
Toujours les flots sans fin par les flots repoussés !
  L'œil ne voit que les flots dans l'abîme entassés,
    Rouler sur les vagues profondes,

Parfois de grands poissons, à fleur d'eau voyageant
Font reluire au soleil leurs nageoires d'argent
Ou l'azur de leurs longues queues.
La mer semble un troupeau secouant sa cloison.
Mais un cercle d'airain ferme au loin l'horizon.
Le ciel bleu se mêle aux eaux bleues.

Victor Hugo.

Vous n'ignorez pas que l'océan couvre les trois quarts de la surface de notre planète? — Non, Monsieur. — Pensez-vous que cette immensité d'eau soit utile? Oui, Monsieur; la mer renferme dans son sein des plantes, beaucoup de poissons, de crustacés et d'autres animaux. — Elle a parfois une profondeur effrayante qui peut atteindre 7 à 8,000 mètres. On en trouve des exemples dans le Pacifique, près du Japon, et même dans l'Atlantique, entre les îles Açores et les États-Unis d'Amérique. — La mer sert aussi à transporter les vaisseaux et à établir des relations faciles entre les divers peuples du monde. — Parfaitement; autre chose encore. Réfléchissez. — Quand la France reçoit des pluies abondantes, quel est le vent qui souffle? — Le vent d'ouest, qui a passé sur l'Atlantique, où il s'est saturé d'humidité. — Donc les mers nous procurent les pluies bienfaisantes qui alimentent les fontaines et les cours d'eau, et qui fécondent la terre. Pas de pluie, pas de récoltes; au lieu de la fertilité, c'est l'aridité, c'est la sécheresse. Voyez le Sahara.

Les vents du sud nous apportent peu d'humidité; pour quelle raison? — Parce qu'ils n'ont fait que traverser la Méditerranée dont l'étendue est relativement faible. — Oui, mais cette petite mer a toujours joué un grand rôle depuis que l'humanité existe. La civilisation est née et a prospéré sur ses bords ; d'abord en Egypte, « cette mer de la science et de la sagesse », puis dans les cités grecques, surtout à Athènes, puis à Rome.

La Méditerranée a été parcourue en tous sens par les vaisseaux phéniciens ; elle a vu se former la flotte qui alla attaquer Troie ; elle a vu la grande lutte de la Grèce et des Perses ; le formidable duel de Rome et de Carthage. Enfin, de nos jours encore, les navires de toutes les nations la sillonnent, et les puissances européennes s'y disputent la prépondérance.

C'est la mer bleue par excellence. Nous en reparlerons.

Cours supérieur

Dans nos campagnes, les programmes du cours moyen sont généralement ceux qui conviennent aux élèves les plus avancés. Cependant dans quelques localités, ou, avec quelques enfants qui désirent aller plus loin dans leurs études, on doit aborder le programme du cours supérieur.

On reverra d'abord la géographie de la France avec les développements nécessaires. Aux cartes déjà étudiées, on pourra ajouter la carte géologique, mais il faudra être sobre de détails.

Si l'instituteur est actif, s'il aime son école et ses élèves, il se procurera soit directement, soit par voie d'échanges, des spécimens des différents terrains avec les principaux fossiles qui les caractérisent. De cette manière, il enrichira le musée scolaire, s'il existe, et le créera s'il n'existe pas.

A propos du commerce, il fera connaître à nouveau les diverses contrées avec lesquelles la France est en relations. Il parlera des exportations et des importations, des pays rivaux, de la concurrence industrielle, commerciale, même artistique ; en un mot de la lutte pour l'existence qu'ont engagée les nations aussi bien que les individus.

Il parlera aussi des grandes artères politiques ou commerciales : la Méditerranée et le canal de Suez, l'océan Atlantique, le Rhin, le Danube ; des ports de Marseille, de Liverpool, du Hâvre, d'Anvers, de Hambourg, d'Odessa, de Trieste, etc.

Avant d'aborder la géographie beaucoup plus sommaire des autres parties du monde, on expliquera rapidement les principaux voyages de découvertes de Vasco de Gama, de Christophe Colomb, d'Albuquerque, de Magellan, d'Abel Tasman, de Cook, de La Pérouse et de Bougainville, des tentatives faites pour approcher des pôles, entre autres de celle de Nordenskiold. A l'aide du globe terrestre, on indique la marche suivie par ces hardis navigateurs.

L'Asie, l'Afrique et l'Amérique seront dessinées au tableau par le maître d'abord, par les élèves ensuite. On insistera sur la civilisation de quelques contrées et le développement incroyable de quelques autres. On parlera donc de la Chine, de l'Hindoustan, du Japon, des Etats-Unis d'Amérique, des Français-Canadiens, de l'Australie et surtout de l'Afrique que les puissances européennes sont en train de se partager, tout comme si elle ne renfermait pas des habitants qui en sont les premiers possesseurs.

On insistera sur l'Egypte et le Nil où les intérêts français sont si considérables, sur les pays qu'arrosent le Niger, le Congo, le Sénégal et le Zambèze ; on n'oubliera pas de signaler les courageuses explorations de Burton et de Speke, de Speke et de Grant, de Livingstone, de Cameron, de Serpa-Pinto, de Stanley, et, plus récemment, de Monteil, de Mizon, etc.

On dira aussi un mot des grands courants sous-marins : du Gulf-Stream, du Kuro-Sivo, du courant de Humbold, du courant équatorial et des courants polaires ; des vents alizés, des moussons spéciaux à la mer des Indes.

On n'oubliera pas les grands soulèvements de terrains : les Alpes, l'Himalaya, le plateau de Pamir (toit du monde), les Montagnes Rocheuses, la Cordilière des Andes, les montagnes de l'Afrique, ses plateaux et ses deux déserts du Sahara et de Kalahari, etc., etc.

Toutes ces études seront accompagnées de lectures géographiques.

De même que, en histoire, quand on cite un lieu où s'est passé un fait important, on le montre sur la carte ; de même, en géographie, quand on rencontre une ville qui rappelle un fait historique, on la fait voir également.

Toutes les contrées du monde ou à peu près se prêtent à cet exercice :

En Asie : Palikao, Pékin, Formose, Hanoï, Lang-Son, Tuen-Quan, Madras, Pondichéry, le Mont-Thabor, Saint-Jean-d'Acre, Antioche, Ascalon, Damas, Jérusalem, Tibériade ;

En Afrique : Alger, Alexandrie, Héliopolis, Aboukir, Tanger, Mogador, les Pyramides, Madagascar, l'île Maurice, le cap de Bonne-Espérance, etc.

En Amérique : Québec, Terre-Neuve, Louisville, York-Town, La Vera-Cruz, Puebla, Mexico, Haïti, San-Salvador, (Guanahani), les Saintes ;

En Océanie : Vanikoro, les îles Sandwich, Sydney.

Il est indispensable, à mon avis, de satisfaire la curiosité des élèves en leur donnant l'explication ou l'origine de certaines expressions géographiques :

La Bavière rhénane se nomme ainsi parce qu'elle est située sur les rives du Rhin ; le mot Méditerranée signifie mer au milieu des terres ; les villes de Genève et de Constance ont donné leur nom aux lacs sur lesquels elles se trouvent. On expliquera ainsi les expressions ; mer Blanche, mer Rouge, mer Jaune, océan Atlantique, océan Pacifique, océan Indien ; Australie, Brésil, Colombie, Amérique, Océanie, Europe, Angleterre, France, etc., etc. A titre de renseignement, je me permets de donner le tableau suivant :

Origine ou signification de quelques noms géographiques ou historiques

Flandre,	de Fleandra Land (pays des réfugiés saxons)
Picardie,	de pique, arme des habitants.
Artois,	pays des Atrébates.
Bourbonnais,	de Bourbon-l'Archambault.
Venaissin (comtat)	de Vénasque, sa première capitale.
Saintonge,	des Santons, ses habitants.
Poitou,	des Pictares ou Pictous.
Maine,	des Cénomans.
Anjou,	des Andes ou Andécasses.
Touraine,	des Turans.
Berri,	des Bituriges.
Lorraine,	de Lotherrègne, royaume de Lothaire ; en allemand « Lothringen ».
Alsace,	de l'Ill ou Ell, rivière ; en allemand « Ellsass ».
Champagne,	de Campagne, plaine,
Fréjus,	de Forum Julii (marche de Jules César).
Lyon,	de Lugdunum, colline du Corbeau ou colline de Lug.
Portugal,	de Porto, une de ses villes.
Angleterre,	des Angles, ancien peuple.
Alpes,	de Alp, blanc (en gaélique).
Rhin,	en breton veut dire « Courant ».
Celtes ou Keltes,	hommes des forêts.
Pyrénées,	du gaélique Bar, Bir ou Pir, flèche, pointe ; pluriel : Birennon.
Garonne,	du gaélique garr-aon, impétueuse eau.
Ligures,	du basque Lli-Gor, peuple de la montagne.
Pô,	du gaélique poedes, sapin.
Pennins,	Alp-pen, blanches cimes.
Apennin,	les sommets.
Cévennes,	du gallois ou breton Kefn, dos de la montagne.
Rhône,	du gaélique Rhinth-an, eau qui court.
Belges,	Belg. Bel, dieu de la guerre.
Armorique,	du gaélique Ar-môr, sur mer.

Ibères,	habitants des bords de l'Elbe.
Ardennes,	Ar-denne-en Kymrique. La profonde (forêt)
Irlande,	Eir-Inn, en gaëlique, île d'Occident.
Nevada,	en indien, contrée neigeuse.
Minnesota,	id. eau nuageuse.
Wisconsin,	id. détroit bas et agité.
Michigan,	id. piège à poissons, à cause de sa forme.
Arkansas,	id. eau fumante.
Mississipi,	id. fleuve.
Ohio,	id. belle rivière.
Tennessée,	id. rivière de la Combe.
Kentucki,	id. tête de rivière.
Connecticut,	id. grande rivière.
Géorgie,	de Georges II, d'Angleterre.
Virginie,	d'Elisabeth d'Angleterre, qui resta célibataire.
Maryland,	de Henriette-Marie, femme de Charles 1er, land-terre.
Delaware,	de lord Delaware.
Massachusset,	en indien, campagne autour des grandes collines.
Rhode-Island,	ressemblance avec l'île de Rhodes.
Vermont,	Vert mont, végétation du pays.
Pensylvanie,	forêt de William Penn.
New-York,	en l'honneur du duc d'Yorck, frère de Charles II.
Caroline	en l'honneur de Charles IX.
Québec,	Contraction de : Oh ! quel bec (allusion aux Peaux-Rouges).
La Plata,	veut dire « argent » en espagnol.
Labrador	terre des Laboureurs.
Floride,	terre des fleurs (Ponce de Léon).
Patagons,	grands pieds (Magellan).
Canada,	endroit habité « Aca-nada » « rien ici » mots prononcés par les compagnons de Velasco.

CHANT

Le chant mêlé aux divers exercices de l'école y apporte la variété et la vie, et devient, en même temps, un excellent moyen de discipline. Il stimule les élèves apathiques et calme ceux dont le sang est trop impétueux.

La musique a un langage spécial qui émeut et entraîne, elle exprime avec une puissance incontestée tous les sentiments de l'âme : mélancolie, douleur, désespoir et joie.

Elle est, elle aussi, un préservatif souverain contre les plaisirs dangereux ; elle fait aimer le beau et le bien et, parfois même, elle agit sur les âmes les moins sensibles ou les plus profondément viciées.

Elle florissait dans l'antique Egypte, en Assyrie, en Grèce et à Rome. Elle est, de nos jours, populaire en Suisse, en Allemagne et en général dans les pays protestants. « Là où l'on chante, tu peux t'asseoir sans crainte, le méchant seul ne chante pas ». Voyez aussi quel parti le catholicisme a su tirer de la musique.

Pour enseigner le chant dans de bonnes conditions, l'instituteur doit avoir une voix juste ; si elle ne l'est pas, il la travaillera suffisamment pour qu'elle acquière les qualités qui lui manquent. Quand, à la justesse, la voix joint la force et la beauté, tout est pour le mieux.

Un instrument de musique n'est pas indispensable à l'école primaire, mais c'est un auxiliaire précieux ;

l'harmonium est sans doute des meilleurs ; il est moins sonore que les instruments de cuivre, soutient bien la voix des élèves et rend convenablement les nuances.

Si l'instituteur possède un violon et sait s'en servir, tout est pour le mieux. Toutefois, le maître se procurera au moins un diapason dont le prix est à la portée de toutes les bourses.

Comment doit-on procéder dans les différents cours de l'école ? De même que l'enfant parle avant de savoir les lettres de l'alphabet, de même il chantera avant de connaître les notes de la musique.

Les petits, les débutants apprendront à chanter par l'audition, c'est ce qu'ils font d'ailleurs, avant d'entrer à l'école primaire ; mais l'instituteur devra s'armer de patience, car c'est bien de ces enfants qu'on peut dire, au moins pendant quelques jours : « Ils ont des oreilles et ils n'entendent pas ».

Les chants seront courts et agréables, à l'unisson ; on les fera exécuter avec intelligence et avec goût ; les paroles, sans être banales, devront être à la portée des élèves.

Ne vous laissez pas aller au découragement, presque tous les enfants chantent faux, tout simplement parce que leur oreille et leur voix n'ont pas été exercées.

Vous les réunissez et, à l'aide du diapason, vous émettez, par exemple, le « la » que vous reproduisez de la voix, de la même façon que l'instrument lui-même, c'est-à-dire en attaquant le son franchement et en le laissant diminuer petit à petit jusqu'à extinction ; chacun des enfants fera séparément le même exercice, puis tous le répéteront à la fois ; les résultats de cette première expérience sont parfois d'une cacophonie désespérante, ne vous en inquiétez pas trop. Les uns ouvrent la bouche démesurément, d'autres la ferment trop ; quelques-uns chantent entre les dents, d'autres du nez ; autant de défauts que vous constaterez avec soin et que vous combattrez à outrance, jusqu'à disparition complète.

Prenez ceux qui ont la voix juste, exercez-les d'abord séparément, puis tous ensemble ; passez ensuite à l'exécution d'un chant. Ces enfants entendront également leurs condisciples plus âgés, ils chanteront avec eux et, peu à peu, les voix s'harmoniseront et se fondront.

On emploie les mêmes procédés au cours élémentaire ; mais déjà on peut commencer l'étude de la théorie.

Comment représente-t-on les paroles ? — Avec des mots. — Comment se forment les mots ? — Avec des lettres. — Et les sons ?... Pensez-vous qu'on puisse les représenter sur le papier ? — Oui, Monsieur ; j'ai vu mon frère chanter en regardant sur un cahier des points noirs qu'il appelle des notes. — Précisément, c'est avec ces notes qu'on écrit la musique. Combien y a-t-il de lettres ? — Vingt-cinq. — Les notes sont moins nombreuses.

Depuis de longues années les bons instituteurs font chanter dans leurs écoles. On nous apprenait, à mes camarades et à moi, à monter et à descendre la gamme, à l'aide des paroles qu'on trouvera plus loin.

Employons le même procédé. Les élèves montent la gamme en chantant : « Je suis sur le pont d'Avignon » et la descendent en disant : « Sur le pont d'Avignon je suis. » Si nous écrivions les mots qui représentent les différents sons que nous venons d'émettre ? — Oui, Monsieur. — Sous chacune des syllabes, mettons le nom des notes. De combien de notes nous sommes-nous servis ? — De huit. — N'y en a-t-il pas deux qui sont semblables ? — Le do. — Il y a donc réellement sept notes ; c'est avec ces sept notes qu'on représente presque tous les sons.

Je suis sur le pont d'A-vi-gnon. Sur le pont d'A-vi-gnon je suis.
do ré mi fa sol la si do.   do si la sol fa mi ré do.

Combien ai-je tracé de lignes ? — Cinq. — Que sont ces lignes ? — Horizontales et parallèles. — Examinez : ne dirait-on pas qu'elles *portent* les notes ? — Oui, Monsieur. — Aussi elles forment la *portée*. Voyez comme les notes se placent. — Les unes sont sur les lignes, les autres dans les intervalles, d'autres enfin sont en dehors de la portée.

Vous dites un mot des lignes supplémentaires.

Mais, Monsieur, comment reconnaître le nom des notes ? Pourquoi celle-ci est-elle un fa, celle-là un si ? — Vous avez raison de faire cette remarque, nous avons omis un signe indispensable. A l'aide de quel instrument ouvre-t-on une porte ? — Avec une clé. — Eh bien, mettons une clé à la portée. C'est la clé de sol. Toutes les notes qui sont sur la seconde ligne du bas sont des sol.

Cette indication nous permet facilement de trouver les noms des autres notes.

Plus tard, au cours supérieur, on parlera des clés de fa et de do.

C'est ainsi que se donne l'enseignement théorique qui n'est plus une leçon aride et fatigante, mais un entretien profitable et animé.

Combien avons-nous de sons principaux disions-nous ? — Sept qui sont représentés par sept notes. — Eh bien chacune de ces notes peut avoir une durée plus ou moins longue, nous le verrons dans quelques jours, et la durée est indiquée, en général, par la forme de la note elle-même.

C'est-à-dire de combien de manières ? — De sept. — La forme des notes vous en indique le nom ; la première est ronde, c'est la ronde ; la seconde a la même forme, mais elle est blanche, avec un trait vertical, c'est la blanche ; la troisième est noire, c'est la noire, la quatrième a un crochet, c'est la croche ; la sixième a trois crochets, c'est la triple croche.

Quand il s'agira de la valeur relative des notes, au lieu de dire la ronde vaut deux blanches, la blanche vaut deux noires, on agit et l'on fait trouver. L'instituteur montre la ronde et la chante tout en frappant, à l'aide d'une baguette, quatre coups également espacés sur le tableau noir ; il frappe deux coups pour la blanche, un pour la noire et les élèves tirent la conclusion de cette expérience.

En ce qui concerne les différentes sortes de mesures, on opère de la même façon.

Lorsqu'il s'agira du dièse, au lieu de dire : « Cet accident relève d'un demi-ton », on place sur la portée deux fois la note sol, par exemple ; on met le dièse devant le second, on module les deux sons et les élèves remarquent de suite l'effet de l'accident.

On continue ainsi, selon les indications du programme, et en éliminant ce qui peut paraître superflu. Mais je n'ai pas besoin d'ajouter que chaque leçon se divise en deux parties : l'une est consacrée à la théorie et l'autre à la pratique ; il faut réserver à celle-ci une part prépondérante.

Un moyen de causer, dès le début, une impression favorable, c'est de partager les enfants en trois groupes ; l'instituteur, après avoir donné le ton, fait chanter simultanément par un groupe le do, le mi par l'autre, le sol par le troisième ; ou bien les notes mi, sol, do, ou bien sol, do, mi : voilà l'accord parfait et ses conséquences : les élèves sont à la fois étonnés et ravis.

Crier n'est pas chanter ; les élèves doivent prendre la voix de tête et chanter sans effort. Les paroles étant en rapport avec la musique, il importe d'en rendre l'impression, car le chant ajoute encore au sentiment exprimé par les mots.

Un chant choisi avec intelligence et exécuté avec goût dispose les enfants au bien et constitue, par suite, une véritable leçon de morale.

Ne le donnons ni trop élevé, ni trop terre à terre. Vous verrez que, plus tard, il sera répété galement par le jeune homme au milieu de ses occupations manuelles ;

par la jeune fille dans sa chambrette ; par la jeune femme dans son ménage et même par les personnes d'un âge mûr.

Pour mon compte, je me rappelle très bien avoir vu, il y a plus de vingt ans, des campagnards fatigués s'arrêter sous les fenêtres de mon école, pour écouter les chants exécutés par les enfants soit dans une marche, soit au moment d'un changement d'exercice. Je me souviens aussi que ces mêmes élèves, préposés à la garde du bétail, se groupaient et chantaient avec beaucoup de goût ces mêmes morceaux.

L'enseignement de la musique n'est vraiment pas difficile ; il suffit de la bonne volonté du maître.

A un moment donné, on doit faire exécuter des chants à deux parties ; les élèves sont divisés en deux catégories, bien entendu ; la première comprend ceux qui ont la voix la moins sonore et la plus étendue ; la seconde, ceux dont la voix est plus grave. Sur trente élèves, douze environ formeront le premier groupe et dix-huit le deuxième. Chacun des groupes est d'abord exercé séparément sur sa propre partie, puis ils opèrent simultanément ; les exécutants devront bien s'écouter et ne pas se laisser entraîner par les voisins de l'autre partie.

Dans les écoles qui comportent plusieurs classes, on réunira dans une salle commune, au moins une fois par quinzaine, tous les élèves de l'école. Ils exécuteront ensemble les mêmes chants étudiés, que ces chants soient à l'unisson ou à deux parties.

Les exercices théoriques nécessitent presque toujours l'emploi du tableau noir ; on fera bien d'en user largement, et l'on fera presque toujours reporter ces exercices sur le cahier de devoirs journaliers.

Quand il s'agira de l'exécution musicale, au lieu de prendre un morceau quelconque, on utilisera un chant déjà connu, on ne fera battre la mesure qu'autant que ce chant sera bien su.

Les élèves inscriront sur un carnet tout spécial la musique et les paroles des chants appris ou qu'ils apprennent ; il ne faut pas craindre de leur en donner vingt à trente empruntés à nos meilleurs auteurs, sans oublier les mélodies populaires et les chants nationaux et patriotiques.

Nous l'avons déjà dit, les entrées et les sorties se font au pas cadencé, accompagnées de chants ; on chantera encore pendant les changements d'exercices, et l'on évitera ainsi le bruit des langues et des pupitres, ainsi que les tentatives de désordre.

La leçon de chant est essentiellement récréative ; donnez-là le mercredi et le samedi, de trois heures et demie à quatre heures, elle fera oublier, pour un instant, les exercices qui exigent une plus forte somme d'attention.

Que les maîtres et les institutrices aient soin de glaner, dans les divers recueils, trente à quarante des plus beaux chants à l'unisson et à deux voix, ils en auront ainsi pour toute leur carrière d'enseignement.

LES SCIENCES D'OBSERVATION

« Lorsqu'on a fait choix d'une profession ou d'un métier, il faut, pour réussir, posséder des données exactes sur les conditions dans lesquelles l'activité devra s'exercer. On n'acquiert ces connaissances que par l'expérience et la réflexion.

« Recueillir ces renseignements, assembler ces faits, **observer**, est la première et la plus sérieuse condition du succès. »

Le professeur qui a étudié le caractère de ses élèves, connaît, par cela même, les mobiles qu'il peut employer pour gagner leur affection, leur confiance, et exciter leurs énergies. Le chasseur doit être au courant des ruses du gibier. Le pêcheur habile est familiarisé avec les mœurs du poisson.

L'observation, fécondée par la pensée intérieure, est le point de départ d'un grand nombre de découvertes scientifiques ; c'est la perception méthodique, prolongée, que l'attention dirige vers un but déterminé.

Il importe de ne pas confondre le sens des trois mots : **voir, regarder, observer**.

*
* *

Un arachnide, l'argyronète, se construit au sein des eaux dormantes une retraite en forme de cloche qu'il attache aux filaments des plantes aquatiques.

Mais l'araignée a la respiration aérienne ; il lui faut donc remplir cette cloche d'air. Elle s'élève à la surface de l'eau, en nageant sur le dos ; elle en fait subitement émerger son abdomen ; une bulle d'air s'y attache ; plongeant alors, elle entraîne cette bulle et va la déposer sous la cloche préparée pour la recevoir.

La bestiole renouvelle cette manœuvre autant de fois que c'est nécessaire ; elle se tient dans ce gîte étonnant pour guetter sa proie, y file son cocon et y séjourne pendant la mauvaise saison.

Cette existence aquatique d'un être aérien est une des plus grandes curiosités du règne animal.

*
* *

L'ateuchus sacré, gros coléoptère du midi, est souvent surpris par le voyageur, roulant, de concert avec sa femelle, une boule formée de crottin de cheval ; lorsque le sol est plan, l'opération marche relativement bien, mais à la descente, la boule roule parfois trop vite et provoque des culbutes grotesques ; à la montée, si les deux insectes ne sont pas assez forts, la boule, nouveau rocher de Sisyphe, retombe à diverses reprises ; l'un des ateuchus court chercher du renfort ; le renfort arrive, représenté par quatre ou cinq congénères empressés, mais il s'y est généralement glissé un larron qui s'empare de la précieuse boule ; un autre la lui prend à son tour ; bref, elle revient presque toujours aux propriétaires légitimes qui la conduisent sur un sol meuble ; ils l'enterrent, et cette provision sera la nourriture des larves de l'ateuchus, qui sortiront insectes parfaits l'année suivante, aux rayons du soleil de mai.

* *

Bien peu de personnes, en dehors des astronomes, savent jeter un regard attentif vers le ciel étoilé. Il y a au-dessus de nos têtes un admirable spectacle à contempler.

L'astre le plus voisin de la terre, la Lune, occupe dans l'espace, en raison de sa petite distance relative, une place importante ; son disque a juste, en apparence, la surface de celui du soleil. Combien d'entre nous pourraient en parler en connaissance de causes. Certes, hommes, femmes, enfants n'ont pas été sans la remarquer. A première vue, elle a une vague ressemblance avec la tête humaine ; mais si l'on s'empare d'un télescope, on constate que la surface de cet astre est fort tourmentée ; qu'elle est formée de plaines et de montagnes relativement hautes, que chacune de ces montagnes est un volcan éteint avec un cratère énorme. On constate aussi que l'atmosphère, si elle existe, est extrêmement faible ; que l'eau doit y être rare ; que le tour de ce monde est de 2,731 lieues, son diamètre de 870 lieues ; que la durée de sa rotation est égale à celle de sa translation autour de la terre dont elle est le satellite ; que, pour cette raison, nous ne voyons jamais de la lune que le même hémisphère, etc., etc.

X... a aperçu l'argyronète sur l'eau, puis disparaître ; Y... a tenu à assister au va-et-vient de l'animal, renouvelant l'air de sa cloche ; il en a examiné l'habitat ; Z... a voulu se rendre compte de cette manœuvre, de la manière dont la cloche est installée et de la façon dont le propriétaire nourrit ses petits.

X... a été étonné de voir l'ateuchus rouler sa boule sur la route poudreuse ; Y..., intéressé, a suivi l'insecte jusqu'au moment où il a enterré le crottin ; Z... a étudié les raisons de cette action et a fini par les connaître.

X... a vu la Lune, il est vrai, et c'est tout ; Y... s'est servi d'une lunette et a examiné avec intérêt les taches de notre satellite ; Z... a fait le reste.

Dans les trois cas, X... a vu ; Y... a regardé ; Z..., seul, a observé.

Voir, c'est la vision instinctive et naturelle ;
Regarder, c'est la vision attentive et réfléchie ;
Observer, c'est la vision réglée et suivie.

*
* *

La première condition de l'observation, c'est que quelque chose sollicite la curiosité et provoque l'attention ; la clé des découvertes est généralement due à une certaine direction de la pensée.

Au cours de l'année 1583, Galilée remarque les mouvements lents et réguliers du baptistère de Pise ; cette observation lui permet d'établir la mesure du temps et de formuler les lois de la pesanteur.

En 1666, Newton méditait dans son jardin ; une pomme tombe de l'arbre. Il se demande pourquoi la

Lune ne tombe pas elle-même et découvre les lois de la gravitation universelle.

La plupart des savants, absorbés par une idée supérieure, sont parfois d'une distraction étrange.

Newton, cherchant à déterminer le nombre de secondes qu'exige la cuisson d'un œuf, s'aperçut, après une minute d'attente, qu'il tenait l'œuf à la main et avait mis cuire sa montre à secondes, bijou du plus grand prix.

Ampère voit un fiacre en marche, le suit et trace des chiffres sur le fond, qu'il prend pour un tableau noir.

Le R. P. Beccaria, absorbé par le souvenir d'une recherche électrique, trouve, au milieu de sa messe, la solution du problème, se retourne et chante, au lieu de « Dominus vobiscum », « l'Esperianza é fatta » (l'expérience est faite).

Mais voici qui est plus fort. On raconte qu'un géomètre quittant Paris pour aller se marier en province et craignant d'oublier la chose, avait écrit sur son calepin : « Me marier en passant à Tours. »

L'observation répond au désir naturel de l'enfant, à un besoin de son éducation. Dès le berceau, il perçoit un son, un bruit qui annonce l'arrivée de sa mère ou de sa nourrice. A six mois, il veut déjà saisir les objets aux couleurs voyantes. Dès qu'à l'aide des meubles et des murs de l'appartement, il peut aller d'un endroit à l'autre, c'est pour s'approcher de ce qui brille, de ce qui a mouvement : les objets, les plantes, les fleurs, surtout les animaux.

Lorsqu'il a atteint l'âge de cinq ans, la vue et le toucher ne lui suffisent plus ; il va à la recherche des causes ; et, c'est sous une impulsion instinctive, irrésistible, qu'il met en pièces la poupée dont les yeux se ferment et s'ouvrent, le mouton qui bêle, la montre que sa mère a laissée par inadvertance sur un meuble à sa portée.

*
* *

L'éducateur ne doit jamais oublier qu'il ne communique aucune aptitude : il ne fait que développer celles dont la nature lui présente le germe ; et ce développement, il ne peut le réaliser qu'en suivant les voies tracées par la nature même. L'idéal, ce serait de doter l'élève de l'esprit vraiment scientifique ; car la personne qui le possède a une incontestable supériorité ; elle est patiente, prudente, avide de vérités ; elle aime la méthode, la précision.

Mais l'attention de l'enfant est mobile et va rapidement d'un sujet à un autre sujet, comme le papillon d'une fleur à une autre fleur. Demandons-lui l'emploi d'un jour de congé ou de ses trois heures de classe ; il nous racontera les faits sans ordre, en débutant aussi bien par ceux qui ont terminé la journée ou la séance, que par ceux qui l'ont commencée.

Dans certaines familles, où des parents ont le souci de l'éducation de leurs enfants, on combat avec succès cette incohérence ; mais quelle tâche pour le maître qui a sous les mains quarante élèves de tout âge et, parfois, de sexes différents ! Il lui faut connaître le caractère de tous, les intéresser, employer les procédés qui fixent l'attention collective de l'auditoire.

*
* *

L'Observation portera dès le début sur des objets réels : plantes-types, fleurs, animaux ; car des perceptions nettes et distinctes sont des assises solides pour les facultés supérieures de l'intelligence. Elle devra fournir des réponses aux pourquoi, aux questions pressantes de l'enfant.

Les sciences naturelles sont particulièrement bonnes pour apprendre le plus utile des arts, celui d'user de ses yeux ; il y a, en effet, des yeux qui ne pas, comme des oreilles qui n'entendent pas.

On fait trouver le trait qui caractérise tel ou tel animal, telle ou telle plante. On passe à la description du sujet. L'oiseau est conformé pour le vol, le poisson pour la natation ; l'aile chez le premier, les nageoires chez le second, seront les points de départ de toute conversation, de tout travail écrit. On ne s'attardera pas à des détails trop secondaires.

*
* *

Très naturellement, d'instinct, l'enfant est porté à trancher net tout problème qui embarrasse même les grandes personnes ; avec un aplomb que ne justifie pas sa grande inexpérience, il affirme, sans réflexion, que telle chose existe, que telle autre n'est pas,

L'éducateur doit le mettre en garde contre tout jugement précipité. La meilleure leçon consiste à placer sous ses yeux quelques exemples qui démentent catégoriquement ses affirmations téméraires.

*
**

Pendant des années, les vignerons se refusèrent à croire à la présence du phylloxéra ; « cette maladie passera, disaient-ils ». Ce n'est pas l'insecte qui a disparu, mais la vigne elle-même. On avait beau leur mettre le redoutable puceron sous les yeux, ils ne voulaient pas le voir. Et cependant il était là, sur les racines de la plante, en quantité innombrable, suçant la sève nourricière qui bientôt fit totalement défaut à l'arbuste et amena sa mort.

*
**

Que l'on examine en été, cette mousse des toits si abondante sur les vieilles maisons ; rien n'y décèle la présence d'êtres quelconques ; elle se réduit en poudre sous la moindre pression ; à peine si quelques parcelles de poussière végétale y sont adhérentes. Placez une pincée de cette mousse sur une surface plane, sur une assiette, jetez-y un peu d'eau. Immédiatement une animation extraordinaire se produit dans le milieu ; des êtres étranges, revêtant les formes les plus diverses, s'y agitent en tous sens ; pour eux une goutte d'eau est un océan ; ce sont les rotifères. Laissez dessécher, et la mort apparente se produit de nouveau ; puis une nouvelle résurrection, si l'on recommence l'expérience.

*
* *

Les sciences d'observation sont des sciences pratiques par excellence, susceptibles d'applications variées. Sont considérées comme telles : *l'histoire naturelle, la physique, la chimie, l'architecture, le dessin, les beaux-arts, l'astronomie.*

Le champ est bien étendu ; il faut le réduire. Nous-même, nous ne le parcourons pas ici en entier, faute de temps et de place.

*
* *

A l'école primaire élémentaire, ce n'est pas un cours régulier qui convient ; les élèves n'ont pas encore acquis la maturité d'esprit nécessaire. Le maître glanera dans les programmes et y prendra ce qui est utile, non pas seulement au point de vue matériel, mais sous le rapport intellectuel ou moral. Il enseignera à ses élèves à bien voir, à connaître les êtres, les choses qui les environnent ; à se rendre compte des phénomènes qui se passent sous leurs yeux, à les observer.

La méthode à suivre est tout indiquée ; on étudiera surtout l'air, l'eau, les combustions, les notions les plus claires de physique et de chimie, avec leurs applications à l'hygiène, à l'agriculture, à l'économie domestique.

Dans les sciences physiques et naturelles, l'Observation se fait par le moyen des sens ; lorsque les sens sont trop faibles, on y supplée par l'usage des instruments d'observation : loupe, microscope, télescope, balance, baromètre, etc. Mais la nature n'offre pas toujours les faits directement ; alors on les force à se produire : c'est de l'expérimentation. C'est donc par l'**Observation** immédiate ou des expériences concluantes que l'enseignement devient profitable. Si l'on n'a rien à mettre sous les yeux, il faut s'abstenir, car les mots sans les choses ne disent rien.

A l'école maternelle, à la classe enfantine, aux cours préparatoire ou élémentaire, c'est sous forme de leçons de choses qu'on procède. Or, la leçon de choses exige l'emploi de choses, d'objets : on la complète par une gravure, un dessin, un croquis au tableau noir. L'enfant ne reste pas passif ; il intervient constamment ; on le met sur la voie, on provoque ses questions, ses observations ; en un mot, on emploie la méthode active, parce qu'elle seule met en éveil toutes les énergies de l'intelligence.

Les programmes de ces classes sont connus et les leçons de choses y sont même énumérées mois par mois, trimestre par trimestre. Il n'y a donc pas lieu d'insister.

SCIENCES PHYSIQUES

L'air enveloppe la terre et forme tout autour une couche dont l'épaisseur n'est pas bien déterminée. Il remplit de lui-même toutes les cavités qui se trouvent dans cette couche et qui ne sont pas occupées par une autre substance : la bouteille, le verre qui sont sur cette table semblent vides; ils ne le sont pas. Il suffit de plonger ces vases dans l'eau, pour constater qu'ils sont remplis d'air.

Puisque l'air existe, il est lourd ; il exerce sur les corps une pression dans tous les sens : verre d'eau renversé et penché, fermé par une feuille de papier ; œuf cuit à peu près dur, placé sur le goulot d'un carafon ; mieux encore, emploi du crève-vessie.

L'air se déplace et produit des courants à directions variables, plus ou moins violents ; ce sont ces courants qu'on appelle des **vents**. A l'aide d'une bougie allumée, on peut constater le mouvement de l'air, en plaçant la lumière, soit au bas, soit au haut de la porte ouverte.

Si, sur un plongeur placé sous une cloche, on met un morceau de soufre enflammé, on voit le niveau de l'eau s'élever; l'oxygène a disparu pour former avec le soufre de l'acide sulfureux soluble ; il ne reste que l'azote. L'azote est impropre à la combustion : il suffit d'y plonger une bougie allumée, elle s'éteint immédiatement.

En faisant pénétrer dans une salle obscure, un rayon solaire, on voit que l'air tient en suspension une infinité de corpuscules ; gare aux bacilles des diverses maladies, qui vont se déposer sur les meubles, les tentures et les murs de l'appartement.

*
* *

L'eau contient des matières étrangères : faire évaporer dans une assiette de l'eau salée, de l'eau calcaire.

Les plantes décomposent l'acide carbonique : dans un flacon renfermant de l'eau de Seltz, mettez une plante verte, et exposez l'ensemble aux rayons du soleil ; des bulles vont apparaître à la surface des feuilles pour s'élever ensuite ; recueillez le gaz qui s'est produit, plongez-y une allumette presque éteinte ; elle va se rallumer et brûler avec un vif éclat. Le gaz qui s'est formé est l'oxygène ; le carbone a été absorbé par la plante pour entrer dans la composition de ses tissus.

Les plantes transpirent : la feuille, étant percée d'une infinité de petites ouvertures qui mettent ses cellules intérieures en communication avec l'atmosphère, peut évaporer dans l'air une grande quantité d'eau. Le végétal rejette par évaporation, l'eau que les racines lui apportent.

On introduit dans un flacon plein d'eau, l'extrémité inférieure d'une plante fraîchement extraite du sol, de manière que les racines seules plongent dans le liquide et l'on s'arrange pour éviter toute perte directe. On pèse le vase d'abord, puis deux jours après, on constate une diminution de poids produite par l'évaporation.

Un pied de maïs distille, pendant la durée de sa végétation, douze litres d'eau ; un pied de chanvre, environ vingt-cinq.

*
* *

Autres expériences : germination d'un grain d'avoine, de radis, d'un haricot ; cultures dans l'eau ayant reçu de l'engrais, pouvoir absorbant de la terre arable ; alimentation de la plante ; cultures démonstratives en milieu stérile ; engrais complémentaires.

On donnera une idée très claire des vases communiquants, jet d'eau, puits artésien, pourquoi les eaux d'un fleuve coulent.

Direction de la pesanteur : fil à plomb, verticale, horizontale.

Les corps peuvent exister sous les trois formes : solide, liquide, gazeuse ; prendre l'eau pour exemple. Propagation du son, dans l'air, dans l'eau, dans les solides. Dilatation, électricité, aimantation.

C'est au cours de l'expérience qu'on oblige les enfants à intervenir, qu'ils observent. Toutes celles qu'on se propose de faire doivent avoir été réussies auparavant ; il ne faut pas qu'elles avortent en classe, ou vous perdrez une partie de votre prestige.

L'examen d'une allumette permet de parler du phosphore et du soufre. Le premier s'enflamme par le frottement, il enflamme à son tour le soufre et celui-ci agit de même sur le bois. En brûlant, le soufre donne l'acide sulfureux qui est un décolorant ; on s'en sert dans l'industrie pour blanchir les tissus d'animaux. la laine et la soie que le chlore détruirait ; soufrage des tonneaux, fumigation d'acide sulfureux pour détruire le sarcopte de la gale ; extinction des feux de cheminée.

Le phosphore se trouve dans les os d'animaux ;

c'est un corps solide : il répand des fumées qui deviennent lumineuses dans l'obscurité, et qui lui ont valu son nom « Je porte la lumière » ; il sert, avons-nous dit, à la fabrication des allumettes.

Quelques animaux des classes inférieures sont phosphorescents, entre autres la femelle du lampyre. On sait qu'elle est dépourvue d'ailes et ressemble à une larve, alors que le mâle est un coléoptère complet. Dans certaines parties de la zône tropicale, surtout au Mexique, on voit, pendant les chaudes nuits de ces régions, des coléoptères phosphorescents, les **pyrophores**, sillonner de traits de feu les forêts du Nouveau-Monde. Les Indiens fixent un de ces insectes sur leurs sandales pour se guider dans leurs courses nocturnes ; les dames mexicaines en placent dans leur coiffure pour aller dans les soirées.

Le fond des océans, où la lumière solaire ne pénètre jamais, est peuplé d'une foule d'animaux d'une admirable et délicate architecture, et dont la phosphorescence éclaire la profondeur des abîmes.

HISTOIRE NATURELLE

Géologie

On se fait rarement une idé exacte de l'étonnement qu'éprouve l'enfant, si on lui met sous les yeux une empreinte de poisson, d'insecte, de lymnéa, extraite du sol. Il semble donc que l'enseignement de quelques notions de géologie n'est pas déplacé dans les établissements primaires.

On pourrait d'abord construire une carte murale de la France, en couleurs, sur laquelle les différentes natures de terrains seraient indiquées très clairement :

1° Terrains primitifs : Bretagne, Vendée, Plateau central, Alpes, Pyrénées.

2° Terres de transition : Pyrénées, Bretagne, Cotentin, Ardennes, quelques bancs des Vosges ; etc.

On fait remarquer que l'influence des caractères physiques d'une région se fait sentir d'une manière évidente sur les êtres qui l'habitent. Dans la Bresse et les Dombes, où le sol est riche et profond, les hommes sont grands, fortement charpentés et robustes ; les animaux, les bœufs, entre autres, y sont magnifiques, la poularde est énorme et en même temps excellente. Lors du concours annuel qui se fait aux environs des fêtes de Noël, la poularde primée pèse près de 20 à 25 livres. C'est un beau et bon morceau.

On se procurera, par voie d'échanges, des échantillons des différentes natures de terrains : primitif, carbonifère, triasique, jurassique, crétacé, tertiaire.

*
* *

Les fossiles sont absents des terrains primitifs (gneis, michaschite, granit, kaolin) ; ils apparaissent dès la période de transition : encrines, astéries, pour les animaux ; lycopodes, lépidodendrons, pour les végétaux.

Les poissons ganoïdès existent dès la période carbonifère et c'est à cette époque que la végétation, sous l'influence de la chaleur et de l'humidité, prend une extension colossale, et constitue ensuite ces réserves de combustibles que l'on extrait, de nos jours, du sein de la terre.

La période quaternaire vit l'apparition de l'homme ; personne ne conteste plus cette antiquité de la race humaine, depuis la découverte, par Boucher de Perthes, du crâne de Moulin-Quignon (Somme), associé à des haches en silex, dans une couche reconnue positivement quaternaire et vierge de tout remaniement.

Partout les cavernes renferment des restes de la faune de cette époque : ours, hyène, éléphant, rhinocéros, renne, aurochs, et de nombreux débris attestant en même temps la co-existence de l'homme.

Faire constater l'action de l'air et de l'eau sur les roches, falaises de Normandie, roches granitiques, cailloux roulés.

Collection de quelques fossiles : ammonites, gryphea arcuata, bélemnite, empreintes de plantes, de poissons.

Botanique

Après les notions générales sur la plante : germination, respiration, transpiration ; sur les différentes parties du végétal ; sur la disposition des feuilles ; opposées, pois, œillet, lilas ; alternes, orme ; verticillées, laurier-rose, garance, caille-lait ; circulation, sensibilité, on parlera sans crainte des principales familles de plantes et on pourra les appeler par leur nom. Mais on en montrera des échantillons. Il s'agit d'observer.

*
* *

Les plantes sont des êtres vivants ; la sensibilité de quelques-unes est remarquable. La sensitive, **mimosa pudica**, est douée d'une véritable nervosité ; au moindre attouchement, à la moindre secousse, ses feuilles mignonnes se replient sur elles-mêmes et ne se rouvrent qu'avec une certaine prudence, dirait-on.

On sait aussi que la lumière n'est pas sans influence sur certaines fleurs qui s'épanouissent au soleil et se referment dès que le moindre nuage obscurcit l'astre du jour.

Enfin, quelques plantes sont carnivores. La dionée gobe-mouches de la Caroline du Nord est dans cette catégorie ; qu'un insecte vienne se poser sur une de ses feuilles, celle-ci rapproche vivement ses deux moitiés, et saisit le bestiole ; plus l'insecte s'agite, plus le piège végétal se contracte ; les petites épines, véritables suçoirs, qui sont à la surface de la feuille, plongent dans le corps de l'animal et en pompent la substance. On a remarqué que ces plantes vivent, ou dans des terrains arides, ou dans des sols tourbeux trop acides, où la nourriture végétale est insuffisante.

*
* *

Renonculacées. — Plantes à tige herbacée le plus souvent ; cinq sépales, cinq pétales ; plusieurs sont vénéneuses par les alcalis organiques qu'elles renferment ; on peut citer l'aconitine et l'anémonine, substances employées en médecine ; clématite, anémone, renoncule, aconit. Qui ne connaît le gai bouton d'or ?

*
* *

Crucifères. — De *crux*, croix, et *ferre*, porter : qui porte une croix ; quatre sépales et quatre pétales *en croix* : giroflée, cresson, chou, moutarde, radis, thlaspi ; pour reconnaître le plus grand nombre des plantes de cette famille, il faut les recueillir avec les fruits bien formés, au moins presque mûrs.

*
* *

Rosacées. — Dont le type produit la rose sauvage : cinq sépales, cinq pétales ; spirée, reine des prés, ronce, fraisier, la plupart de nos arbres fruitiers : pommier, pêcher, prunier, etc. ; plusieurs espèces sont des plantes d'ornement ; beaucoup de rosacées sont employées en médecine.

*
* *

Légumineuses ou Papilionacées. — Une des familles les plus riches et les plus complètes ; c'est surtout parmi les végétaux de ce groupe que l'on observe ces mouvements d'irritabilité dont il a été question, en même temps que ces mutations que Linné nommait le sommeil des plantes. On y compte un grand nombre de plantes tinctoriales, alimentaires, médicinales. La propriété purgative est dominante chez ces végétaux. Cinq sépales soudés, cinq pétales, ajonc, genêt, cytise, trèfle, réglisse, sainfoin, vesce, fève, pois, haricot, lupin...

*
* *

Solanées. — De *solari*, consoler, allusion aux vertus calmantes de quelques espèces. Cinq sépales, cinq pétales. Pomme de terre, datura, jusquiame, tomate, aubergine, tabac. Bien faire remarquer que le tubercule de la pomme de terre n'est pas un fruit, que la plante a des fleurs et que par conséquent la graine est au sommet de la tige. Il faut toujours p... ..iser et ne pas avancer sans s'être assuré qu'on a été compris. Dans je ne sais quel examen, M. Lefébure interrogeait un candidat et n'en pouvait rien tirer : « Qu'il est bête ! dit-il. Garçon, apportez-lui une botte de foin ! — Apportez-en deux, dit le jeune homme, nous déjeunerons ensemble. » Le postulant ne fut pas reçu.

L'auteur de ces lignes a été témoin plusieurs fois d'une petite scène fort amusante. M. S... interrogeait aux examens du brevet élémentaire ; il parlait souvent des miroirs, surtout aux jeunes filles. « Mademoiselle, vous regardez dans un miroir plan, placé en face de vous, que voyez-vous ? » — « Monsieur, je me vois. » — « Voyons, vous êtes assise sur cette chaise, que voyez-vous dans ce miroir ? » — « Je me vois. » — Et cela durait parfois une bonne demi-heure, jusqu'au moment où l'aspirante, toute en pleurs, finissait enfin par dire qu'elle voyait « son image ».

*
* *

Composées. — Fleurettes petites, attachées sans pédoncule : un organe florifère nu ou garni de soie et de paillettes, entouré d'une enveloppe à plusieurs folioles ou écailles. Cette famille est l'une des plus naturelles du règne végétal et ne comprend pas moins du neuvième des plantes phanérogames de l'Europe : artichaut, chardon, centaurée, hélianthe, achillée, chrysanthème, pâquerette, séneçon, chicorée, pissenlit, laitue, laiteron.

*
* *

Cupulifères. — Ce mot signifie qui porte une *cupule*, allusion à la petite enveloppe qui entoure le fruit des végétaux de cette famille ; elle comprend la plupart des arbres de nos forêts : hêtre, châtaignier, chêne, coudrier, charme.

Zoologie

On débutera par l'étude du corps humain et d'abord par sa charpente, le squelette ; une gravure est indispensable ; elle sera accompagnée de quelques croquis au tableau noir, dessin d'une vertèbre, par exemple ; on se contentera de faire connaître le nom des os les plus importants et de faire constater leurs formes diverses.

Un mot des grands embranchements.

Les *Vertébrés* sont des animaux qui ont des vertèbres, une colonne vertébrale : le chat, la poule, le lézard, la grenouille, la carpe ; les *Articulés*, dont le corps est formé d'anneaux : le papillon, l'araignée, l'écrevisse, le mille-pieds, le lombric, ou ver de terre ; les *Mollusques* sont des animaux au corps mou, l'huître, la moule, l'escargot, la seiche ; les *Rayonnés*, l'oursin, l'étoile de mer, la méduse ; les *Protozoaires*, les infusoires, les rhizopodes.

Les Vertébrés. — Les enfants touchent un chat, un chien, ils ont une sensation de chaleur ; ils placent la main sur un reptile, un batracien, un poisson, c'est une sensation de froid. De là les animaux à sang chaud ou à température constante et les animaux à sang froid ou à température variable, qui restent engourdis pendant la durée de la mauvaise saison.

Parmi les vertébrés, les uns allaitent leurs petits, ce sont les mammifères, d'autres sont habillés de plumes et sont organisés pour le vol, les oiseaux ; puis viennent les reptiles, les batraciens, les poissons.

****

Mammifères. — Les gravures seront utilisées pour l'étude de ces animaux, mais comme le système dentaire les caractérise pour la plupart, il me semble qu'on pourrait toujours se procurer, en ce qui concerne les carnivores, une tête décharnée de loup ou de renard ; pour les rongeurs, une tête de lapin ou de lièvre ; pour les ruminants, une tête de mouton ; ici, les incisives n'existent qu'à la mâchoire inférieure. Il est à remarquer que les herbivores, qui se nourrissent d'aliments difficiles à digérer, ont un tube digestif plus long que celui des carnivores. C'est à faire constater. L'appareil digestif des ruminants présente des particularités qu'il faut étudier avec attention ; l'estomac se compose de quatre poches : panse, bonnet, feuillet, caillette, termes fort en usage. Une première fois les aliments sont introduits dans la panse ; quand l'animal a ruminé, ils vont dans le feuillet, puis dans la caillette ; le bonnet emmagasine l'eau absorbée par l'animal.

Les termes bipèdes, bimanes, quadrupèdes, carnivores, rongeurs, ruminants sont faciles à retenir ; d'autres sont peut-être trop savants ; tel le mot pachyderme : on dira simplement que cet ordre renferme les animaux qui ont la peau épaisse : le cheval, l'éléphant, l'âne, le sanglier, le porc, etc.

Ce pauvre porc, que d'injures on lui a jetées : appeler quelqu'un « porc » est une insulte, « sale comme un porc » en est une autre ; et cependant le porc n'est sale qu'autant qu'on le prive d'eau, mais si on le lâche dans les environs d'une mare, d'une rivière, il va s'y plonger avec délices ; lorsqu'on lui donne un réduit à deux compartiments, il laisse sa salle à manger et à coucher très propre, chacun peut le constater. Mais le cochon a eu ses défenseurs, ses amis : Monselet l'a chanté ; il a célébré le jambon, le saucisson, l'andouillette, l'animal tout entier.

> Comme dans notre orgueil, nous sommes bien venus
> A vouloir, n'est-ce pas, te reprocher ta fange ?
> Adorable cochon, animal roi, cher ange !

On n'oubliera pas les cétacés, mammifères aquatiques, à sang chaud, que le vulgaire prend parfois pour des poissons ; ici la queue est horizontale ; la baleine peut atteindre 40 mètres de longueur : on la pêche dans la mer du Nord et dans l'Océan glacial pour l'huile qu'elle fournit, bien malgré elle.

Les Oiseaux

On les distingue des mammifères aux caractères suivants : ils ont le corps couvert de plumes ; leurs petits ne sont pas allaités et sortent d'un œuf ; ils n'ont pas de dents : leurs mâchoires portent des lames cornées et dures qui forment le bec.

Le musée de l'école devrait renfermer un oiseau empaillé de chacun des ordres que nous allons énumérer ; avec du goût et de la patience, le maître pourra lui-même préparer les échantillons nécessaires ; la taxidermie n'est pas un art si difficile.

On appellera l'attention sur les services que rendent à l'agriculture la plupart des oiseaux, sur la nécessité de protéger les adultes et leurs nids. Beaucoup d'oiseaux ont l'habitude de changer chaque année de pays, c'est ce qu'on appelle une migration. Cette migration devient indispensable, parce que la nourriture manque à un moment donné. C'est ainsi que les hirondelles passent l'été dans nos régions et vont en hiver dans les pays chauds. Les canards sauvages vivent dans les pays du nord en été et viennent passer l'hiver dans les climats tempérés.

*
* *

L'ordre des rapaces comprend les oiseaux de proie diurnes dont le type ici est l'épervier, et les oiseaux de proie nocturnes dont le représentant est la chouette : presque tous ces derniers sont utiles ; c'est probablement parce qu'on l'ignore qu'on voit encore, dans les campagnes, sur la porte des granges, des cadavres de hiboux, effraies, cloués là, comme si ces pauvres déshérités s'étaient rendus coupables de tous les méfaits. C'est un peu la faute de l'école.

*
* *

Les **Grimpeurs** ont des mœurs intéressantes : ce sont eux qui font la chasse aux bostriches, vrillettes, qui attaquent les arbres de nos forêts. Qui n'a entendu dans le silence de la solitude, ces coups de bec répétés de l'oiseau qui vient effrayer l'insecte dont il se nourrit, afin de le faire sortir de sa retraite ? Il faut voir le pic au travail : ceci est de l'observation. Il a vu l'ouverture d'une galerie creusée par une larve ou un insecte parfait ; il frappe du côté opposé et court rapidement à la sortie saisir la bestiole ; le pic épeire et le pic vert sont les principaux représentants de cet ordre, et les plus beaux ; le coucou et le perroquet appartiennent au même groupe. Tous ont deux doigts en avant et deux en arrière ; cette disposition spéciale, unique chez ces oiseaux, leur permet de courir plus facilement sur les troncs d'arbres.

*
* *

Les Passereaux sont nombreux et à formes très variées ; ils sont petits ; ils passent, émigrent, se nourrissent surtout d'insectes ; la mésange, le pinson, le moineau, le serin, le chardonneret, l'hirondelle, le martinet, le martin-pêcheur, l'oiseau-mouche des pays tropicaux, qui a pour ennemi une grosse araignée du genre épeire.

*
* *

Le type des **Gallinacés** est le coq : ce sont généralement des oiseaux lourds qui, pour la plupart, peuplent nos basses-cours : poules, dindons, paons, faisans, perdrix, coqs de bruyère, cailles. Il paraît inutile d'empailler un de ces oiseaux pour le musée, mais rappelons-nous que si l'enfant a vu un gallinacé, il ne l'a probablement ni regardé, ni observé.

Chacun connaît la fable du « Héron », c'est bien le vrai représentant de ce groupe des **Échassiers**, si intéressant et si persécuté ; il est vrai que quelques-uns nous fournissent un plat succulent : la bécasse... entre autres.

Examinez le héron à la pêche, à la recherche de sa nourriture, car il préfère le poisson au limaçon et sait l'attraper sans ligne ni filet. Il ne nage pas ; ses pattes sont allongées, ce qui lui permet d'entrer dans l'eau : il s'avance à une certaine distance du bord, se tient immobile sur une patte, attendant l'occasion de happer au passage le poisson qu'il a choisi ; son cou se détend brusquement et l'oiseau avale très habilement sa proie en commençant par la tête. Le héron n'a pas de plumes à la partie inférieure des jambes, qui plonge dans l'eau.

N'oublions pas la cigogne, dont l'intelligence est connue.

*
* *

Enfin les **Palmipèdes**, vivants petits bateaux à rames, sont des oiseaux dont les doigts sont palmés, c'est-à-dire reliés par une membrane. Les pattes sont en arrière du corps ; autant ils sont gauches à terre, autant ils sont agiles et gracieux sur l'eau ; les vaisseaux antiques étaient la copie du corps et de l'attitude de ces oiseaux ; leur plumage ne se mouille pas, grâce à une huile naturelle qui se répand sur les plumes : canard, oie, cygne, mouette, goëland, albatros, pingouin, manchot ; ces deux derniers ne peuvent voler, mais ils nagent et plongent avec une grande habileté ; leurs ailes très courtes font l'office de nageoires.

Reptiles

Les mots ophidien, saurien et chélonien sont trop savants, il faut les remplacer par ceux de serpent, lézard et tortue. Les êtres qui appartiennent à cette classe sont des animaux à température variable.

On conserve facilement un spécimen de serpent et de lézard dans de l'alcool ; avec un peu d'initiative, on se procure aussi un squelette de ces animaux ; il suffit de placer le corps d'un reptile sur une fourmilière en pleine activité ; au bout de quelques jours, le squelette est admirablement nettoyé et préparé. Cela coûte peu. Il faut le faire.

*
* *

Montrer les dents venimeuses de la vipère ne suffirait pas ; un croquis au tableau noir illuminerait et compléterait toute démonstration : ampoule contenant le venin, canal intérieur ; puis manière dont le reptile mord, voilà l'essentiel ; indiquer ensuite le remède.

La vipère affectionne, surtout dans nos climats, les sols calcaires, plus chauds, où les insectes sont plus nombreux ; il est vrai que la hideuse bête avale aussi les oiseaux, les grenouilles, les crapauds. Citer la couleuvre, le boa, non venimeux, le serpent à sonnettes, la vipère, le cobra-capello, le trigonocéphale.

*
* *

Le plus grand des lézards est le crocodile, particulier aux fleuves des pays chauds. En France, nous avons le lézard gris et le lézard vert, le lézard ocellé, qui font leur nourriture exclusivement d'insectes. Qui n'a vu le lézard gris sur un mur exposé aux rayons du soleil ? Les caméléons sont connus par de singuliers changements de couleur et sont très remarquables par leur queue qui peut s'enrouler autour des branches ; leurs yeux peuvent se mouvoir indépendamment l'un de l'autre ; leurs doigts sont disposés pour saisir.

*
* *

La tortue présente, au premier abord, un aspect très différent de celui des reptiles ; nous lui trouvons une partie très dure, la carapace qui recouvre tout le corps, sauf la tête et les pattes ; la partie de la carapace qui est sous le ventre s'appelle le plastron : tortues terrestres, tortues des marais et des fleuves, tortues de mer, telles que le caret dont les doigts sont totalement soudés, de manière à former des sortes de nageoires.

Poissons

Les poissons sont des vertébrés à respiration branchiale, dont la peau est ordinairement recouverte d'écailles ; leur cœur n'a que deux cavités : il correspond au cœur droit des mammifères ; ce sont également des animaux à température variable. Une découverte importante, faite de nos jours par un Vosgien, Remy, la fécondation artificielle des poissons, est venue donner le moyen de parer aux innombrables chances de destruction des œufs de ces animaux.

Le poisson a les membres transformés en nageoires ; les noms de ces nageoires sont la conséquence de la place qu'elles occupent : pectorales, dorsale, abdominales, anale, caudale. Insister sur le rôle important de la vessie natatoire, et les mœurs de certaines espèces de poissons : murènes, anguilles, morue, truite, hareng, le brochet, bandit des eaux douces, carpe, épinoche.

Et pourquoi chaque école ne posséderait-elle pas un petit aquarium d'eau douce ? On y verrait aller et venir, monter et descendre, quelques petits poissons bien résistants, comme l'*aspro vulgaris* ; des têtards, des tritons, des mollusques, l'hydrophile et le gyrin nageur, le ranâtre et la nèpe cendrée. Quel bonheur pour les élèves de voir évoluer ce monde si peu connu !

Rien de plus simple que l'installation d'un aquarium rudimentaire : on prend un grand vase en verre bien transparent ; au fond, on place de petits fragments de roche, autant que possible de pierre meulière et une mince couche de sable ; on le remplit d'eau ordinaire, jamais d'eau de pluie ; on la renouvelle fréquemment à l'aide d'un siphon en caoutchouc ; la température est maintenue entre 15 et 20 degrés. Il faut éviter l'action directe du soleil et ne pas oublier de placer également dans le bocal une plante aquatique, de préférence le *Myriophyllum* ou la *Lemna*, espèces dont la propagation est très rapide.

*
* *

Batraciens. — La grenouille, le crapaud, la salamandre, les tritons, sont les êtres les plus connus de cette classe. Ils ont la peau nue et subissent des métamorphoses. Ils mènent une vie purement aquatique dans leur jeune âge et respirent alors par des branchies, à l'instar des poissons ; à l'état adulte, la respiration est pulmonaire.

On doit faire assister l'enfant aux métamorphoses de la grenouille ou du crapaud ; les élèves voient le frai, les œufs, puis les têtards ; les pattes postérieures font leur apparition ; c'est le tour des membres antérieurs, la queue s'atrophie, la grenouille est née. On se procurera aussi un squelette de batracien ; faire appel à l'aide des fourmis. Ces animaux se nourrissent de larves, d'insectes aquatiques, de vers, de petits mollusques. La grenouille choisit toujours une proie vivante et en mouvement ; elle se met à l'affût pour la guetter, et quand elle l'a aperçue, elle fond sur elle avec vivacité. Elle n'est pas muette ; le cri des mâles est sonore et porte très loin : c'est un coassement que le poète grec Aristophane cherche à imiter par des consonnes inharmoniques : *brekekeukoax, coax !* C'est principalement dans les temps de pluie ou dans les chaudes journées, le soir ou le matin, que les grenouilles poussent ces sons confus.

Mœurs de la rainette verte, du crapaud, si utile à l'agriculture et qui consomme cinq cents insectes ou vers en vingt-quatre heures.

Articulés

Crustacés. — L'écrevisse n'est pas un poisson ; elle n'est pas rouge et ne marche pas à reculon, autrement la nature ne lui aurait point placé les yeux où ils sont. C'est, dans nos régions, le type des crustacés, très recherché d'ailleurs par les gourmets et les gourmands. Les crustacés ont généralement dix membres, les pattes antérieures portent des pinces à l'aide desquelles ils saisissent leur proie ; le corps se compose de deux régions : la carapace et l'abdomen : homard langouste, crabe, crevette de mer, crevette des ruisseaux, cloporte. A remarquer que tous les crustacés n'ont pas dix pattes ; la cloporte en a quatorze, dont plusieurs servent à la respiration.

L'écrevisse de rivière renouvelle son enveloppe verdacée tous les ans, vers le mois de septembre ; elle se tient dans des trous et sous les pierres, dans les eaux vives et courant͏͏͏ ͏le vit plus de vingt ans et sa taille augmente en raison de son âge ; mais on lui laisse rarement le loisir d'atteindre la période de vieillesse.

Signaler la pêche du homard, les combats de crabes, les mœurs du Bernard l'Ermite. On peut et l'on doit se procurer des spécimens des diverses variétés de crustacés.

Insectes

Ici, une collection est indispensable et d'ailleurs agréable à faire ; on aura soin de se contenter des insectes les plus remarquables et les plus intéressants, les plus utiles ou les plus nuisibles.

L'insecte a le corps composé de trois parties : la tête, le thorax et l'abdomen ; il a six pattes attachées au thorax, ainsi que les ailes, deux antennes à côté des yeux ; il subit des métamorphoses, c'est-à-dire des changements de forme. Il ne s'accroît pas à l'état d'insecte parfait, la larve seule grossit.

*
* *

Lépidoptères. — Cet ordre renferme tous les articulés connus vulgairement sous le nom de papillons ; ils subissent des métamorphoses complètes : larve ou chenille, chrysalide, insecte parfait. On doit mettre ces merveilleuses transformations sous les yeux des élèves. Qu'on place dans une boîte vitrée, où l'air peut cependant e͏͏͏ ͏, la chenille de la piéride du chou *(Pieris Brassicae)*, qu'on la nourrisse : au bout d'une quinzaine de jours, elle se transforme en chrysalide ; un papillon blanc en sortira ensuite. En ce qui concerne les saturniens, on fait la même opération avec la chenille du *bombyx quercus* ; cette fois la chrysalide est enfermée dans un cocon ; le papillon femelle n'a ni la même couleur ni la même taille que le mâle. Il faut collectionner les principaux papillons : le sphinx atropos, le sphinx du liseron, du troëne, de la vigne, de l'euphorbe, le paon du jour, le vulcain, le flambé, les papillons séricigènes et le bombyx du ver à soie.

*
* *

Hyménoptères. — Les hyménoptères sont fort intéressants et se font remarquer par une intelligence relative ; leur bouche est disposée en suçoir, aussi les abeilles, les bourdons vont-ils butiner sur les fleurs dont ils pompent le nectar. La culture des mouches à miel prend le nom d'Apiculture ; elle n'est pas assez répandue. C'est aux instituteurs à donner un exemple dont ils tireront d'ailleurs profit ; montrer aux élèves l'abeille mère, le faux bourdon, l'ouvrière et leur cellule respective ; faire connaître les différentes sortes de ruches, surtout les ruches à cadres et les principales plantes mellifères.

Les mœurs des fourmis ne sont pas moins intéressantes ; il y a les fourmis noires, les fourmis rouges. Celles-ci, d'humeur bien plus belliqueuse, vont quelquefois attaquer une fourmilière voisine ; elles s'emparent des larves qu'elles emportent et élèvent, et qui, devenues insectes parfaits, sont employées aux travaux les plus durs ; comme ces dernières s'imaginent être nées dans cette condition, elles ne se révoltent pas et obéissent sans contrainte à leurs maîtresses rouges qui vivent alors en véritables rentières. N'est-ce pas curieux ? Les fourmis font plus ; elles ont l'intelligence de former dans leur demeure de véritables, je ne dirai pas vacheries, mais puceronnières, pardon de l'expression. Elles recueillent des pucerons sur les végétaux, les transportent chez elles, les parquent dans un endroit déterminé, leur donnent une nourriture abondante pour pouvoir pomper avec délices, à certaines heures, le suc qu'un léger frottement fait suinter du corps de ces hémiptères. D'ailleurs, on peut constater un fait : chaque fois qu'une plante de jardin est infestée de pucerons, on y trouve nombre de fourmis et aussi la coccinelle qui mange le puceron. Allons, allons, faites connaissance avec la bonne nature ; vous ne vous en repentirez pas.

*
* *

Névroptères. — La libellule, vulgairement appelée demoiselle, est un beau névroptère, au corsage d'azur, aux ailes étincelantes ; elle est carnassière et fait une chasse active aux insectes qui vivent au bord des eaux. Elle a une existence tout aérienne et l'on sait que sa larve, carnassière aussi, est essentiellement aquatique. Dans cet ordre, on trouve les éphémères, le fourmilion, l'ascalaphe, le panorpe, le semblide, la phrygane.

*
* *

Hémiptères. — Chacun de nous a pu faire connaissance, sans intention, avec le représentant le plus odieux de cette espèce, la punaise des lits ; elle n'est pas dépourvue d'intelligence et sait le prouver. Ecœuré d'être piqué et sucé par cette vilaine bête, vous tirez votre lit au milieu de la chambre, vous en cirez les pieds ou vous les humectez d'huile, vaines précautions ; l'insecte monte le long du mur, suit le plafond, se place au-dessus de votre lit, se laisse tomber et se met à table ! La cigale appartient à l'ordre des hémiptères ; on ne la rencontre pas ici, que je sache, mais dès que le voyageur arrive aux environs de Lyon, il fait connaissance avec elle, en été, bien entendu. Dans l'antiquité, elle avait excellente réputation. Les Grecs faisaient leurs délices de son chant, et il me semble que vu leur goût pour l'esthétique, ils n'étaient pas difficiles.

Depuis longtemps, on a remarqué que le mâle seul chante, tandis que la femelle est silencieuse. « Heureuses les cigales, s'écriait dans l'antiquité un poète grec, leurs femmes n'ont pas de voix ! » A noter aussi le fulgore porte-chandelle et porte-lanterne, insectes phosphorescents de la zone équatoriale, la cercopte sanglante, l'aphophore écumeuse, commune sur les saules, le phylloxéra, la cochenille, le puceron, la nèpe, le notonecte, le ranâtre, le pantatome, qui donne aux fruits qu'il a touché une odeur si repoussante.

*
* *

Diptères. — Quelques diptères sont nuisibles ; la

mouche commune qui colporte des bacilles de toutes natures et qui se pose partout dans nos maisons ; le tipule des potagers, dont la larve nuit fort aux plantes de nos jardins, le cécidomyie du froment, la mouche à viande, la lucilia hominivore de la Guyane, le tsetsé de la région des lacs de l'Afrique australe, l'œstre du cheval, le taon des bœufs, le cousin, ce vilain cousin qui abonde dans le voisinage des étangs et des eaux croupissantes. Il vient vous trouver dans votre lit, vous suce, lui aussi, en faisant une piqûre presque douloureuse ; il est à remarquer que le mâle a des mœurs très pacifiques, et que c'est la femelle seule qui a des instincts aussi sanguinaires. Le cousin a, dans les régions plus chaudes, un parent au moins aussi incommode, le moustique. Demandez plutôt aux voyageurs. Tout le monde n'a pas la patience et la philosophie de Franklin, qui se faisait scrupule de tuer une mouche.

Rongé par les moustiques, il se contentait de souffler dessus en disant : « Allez, le monde est assez grand pour vous et pour moi ».

*
* *

Orthoptères. — Les orthoptères méritent une mention spéciale : ce sont ou des broyeurs ou des suceurs ; leurs espèces sont peu variées, mais nombreuses en individus, au point de constituer parfois d'épouvanbles fléaux.

Nous citerons les forficules auriculaires, les blattes, la mante religieuse, le grillon, la sauterelle, la courtilière, le criquet, qui commet souvent de véritables dévastations, surtout en Afrique. Il s'avance par légions, s'abat sur les récoltes et les supprime en un instant. Les Arabes se vengent en le mangeant. Pourquoi pas ? Nous utilisons comme comestibles l'escargot, l'huître, la moule et nous nous privons peut-être, par un raisonnement faux, de plats exquis.

Les Romains consommaient bien des larves du cérambyx héros et celles d'autres forts coléoptères, la chenille du cossus. A Saïgon, on vous sert un plat incomparable, dont la substance est fournie par le ver du palmier, gros, gras, dodu, d'un goût très délicat.

*
* *

Coléoptères. — Les coléoptères sont nombreux ; quelques-uns rendent des services ; mais il faut bien reconnaître que la plupart sont des ennemis.

Parmi les insectes utiles, citons le carabe doré et tous ses congénères, véritables guerriers armés jusqu'aux dents : voyez-le dans les jardins ou dans les champs à la recherche d'une proie ; il saisit limaçons, lombrics, vers de toutes sortes, même le hanneton qu'il renverse d'un coup de tête et dont il dévore les entrailles ; puis le cicindèle agile, le brillant calosome, le nécrophore, la gentille coccinelle.

Les autres attaquent les arbres, les récoltes, les fruits ; leur nombre les met à l'abri de la destruction ; les principaux sont le genre hanneton, les longicornes, les curculionides, les phytophages, etc.

*
* *

Ce qui est surtout intéressant, ce sont les mœurs des animaux, et c'est par l'observation qu'on les a connues. Les nécrophores, dont il existe neuf variétés en France, enterrent les petits cadavres : souris, crapaud, taupe, rat, reptile, etc., ils sont donc utiles à l'hygiène publique. Voyez-les à l'œuvre, ce sera plus intéressant que le récit que je pourrais vous faire.

Le bousier, dont la fonction consiste à enlever les bouses, est habillé de saphir ; le drilus poursuit le limaçon, se fait porter par lui, et, le moment venu, entre en lui, vit chez lui et de lui.

Arachnides

La légende raconte qu'une jeune Lydienne, Arachné, défia Minerve Athénée, protectrice d'Athènes, de filer aussi bien qu'elle. La déesse irritée alla trouver le père des dieux, et le sien, et se plaignit de cet orgueil d'une mortelle.

« Je vais la punir, dit Zéus, et d'une façon terrible : d'abord, elle ne parlera plus du tout, ce n'est pas peu dire, et comme elle aime à filer, elle filera éternellement dans sa postérité ». Arachné fut changée en araignée.

Les arachnides ont le corps divisé en deux parties seulement ; en arrière l'abdomen, et en avant, une partie, le céphalotorax qui porte les quatre paires de pattes et qui correspond à la fois au thorax et à la tête de l'insecte. Ces bestioles n'ont pas de métamorphoses, mais seulement quelques mues. Les yeux sont ordinairement au nombre de huit et situés sur la tête.

Les mœurs des arachnides excitent au plus haut point l'intérêt.

La mygale maçonne, creuse des galeries souterraines dans les lieux en pentes, puis elle tapisse de soies fines les murailles de cette habitation et en bouche l'entrée au moyen d'un opercule qui tient par une charnière au contour de l'ouverture. Cette porte se rabat et ferme la cellule. Si un ennemi cherche à l'ouvrir, la mygale retient la soupape au dedans, et ce n'est que quand on a vaincu ses efforts, qu'elle se réfugie au fond de son terrier.

Les *épeires* ont deux yeux de chaque côté de la tête et quatre autres formant un quadrilatère sur le front. Leurs mâchoires, dilatées dès la base, représentent une palette arrondie. Elles se confectionnent une toile tendue verticalement, composée de fils disposés géométriquement par cercles concentriques, et attachés par de nombreuses soies qui forment autant de rayons partant du centre.

Les épeires établissent leur toile dans les greniers, dans les jardins, dans les champs, au-dessus d'un ruisseau ; elles se tiennent au centre du filet. Cette toile de quelques épeires exotiques est tellement forte, qu'elle arrête de petits oiseaux et embarrasse même l'homme qui s'y trouve engagé.

Les navigateurs qui allèrent à la recherche de La Pérouse, virent les naturels de l'Australie manger des épeires. Et puis après ? Ampère en avait toujours quelques douzaines dans la poche de son gilet ; il les croquait avec délices et leur trouvait un goût de noisette ! Je suis convaincu que nous sommes victimes de préjugés ridicules et je répète que nous privons notre table de plats succulents. On a ces petites bêtes en horreur, surtout les dames. C'est absurde, presque odieux. Les araignées détruisent la mouche commune, si désagréable, et bien d'autres insectes nuisibles. On pourrait au moins leur laisser la cave, les écuries et les greniers.

On a essayé d'utiliser la soie des araignées ; en ce moment, on fait des essais en ce qui concerne une arachnide de Madagascar, qui donnerait un produit équivalent au cocon du ver-à-soie.

Le scorpion appartient à la famille des arachnides ; on le trouve dans le sud de la France.

L'ASTRONOMIE

C'est sans conteste la plus belle, la plus sublime des sciences d'observation.

Le globe que nous habitons ne constitue pas à lui seul la création entière ; il n'en est au contraire qu'un rouage presque insignifiant, une poussière, un atome. A côté de lui, voguent dans l'espace d'autres planètes, ses sœurs.

Les étoiles, dont le nombre est incalculable, ne sont pas des astres immobiles ; ce sont des soleils immenses, plus volumineux que le nôtre, qui se déplacent, accompagnés de leurs planètes, avec une rapidité vertigineuse, suivant les lois de la gravitation universelle. La terre n'est qu'un point obscur dans l'espace, voilà ce qu'il faut bien savoir.

Naissance et création du système solaire

Nous assistons à la mort de certains astres, à la naissance, à la formation de nouvelles étoiles.

Le soleil, le nôtre, a un volume énorme, comparé à celui de la Terre, mais à l'époque où il existait sous forme de nébuleuse, il s'étendait au-delà de l'orbite de sa planète la plus éloignée.

Cette immense agglomération de matière cosmique était animée d'un mouvement de rotation, en même temps qu'elle était emportée dans l'espace vers un but mystérieux qui n'est pas encore atteint.

Les parties les moins denses qui étaient à la surface de la nébuleuse, se groupèrent en bourrelet à l'équateur ; le refroidissement graduel de la masse solaire amena une diminution de volume, l'anneau se détacha et prit la forme globulaire qui est celle de tous les astres.

*
* *

La première planète connue du système, prit ainsi naissance : c'est la planète *Neptune*, dont la découverte par Le Verrier fut la démonstration la plus éclatante de la vérité des lois de la gravitation universelle.

La durée de son année, c'est-à-dire de sa translation autour de l'astre central, est de 165 ans ou 60,127 jours. De sorte qu'un enfant qui, sur *Neptune* est encore au maillot, est âgé de quelques centaines d'années terrestres ; le mouvement de rotation est de onze heures environ. Cette planète n'est pas une des moindres, puisque sa circonférence est de 44,000 lieues ; elle est donc 55 fois plus grosse que la Terre. La densité des matériaux, qui confirme la théorie adoptée pour la formation des systèmes planétaires, est cinq fois plus faible qu'ici ; l'analyse spectrale a démontré que l'atmosphère de *Neptune* est toute différente de la nôtre et qu'elle est identique à celle d'*Uranus ;* le soleil, distant d'un milliard cent millions de lieues, paraît 30 fois moins large qu'ici, et y envoie 900 fois moins de lumière et de chaleur. *Neptune* a un satellite connu ; ses habitants ne peuvent nullement distinguer notre petit monde.

*
* *

La contraction continuant, un nouvel anneau se détacha et la planète *Uranus* naquit ; elle est à 733 millions de lieues du soleil ; la densité des matériaux y est la même que sur *Neptune.* Le jour est de 11 heures, l'année de 84 années ou 30,686 jours. En raison de l'inclinaison de l'axe, les saisons et les climats y sont très variés. Le volume d'*Uranus* est 69 fois plus fort que celui de notre planète ; il a quatre satellites, donc quatre espèces de mois : le diamètre de ce globe est quatre fois plus grand que celui de la terre et le monde uranien a 42,000 lieues de tour ;

l'atmosphère est dense, le soleil y est 19 fois plus petit ; sa lumière et sa chaleur y sont 390 fois moindres. Les êtres intelligents qui l'habitent ne peuvent apercevoir la Terre, oh, pas du tout !

*
* *

Saturne est à 355 millions de lieues de l'astre central. C'est une merveilleuse planète, un système de monde dans un système ; elle est entourée d'anneaux concentriques, et huit satellites voguent autour d'elle ; ces huit mondes forment un empire de 2 millions de lieues de largeur ; l'un d'eux, *Titan* est plus grand que deux des planètes solaires : *Mars* et *Mercure*. L'année y dure 29 ans ou 10,759 jours ; le jour a 10 heures 16 minutes. La température y paraît constante ; les saisons et les climats y seraient donc nuls. L'atmosphère est dense et chargée de vapeurs ; le diamètre de ce globe, 719 fois plus gros que la terre, est de 30,500 lieues ; le tour du monde saturnien atteint 100,000 lieues ; la densité des matériaux y est 7 fois plus faible que sur la terre. On y voit le soleil dix fois plus petit. Notre planète y paraît comme un point télescopique qui passe tous les quinze ans devant le soleil.

*
* *

Puis ce fut le tour de la planète géante *Jupiter*, 1,279 fois plus volumineuse que la Terre ; la circonférence est de 111,100 lieues ; elle a quatre satellites ; l'année y dure 11 ans 10 mois 17 jours ; le jour est de 9 heures 55 minutes ; le mouvement de rotation est donc aussi très rapide ; l'atmosphère y est haute, tourmentée et saturée de vapeurs.

De là, on voit la Terre comme une faible étoile du matin et du soir ; ou c'est un petit point noir passant chaque année devant le soleil qui lui-même paraît cinq fois moins large qu'ici. Il est distant de l'axe central de 165 millions de lieues ; son axe est presque droit, c'est-à-dire perpendiculaire à l'écliptique ; il en résulte que ce monde immense n'a qu'une saison, le printemps éternel.

*
* *

On suppose qu'une planète n'a pu se former ensuite en raison de l'attraction puissante de *Jupiter* ; une seconde hypothèse, c'est que cette planète a pu exister entre *Mars* et *Jupiter*, mais qu'elle fut brisée par les forces centrales ; de là l'existence d'un grand nombre de petites planètes débris de la première ; on en connaît environ deux cents.

*
* *

Mais le refroidissement ne s'arrêtait pas plus qu'il ne s'arrête de nos jours. Alors, après des millions d'années encore, une autre planète prit naissance, la planète *Mars*.

Ce monde offre une ressemblance frappante avec le nôtre ; *Mars* a une atmosphère identique à celle de la Terre ; la présence de l'eau n'est pas contestable ; on y voit les mers, les nuages, les continents, la neige ! On y a constaté l'existence de canaux, tellement réguliers, qu'ils semblent avoir été creusés par des êtres intelligents. N'a-t-on pas dit qu'on avait aperçu d'immenses traînées électriques qui paraissaient être des appels des Martiens aux habitants de la Terre ? En tous cas, un Terrien serait transporté dans *Mars* qu'il pourrait y vivre, selon toute probabilité. L'année est de 1 an 322 jours ; la rotation dure 24 heures 39 minutes 35 secondes ; les saisons sont un peu plus marquées qu'ici ; la chaleur solaire y est presque égale.

Mais Mars qui a deux satellites minuscules, est plus petit que la Terre ; son diamètre est de 6,850 kilomètres, par conséquent la circonférence atteint 5,375 lieues. Il y a plus de terres que de mers, et ces mers sont de véritables méditerranées. La Terre y apparaît comme une brillante étoile du soir.

*
* *

Ce fut le tour de la *Terre* ; nous la connaissons un peu, pas autant qu'il le faudrait. C'est un astre du ciel et nous sommes dans le ciel. Elle a un satellite, la Lune, qui s'est détachée de la Terre, mais qui est plus vieille que sa mère ; tout y indique la décrépitude.

Il faut remarquer qu'étant 49 fois plus petite, elle s'est refroidie bien plus vite.

*
* *

Pour nous, l'astre le plus éclatant est la planète *Vénus*, distante du Soleil de 26 millions 750,000 lieues en moyenne ; cette planète a un volume à peu près égal à celui de la Terre, son année est de 224 jours terrestres, mais elle en a elle-même 231 ; la durée de sa rotation est de 24 heures 21 minutes 24 secondes : en raison de l'inclinaison de son axe, les saisons y sont bien plus prononcées que celles de la Terre ; l'atmosphère est formée des mêmes gaz que la nôtre, mais elle est deux fois plus dense ; il y a de l'eau, des nuages ; le tour du monde de *Vénus* est de 9,500 lieues ; les mers s'étendent principalement vers l'équateur ; les montagnes sont plus élevées qu'ici, et le diamètre du Soleil y est moitié plus large, c'est dire que la lumière et la chaleur y sont bien plus vives.

On n'a pas encore découvert de satellite à cette planète si semblable à la Terre.

*
* *

Enfin le plus récent des mondes de notre système, éloigné du Soleil seulement de 14,300,000 lieues, est *Mercure*, qui n'emploie que 88 jours pour tourner autour du soleil et vogue dans le ciel avec une vitesse de 46,811 mètres par seconde, plus d'un million de lieues par jour ; la rotation dure 24 heures 21 minutes ; les saisons y sont rapides et marquées à cause de l'inclinaison de l'axe. Il n'y fait pas froid sûrement, l'intensité de la radiation solaire est sept fois plus grande pour Mercure que pour la Terre !

Mercure a des plaines, de hautes montagnes, une atmosphère ; on y a constaté la présence de la vapeur d'eau ; son diamètre est de 1,200 lieues et sa circonférence de 3,780. Le soleil y paraît trois fois plus large que vu d'ici.

Le Soleil

De tous les astres qui illuminent l'immensité de l'infini, le plus important pour nous est sans contredit le Soleil. C'est lui qui soutient la Terre dans l'espace, qui l'éclaire et l'échauffe, comme il soutient, éclaire et échauffe les autres planètes, sœurs de la nôtre ; sa distance à la Terre est de 37 millions de lieues de 4 kilomètres. Pour parcourir cette distance, un train express, voyageant avec une vitesse constante de 50 kilomètres à l'heure, sans s'arrêter jamais, n'arriverait à destination qu'après un voyage de 337 ans ; ce ne serait guère que la vingtième génération qui pourrait raconter le récit de ce que la dixième aurait vu. Pour que le Soleil nous paraisse aussi grand que nous le voyons, il faut que ses dimensions exactes soient réellement colossales. Le globe solaire a en effet un diamètre qui vaut 108 fois celui de la Terre ; son volume est 1,279,267 fois plus considérable que celui de la Terre. Le globe solaire est si grand qu'en plaçant la Terre à son centre et en laissant la Lune où elle est, à 96,000 lieues de nous, elle parcourrait son orbite dans l'intérieur du Soleil ; or, pour aller de la Lune à la surface solaire, il y aurait encore 76,500 lieues à franchir !

Il est sept cent fois plus volumineux que toutes les planètes réunies. Il renferme du fer, du titane, du calcium, du manganèse, du nickel, du cobalt, du chrôme, du sodium, du baryum, du magnésium, du cuivre, du potassium, de l'hydrogène, de l'oxygène, etc.

Le Soleil fait partie de la Voie lactée, nébuleuse qui n'est qu'une agglomération d'innombrables soleils. Chacun a pu la contempler, par une belle nuit d'été, formant une longue traînée blanche dans le ciel.

Il n'est pas immobile : la durée de sa rotation est de 25 jours. Depuis des millions d'années, il est parti des parages où scintille *Sirius* pour s'avancer vers la *constellation d'Hercule*, avec une vitesse de 650,000 lieues par jour, entraînant avec lui tout son système de planètes et de comètes.

Sa surface n'est pas unie et calme ; il s'y passe, au contraire, des phénomènes formidables qui se traduisent surtout par des éruptions de 40 à 300 mille kilomètres de hauteur.

*
* *

Veut-on savoir une idée de la distance du Soleil à l'étoile la plus rapprochée, *Alpha* du *Centaure* ? elle est de 222 mille fois la distance de la Terre au Soleil, c'est-à-dire de 222 mille fois 37 millions de lieues ; elle est de 740 fois la distance de Neptune au Soleil ou 740 fois 1 milliard 100 millions de lieues !

Trônant au milieu de la famille dont il est le père, ce colossal Soleil est à la fois la main qui soutient les planètes dans l'espace, le flambeau qui les éclaire, le foyer qui les échauffe, la source intarissable de leur activité et de leur vie.

*
* *

Dans l'antique Egypte, le Soleil était adoré sous le nom de Râ, et les poètes de l'époque ont chanté ses bienfaits : « O bienfaisant, resplendissant, flamboyant ! Tu sors, tu montes, tu culmines en bienfaiteur. Le ciel est en allégresse, la Terre est en joie ; les dieux et les hommes sont en fête, afin de rendre gloire à Râ. Tu adoucis la douleur d'Osiris. Ceux qui sont, goûtent les souffles de la vie ; ils poussent des exclamations vers toi ; ils rendent honneur à ta force.... »

*
* *

Nous avons jeté un coup d'œil rapide sur le système solaire, et notre esprit frappé d'admiration, ne peut plus continuer à voir avec indifférence le ciel se peupler d'étoiles à la nuit tombante. Les instruments gigantesques, une installation coûteuse ne sont point nécessaires pour s'intéresser à ces contemplations grandioses.

Si nous examinons les environs du pôle nord de la voûte céleste, nous voyons les constellations de la Petite Ourse qui renferme l'étoile polaire ; la Grande Ourse qui possède un riche joyau d'étoiles doubles et l'une des plus belles, *Mizar* ; le Bouvier, avec *Arcturus* qui brille comme un feu semblable à un diamant jaune du Cap ; la Voie Lactée, immense arche aérienne jetée à travers le ciel étoilé ; la Lyre, avec *Véga* qui gît à 2 trillions de lieues d'ici, diamant blanc d'une limpide pureté ; la constellation d'Hercule ; Ophiclius ou le Serpentaire ; les constellations de Zodiaque où l'on admire *Procyon, Régulus,*

Antarès ; à l'Equateur, Orion, avec sa grande nébuleuse, avec *Bételgeuse*, d'un ton jaune orangé, avec *Rigel* qui est à une incommensurable distance de notre atome terrestre, et des milliers de fois plus volumineux, plus ardent que notre Soleil ; le Grand Chien avec *Sirius*, soleil géant dont le nom signifie briller, la plus brillante, en effet, des étoiles du ciel vers le sud, 1,728 fois plus gros que l'astre qui nous éclaire, et dont on commence à étudier le système de planètes.

Il y a plus de cinq mille ans, 3,285 ans avant notre ère, Sirius réglait le calandrier égyptien ; son lever héliaque coincidait avec le solstice d'été. Homère et Hésiode l'ont célébré. Hésiode recommande de cueillir « la vigne » lorsque Orion et Sirius sont parvenus au milieu du ciel, et que l'aurore aux doigts roses se trouve en face d'Arcturus.

DESSIN ET TRAVAIL MANUEL
TRAVAUX A L'AIGUILLE

L'enfant aimerait surtout à reproduire les objets volumineux qui l'entourent. Non-seulement il dessine avec joie les arbres, les maisons, l'église du village, mais il ne craint pas de s'attaquer à ses camarades mêmes et aux divers animaux qui lui sont familiers. Son plus grand plaisir est ensuite de mettre ces dessins en couleur.

Toutefois, si l'on peut, au cours préparatoire, livrer l'élève, du moins de temps à autre, à ses inclinations et à ses penchants, on est bien obligé, à un moment donné, de procéder autrement qu'il ne le désire. C'est sans doute tant pis, mais un enseignement méthodique et gradué s'impose.

Le dessin a, lui aussi, un alphabet spécial que l'enfant doit nécessairement apprendre.

Quel que soit son âge, l'élève, du moment qu'il fréquente l'école primaire, ne doit pas faire un seul trait sans en savoir le nom.

Il a d'abord à connaître les lignes et les angles. Parlons de la verticale.

Cours préparatoire et élémentaire

Le maître prend une ficelle à laquelle il suspend un caillou ou un morceau de métal.

Vous voyez ceci ? — Oui, Monsieur. — Louis, prenez la craie et tracez au tableau noir (ce tableau est placé verticalement) une ligne qui suive cette direction. Et l'enfant, de sa main inexpérimentée, fait plus ou moins bien le trait vertical en question. A votre tour, Charles, René, Jules, Ernest, etc. Cette ligne a un nom particulier qu'il vous faut retenir. C'est la verticale. Par quoi est-elle donnée ? — Par un fil supportant un caillou. — Ce caillou est d'habitude un petit morceau de plomb, et l'instrument se nomme « fil à plomb ». Montrez-moi, dans cette salle, des objets ayant la même direction que ce fil. — Les portes, les fenêtres, le pied des tables, etc. — Et au dehors ? — Les arbres, le mur de clôture.

Prenez un petit baquet dans lequel vous verserez de l'eau. Mettez sur l'eau, parallèlement au tableau noir, une planchette, une règle en bois.

Charles, tracez une ligne qui courra dans ce sens ; vous Eugène, Alfred. C'est la ligne horizontale. Cette eau coule-t-elle ? — Non, Monsieur. — Ne croirait-on pas qu'elle dort ? — Oui, Monsieur. — Eh bien, l'eau dormante donne l'horizontale.

La ligne droite qui n'est ni verticale ni horizontale a un nom également, c'est la ligne oblique.

On doit convenir que ces expressions peuvent sembler étranges à ces pauvres petits ; aussi, pendant quelques mois, est-il plus simple et plus pratique de faire prendre différentes stations aux enfants qui en seront enchantés, et d'appeler la verticale, *ligne debout* ; l'horizontale, *ligne couchée* ; l'oblique, *ligne penchée*.

Angles

L'Instituteur tient à la main deux bâtonnets, deux règles et leur donne l'inclinaison ci-contre. Jules, représentez cette figure au tableau ; elle est formée de combien de lignes ? — Deux. — Pourrait-on les ouvrir davantage ? — Oui, Monsieur. — L'intervalle compris entre les deux lignes se nomme un angle ; en ce moment, nous avons l'angle aigu. Voyez maintenant. — Chacune des lignes tombe droit sur l'autre. — Elles donnent l'angle droit. Et maintenant ? — L'angle est plus grand encore que l'angle droit. — C'est l'angle obtus. — Voilà des mots nouveaux à retenir ; on les répète pendant plusieurs jours et même chaque fois qu'on fera reproduire les différents angles ou qu'on les rencontrera.

Malgré tout, cet enseignement finirait par manquer d'intérêt, si l'on ne passait immédiatement aux combinaisons qui lui enlèvent son aridité.

Reprenons le baquet dont nous avons déjà parlé ; mettons-y la règle en bois toujours parallèlement au tableau noir, et plaçons au-dessus le fil à plomb, de manière qu'il tombe sur le milieu de la règle. Un élève représentera la figure obtenue. Retournons-la, nous aurons le t majuscule ; pro-

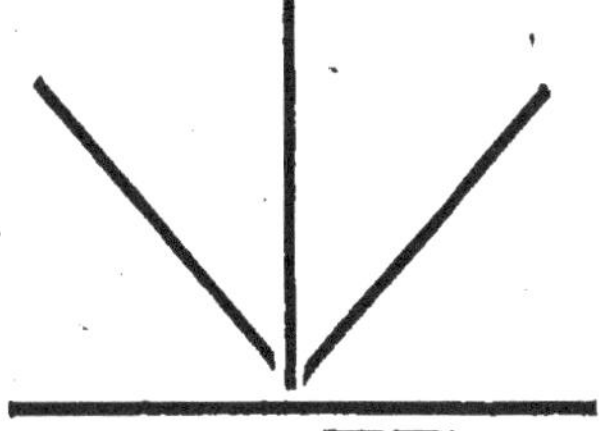

longeons un peu la verticale et donnons à l'horizontale quelques coups de crayon, et nous aurons un rateau de jardin.

Voilà une lettre et un instrument que les enfants connaissent et qu'ils vont se faire un plaisir de reproduire au tableau d'abord, sur l'ardoise ensuite, toujours à main levée, bien entendu.

Revenons à la première figure et plaçons de chaque côté de la verticale, avec la même intersection sur l'horizontale, deux obliques également inclinées, nous obtenons le dessin ci-contre. Supprimons verticale et horizontale, nous avons la lettre majuscule V. Retournons-le et menons par le milieu une autre horizontale, voilà la lettre A. Reprenons la première position, et il nous sera facile d'obtenir un verre à pied. Si, au lieu d'obliques, nous avions tracé des verticales, nous aurions obtenu un autre objet.

Mettons de la variété dans notre enseignement ; au maître ingénieux et dévoué à combler les lacunes des diverses méthodes qu'il a entre les mains. D'ailleurs celles qu'on emploie avec les plus jeunes élèves doivent être assez élastiques pour semer l'entrain et la vie dans toutes les leçons.

De même que les enfants ont dû, à la suite des différents exercices, et par l'observation, indiquer les directions horizontales, oblique ou verticale, de même ils montreront, soit dans la salle de classe, soit dans la cour de récréation, des angles aigus, obtus ou droits : le plafond et l'un des murs forment un angle droit ; la tablette sur laquelle ils écrivent donne, avec le pied de la table, un angle aigu en avant, un angle obtus en arrière, etc. Le carreau d'une fenêtre a quatre angles droits, la porte d'entrée également. Ces exercices ont pour but de développer les facultés d'observation.

Deux fils à plomb sont plus ou moins éloignés l'un de l'autre. Ces deux lignes peuvent-elles se rencontrer ? — Non, Monsieur. — Louis, prenez le mètre et mesurez en haut, en bas et au milieu la distance qui les sépare. — Elle est la même. — On dit que ces lignes sont parallèles. Elles permettent de dessiner plusieurs objets : les lettres **H N Z M**, une échelle, une porte, une fenêtre, une façade de maison, etc.

Deux règles en bois placées dans un baquet d'eau ou dans deux cuvettes l'une sur l'autre, donneront des parallèles horizontales ; deux ou trois baguettes également inclinées dans la même direction reproduiront des parallèles obliques. Toujours on fait vérifier les distances par les élèves qui dessinent ensuite sur le tableau noir, puis sur l'ardoise, les lignes étudiées et leurs différentes combinaisons.

Le contour d'une table ronde donne une idée très exacte de la circonférence ; il en est de même du seau, de l'encrier, de la margelle d'un puits, d'un verre, d'une casserole. Revenons à la table et plaçons bien au milieu un vase cylindrique, nous obtiendrons, avec le fond, deux circonférences parallèles.

Cours moyen

Plus tard, au cours moyen, on fera trouver géométriquement le centre d'une circonférence. On élève des perpendiculaires sur le milieu de deux cordes ; le point de rencontre est le centre du cercle.

Ces exercices de découvertes plaisent beaucoup aux élèves.

Le dessin, ne l'oublions pas, a entre autres buts, celui d'exercer la main et l'œil, c'est-à-dire d'habituer à faire habilement et à bien voir, à observer.

Vous tracez au tableau noir une ligne verticale. Quel est l'élève qui pourrait me diviser, à vue, cette ligne en deux parties égales ? — Moi. Et l'enfant va au tableau et place un petit trait. — Est-ce bien cela ? — Tous les élèves, le crayon à la main, l'œil gauche fermé, prennent, de leur place, la longueur réduite, bien entendu, d'une moitié qu'ils reportent sur l'autre. Oui, Monsieur ; non Monsieur. — Vérifions.

Après ce travail, on fait diviser chacune des moitiés et la ligne entière l'est en quatre parties. En continuant, elle le serait en huit, en seize, etc.

On opère de la même manière sur des lignes horizontales, sur des lignes obliques, et l'on répète souvent et longtemps.

Cette partie de la leçon est accompagnée ou suivie d'un dessin qui en est l'application.

De ces deux lignes quelle est la plus longue ? — La ligne a. — C'est facile à voir. Dites-moi combien de fois la ligne b est contenue dans la ligne a ? — Trois fois, cinq fois, quatre fois. — Vous ne paraissez pas bien d'accord, mais je crois que Charles a dit juste. Voyons. Et par le procédé indiqué plus haut, les élèves portent la ligne b (de leur place) sur la ligne a. — Quatre fois. — C'est bien cela, Charles a raison.

Ici encore les exercices se répètent sur les différentes sortes de lignes ; ils commencent au cours préparatoire et se continuent jusqu'à la sortie de l'école.

On fait de même comparer un angle à un autre angle.

On a vu, en ce qui concerne l'enseignement du calcul et du système métrique, d'autres comparaisons également profitables.

Dans tous les cours, surtout dans les divisions inférieures, les dessins doivent être variés, mais il faut aussi qu'il y ait enchaînement, c'est-à-dire de la méthode. D'une difficulté qui a été surmontée, on passe à une autre qui en est la suite ou la conséquence immédiate.

On met entre les mains des élèves un cahier spécial de format ordinaire pour le cours moyen, plus grand pour le cours supérieur. Le papier est teinté et fort, sans quadrillages. On ne doit pas laisser faire de dessins microscopiques, mais seulement un dessin par page, qui la garnira entièrement, en laissant néanmoins un intervalle des quatre côtés bien entendu. Si l'on fait reproduire une chaise, un fourneau, il ne faut pas mettre sous les dessins les mots fourneau et chaise. On doit reconnaître l'objet à sa mine.

Proposons-nous de tracer un carré d'un décimètre de côté, avec lequel nous ferons une rosace. Ce carré sera placé à égale distance des côtés latéraux, du haut et du bas ; c'est la mise en place.

L'Instituteur opèrera au tableau noir sur un carré d'un mètre de côté.

Il pose deux points distants d'un mètre ; les élèves les placent à un décimètre d'intervalle ; mais leur travail sera immédiatement contrôlé.

Joindre d'un trait des points aussi éloignés n'est guère pratique ; aussi on établit des points intermédiaires, et pour s'assurer qu'ils sont bien en ligne droite, on tourne le cahier à sa guise. Ces points posés, l'élève les unit, à main levée, sans appuyer sur le crayon. Le maître trace au tableau noir et avant les enfants. On continue ainsi pour les quatre côtés. En voilà au moins pour une leçon.

A la séance suivante, on profite de l'expérience acquise et, à vue, on divise chacun des côtés, par un point, en deux parties égales.

On joint les milieux des côtés adjacents et l'on

obtient un nouveau carré moitié du premier ; on en donnera plus loin la démonstration.

Voilà le procédé. Il donne en peu de temps des résultats inespérés, même dans les écoles où la moyenne de fréquentation ne dépasse pas cinq mois. Il faut au maître tout simplement de la persévérance.

Quand ce dessin a été fait une fois, deux fois, on en exige la reproduction de mémoire.

Le travail qui suivra comprendra également un carré qu'on tracera comme le premier, mais chaque côté sera divisé en trois parties égales et l'on obtiendra une autre figure. Les élèves du cours supérieur se serviront de ce dessin comme esquisse, car il importe qu'ils sachent bien reconnaître les lignes principales des lignes secondaires, et ils feront une rosace plus compliquée et plus jolie.

Tracé de la circonférence et des autres courbes.

Une circonférence ne saurait être tracée sans points de repère. Aussi on commencera par l'inscrire dans un carré dont on aura mené les médianes et les diagonales. A partir du centre, on porte sur ces derniers la longueur du rayon.

A l'aide des huit points trouvés, on dessine assez facilement la courbe demandée dans laquelle on met en place les polygones réguliers ou les rosaces qui font l'objet de la leçon.

De même l'ellipse ou les diverses spirales seront

inscrites dans un rectangle ou dans une série de droites, les unes verticales, les autres horizontales. Il est possible alors d'opérer avec une grande régularité.

Dessin d'ornement à main levée.

Il importe d'abord, quel que soit le cours auquel il appartient, de bien faire voir à l'enfant le travail qu'il doit exécuter. C'est pourquoi, avant l'ouverture de la classe, le maître aura dessiné ce travail, le mieux possible, sur la partie gauche du tableau noir.

Mais cela ne suffit pas, surtout avec des élèves inexpérimentés et qu'on ne peut laisser livrés à leurs propres forces.

Décomposant, détaillant le dessin, l'instituteur, la craie à la main, en trace, sur la droite du tableau et successivement, les diverses lignes que les écoliers reproduisent en même temps sur le papier, d'après des dimensions données. On ne passe à la ligne suivante qu'autant que la précédente a été bien faite et vérifiée : mieux vaut aller lentement et ne pas revenir en arrière.

Lorsque les traits principaux sont exécutés, le maître arrête son tracé. Les élèves les moins forts s'en contenteront, mais les plus habiles perfectionneront leur œuvre et entreront dans les détails indiqués sur la figure primitive.

Les deux modèles ne seront point effacés ; c'est pourquoi il est bon de posséder des tableaux noirs à double face.

A la leçon suivante, les enfants conseillés, guidés, recommenceront, à côté du premier croquis, mais avec des dimensions plus grandes, le dessin qu'ils ont déjà esquissé. Sur ce tracé définitif, ils indiquent les lignes d'ombre ; ils exécutent les hachures plus ou moins fortes et serrées, dirigées dans divers sens. Ces hachures ont naturellement été faites au tableau.

Travail manuel et dessin

Le dessin et le travail manuel se prêtent un mutuel appui et ne doivent généralement pas être séparés.

Si nous en exceptons les travaux à l'aiguille, et encore, tous les autres exercices de pliage, de tissage, de découpage et de modelage peuvent être facilement la reproduction de dessins exécutés, et vice-versâ.

Ainsi, lorsque l'enfant a tracé un ornement sur le recto d'une des pages de son cahier, il en découpe les diverses parties en papier de différentes couleurs qu'il agence selon son goût, si son goût est délicat déjà, puis il colle le tout sur la page précédente.

Ou bien a-t-il plié le papier en forme d'étoile, ou de bateau, ce travail, placé sur la moitié gauche du cahier, sera représenté au crayon et à main levée, en regard, sur la feuille de droite.

D'un coup d'œil, on voit les deux œuvres ; on juge ; et l'enfant qui aime les couleurs, prend vite le plus grand plaisir à ces exercices qui développent en lui, en même temps, le sentiment du beau.

Ce n'est pas tout. La plupart de nos élèves exerce-

ront une profession manuelle; les uns seront menui-
siers, les autres charpentiers, d'autres enfin seront
forgerons, cultivateurs, géomètres; nous devons les
mettre à même de lire le plan d'un objet, d'une surface, d'un volume. De là, la nécessité du dessin coté.

Les élèves ont déjà entendu parler d'un croquis à
l'échelle, à propos de l'enseignement géographique;
eh bien, nous allons, si l'on veut, commencer par
reproduire notre carré de papier de un décimètre à
une plus petite échelle, soit par exemple $\frac{1}{2}$ décimètre.

On le fera d'abord en papier, avec tous les exercices
que nous avons indiqués. On remarquera qu'il est
égal à chacun des quatre carrés formés dans le premier par les deux médianes.

Donc, quand un carré a un côté double, sa surface
est quadruple, si le côté est triple, la surface est neuf
fois plus forte. On le démontre à l'aide d'un carré de
papier. C'est une démonstration claire et péremptoire
de ce théorème. Les surfaces croissent en raison
directe des carrés des côtés :

Côtés :   1^m — 2 — 3 — 4 — 5 — 6 etc.

Surfaces : 1   — 4 — 9 — 16 — 25 — 36 etc.

Les travaux qui suivront donneront également
occasion de poser une foule de questions.

Quand il s'agira des volumes, ce n'est pas la construction même qu'on collera dans le cahier, c'est
impossible, mais sa surface totale développée dont on
fera le croquis exact, puis coté ou réciproquement.

Prenons une boîte rectangulaire de 8 centimètres
de longueur, 4 centimètres de largeur et 3 centimètres

de hauteur. La surface développée nous donne six rectangles égaux deux à deux.

De là, des exercices oraux pour trouver la surface des parties, puis du tout : le volume du parallélipipède, le poids d'eau nécessaire pour le remplir. Le décimètre cube nous offrirait six carrés égaux de chacun un décimètre ; la surface totale est donc de 6 décimètres carrés ; celle du centimètre cube, 6 centimètres carrés ; celle du mètre cube, 6 mètres carrés.

Projections

En opérant comme précédemment, nous essayerons de faire comprendre aux élèves ce qu'on entend par projection d'un point, d'une ligne droite, d'une surface, d'un volume.

Occupons-nous d'abord de la ligne droite.

Les enfants sont à quelque distance d'une glace ; le maître tient à la main une règle qu'il place parallèlement à la glace ; on y voit l'image de la règle avec sa longueur exacte ; c'est la projection. Relevons la règle, de manière qu'elle soit oblique au plan du miroir ; elle diminue progressivement de longueur, jusqu'au moment où devenant perpendiculaire au plan, on n'aperçoit plus qu'un point.

Ce sont les différentes projections de l'objet ; on les obtient sur le papier, en élevant ou en abaissant des perpendiculaires aux extrémités de la droite sur une ligne horizontale ou verticale, selon le cas.

Les mêmes phénomènes vont se reproduire avec une surface plane.

Prenons un rectangle, une feuille de papier cloche, plaçons-le parallèlement à un miroir horizontal. Le rectangle va se détacher grandeur naturelle ; relevons peu à peu une des extrémités, l'image va diminuer de longueur, devenir à un moment donné un carré, puis un autre rectangle qui a pour longueur la largeur de la feuille, puis enfin une ligne droite. Ce sont les projections du rectangle dans ses diverses positions.

Pour avoir la projection d'une surface plane, on abaisse de chacun de ses angles sur un plan horizontal, des perpendiculaires et l'on joint entre eux les points obtenus. Un cercle donnerait, suivant le cas, un cercle ou une ellipse plus ou moins allongée, enfin un arc.

Prenons un parallèlipipède rectangle, c'est-à-dire une boîte en carton. Plaçons une glace horizontalement et une autre perpendiculaire à une de ses extrémités. Maintenons notre boîte suspendue à une petite distance, parallèlement à ces miroirs, on verra se détacher sur l'un la projection horizontale, sur l'autre la projection verticale (ne pas oublier qu'il y en a deux).

Idée de la perspective

Vous connaissez la belle route nationale qui conduit à X... ? — Oui, Monsieur, elle est bien droite et plantée de beaux peupliers. — Puisque c'est le moment de la récréation, dirigeons-nous de ce côté.

Voyez ; la route n'a-t-elle pas sur son parcours la

même largeur qu'ici-même ? — Si, Monsieur. — Et cependant, examinez-là dans le lointain. — Elle paraît aller se rétrécissant et les deux lignes d'arbres semblent se rejoindre. — Voyez aussi ce point noir qui se détache sur le fond blanc de la route ; il se rapproche de nous. — C'est un homme. — Il semble bien petit ; il se rapproche de plus en plus et c'est bien un homme de taille ordinaire. Qu'est-ce donc qui nous trompe ainsi et nous fait voir faux ce qui existe ? — La vue. — Précisément, vous vous apercevez bien qu'il ne faut pas se fier à l'apparence. Cette route et cet homme, nous les voyons en *perspective*, et nous voyons ainsi tous les objets sensibles. Il faut donc, pour rester dans la vérité, faire appel à notre jugement, à notre raison.

Les expériences que nous avons faites plus haut sur les différentes projections de la règle et de la feuille de papier nous ont également fait voir ces objets en perspective.

LA PREMIÈRE LEÇON DE PERSPECTIVE

Objet : La ligne d'horizon. Les surfaces que nous voyons avec leur forme réelle et celles que la vision déforme. Les déformations visuelles. Définition de la perspective.

Le maître, Paul, André et Jules (Paul est au tableau, André et Jules dans le fond de la salle, l'un à droite, l'autre à gauche). — Le maître donnant à Paul le dm. cube. Paul, comment s'appelle ce solide ?

PAUL. — Monsieur, c'est un cube. Le décimètre cube.

LE MAITRE. — Combien ce solide a-t-il de faces et quelle est leur forme ?

PAUL. — Il a six faces qui sont des carrés égaux.

LE MAITRE. — Combien d'arêtes ?

PAUL. — Douze arêtes égales.

LE MAITRE. — C'est bien. Donnons ensemble la définition de la forme cubique.

TOUS. — Le cube est un solide à six faces carrées et à douze arêtes égales.

LE MAITRE A ANDRÉ QUI EST A DROITE. — Combien voyez-vous de faces, André ?

ANDRÉ. — Je vois trois faces.

LE MAITRE. — Lesquelles ?

ANDRÉ. — La face supérieure, celle de devant et celle de droite.

LE MAITRE A JULES QUI EST A GAUCHE. — Et vous, Jules, combien en voyez-vous ?

JULES. — Trois aussi, mais au lieu de la face de droite, je vois celle de gauche.

LE MAITRE. — Et maintenant, André ? *Le cube est élevé au-dessus de l'horizon.*

ANDRÉ. — Trois encore, mais je ne vois plus la face supérieure, tandis que j'aperçois la face inférieure.

LE MAITRE A JULES. — Et vous, Jules ?

JULES. — Trois aussi ; la face inférieure au lieu de la face supérieure.

LE MAITRE A TOUS. — Ainsi donc mes amis, quand nous regardons un objet, nous ne l'apercevons pas tout entier. Des parties de cet objet sont visibles ;

d'autres au contraire échappent à nos regards. Les parties visibles varient avec la position des objets par rapport au spectateur. Si l'objet que nous regardons est plus bas que notre œil, nous apercevons sa partie supérieure ; nous voyons, au contraire, sa partie inférieure, si l'objet est placé au-dessus de nos yeux. Cette ligne des yeux est très importante ; nous l'appellerons désormais *ligne d'horizon.*

Quand un corps sera plus bas que notre œil, nous dirons qu'il est au-dessous de la ligne d'horizon.

Il sera *au-dessus de cette même ligne* quand il sera plus élevé que notre œil.

Le Maitre a André. — Voyons, André, dans cette position du cube, combien apercevez-vous de faces ?

André. — Trois ; la face de devant, celle de droite et la face supérieure.

Le Maitre. — Fermez un œil et regardez le cube avec l'autre, en vous servant de votre main comme d'une lunette.

Quelle forme la face de devant a-t-elle d'après ce que vous voyez ?

André. — La forme d'un carré.

Le Maitre. — Bien, et celle de dessus, vous apparaît-elle aussi sous la forme d'un carré ?

(André qui connaît la forme de cette face répondra sans doute qu'il voit un carré ; car la connaissance que nous avons des choses exactes d'un corps nous empêche, au moins au début, d'avoir des sensations visuelles bien nettes). — Voyons, André, est-ce bien l'image d'un carré que vous offre la face supérieure.

ANDRÉ, qui regarde attentivement cette fois. — Non, Monsieur, je vois un trapèze presque un parallélogramme.

LE MAITRE. — C'est cela ; un trapèze se rapprochant beaucoup d'un parallélogramme.

Regardez de la même façon la face de droite ; sous quelle forme vous apparaît-elle ?

ANDRÉ. — Je vois aussi un trapèze, presque un parallólogramme.

LE MAITRE. — C'est cela même. Voilà qui est bizarre, n'est-ce pas André ? Je regarde un carré, je vois un trapèze. Que faut-il en conclure ?

ANDRÉ. — Monsieur, que nous ne voyons pas toujours les choses comme elles sont.

LE MAITRE. — C'est l'exacte vérité ; nous percevons souvent une forme qui n'est pas celle de l'objet que nous regardons, une direction, une grandeur qui ne sont pas celles des lignes qui frappent notre vue. Nous appellerons désormais, ces changements de forme, de direction et de grandeur, les *déformations visuelles*.

Pourtant, André, une des faces de notre cube a conservé sa forme ; laquelle ?

ANDRÉ. — Celle de devant.

LE MAITRE. — Quelle situation a-t-elle par rapport à vous ?

ANDRÉ. — Elle est parallèle à moi.

LE MAITRE. — Nous dirons désormais pour les

lignes ou les surfaces qui auront cette position, qu'elles *sont vues de front*. Nous nous souviendrons aussi que ces lignes et ces surfaces nous apparaissent avec leurs formes véritables, tandis que les autres subissent des déformations. Donc, si je voulais dessiner le cube, non pas tel qu'il est, mais tel qu'André le voit, je dessinerais trois faces seulement. Une qui conserverait sa forme et les deux autres transformées en trapèzes ou, pour plus de simplicité, en parallélogrammes.

J'aurais fait alors le dessin *perspectif* du cube. La perspective est donc l'art de représenter les objets, non pas tels qu'ils sont, mais tels qu'ils nous apparaissent.

Ainsi, pour résumer nos observations, nous nous souviendrons :

1º Que lorsque nous regardons un objet, certaines parties de cet objet nous apparaissent, tandis que d'autres échappent à notre vue ;

2º Que les parties vues varient avec la position des objets par rapport au spectateur, et aussi par rapport à la ligne des yeux que nous nommerons *ligne d'horizon* ;

3º Que les surfaces et les lignes vues de front nous apparaissent avec leurs formes réelles, tandis que les autres sont plus ou moins déformées par la vision.

4º Que l'art de représenter les corps tels que nous les voyons s'appelle *perspective*.

Les autres leçons seront données sous cette forme. Le maître n'oubliera pas que la perspective est exclusivement une science d'observation ; que si les enfants et même la plupart des grandes personnes sont si malhabiles à rendre par le crayon, ce qu'ils voient, c'est qu'ils voient mal ; qu'il est par conséquent indispensable de faire l'éducation de l'œil.

Dans les écoles primaires, l'enseignement de la perspective exacte est impossible, mais on peut enseigner une perspective cavalière élémentaire qui permettra aux enfants de représenter assez exactement des objets qui les environnent.

Tout d'abord, le maître entretiendra les élèves des déformations visuelles. Par l'observation, il leur montrera : 1° Que les surfaces vues de front nous apparaissent sous leur forme véritable, mais que dans toute autre situation elles se déforment ; 2° Que les lignes verticales et les lignes horizontales parallèles au spectateur conservent leur direction, mais que les autres la perdent ; 3° Que les droites qui sont au-dessus des yeux (ligne d'horizon), s'abaissent ; que celles, au contraire, qui sont au-dessous, s'élèvent.

Ces vérités très importantes peuvent être trouvées par l'observation des arbres qui bordent les routes ; par celle des bords de trottoirs et des lignes des toits quand on les observe d'un premier étage. Quand le maître jugera que les élèves les possèdent bien, il étudiera avec eux la perspective du carré et du rectangle.

Le carré vu de front. Le carré vu horizontalement, le spectateur à la droite ; id., le spectateur à la gauche. Le carré vu verticalement. Perspectives diverses du rectangle.

Perspective du cube et du parallélipipède rectangle

Faire voir préalablement aux élèves que si l'on place sur un plan, et dans le prolongement les uns des autres, des objets semblables, des carrés, par exemple, et qu'on les regarde ensuite de face, soit à droite, soit à gauche, ces carrés paraissent s'avancer vers la droite ou vers la gauche ; que, de plus, ils paraissent s'élever si on les place au-dessous de la ligne des yeux, et s'abaisser si on les place au-dessus de cette même ligne.

Montrer ensuite aux élèves un cube vu de front. Leur poser les questions suivantes : 1° Combien le cube a-t-il de faces ? — 2° Quelle est leur forme ? — 3° Combien de ces faces sont vues ? — 4° Lesquelles, si le cube est à droite, à gauche, au-dessus de la ligne des yeux ou au-dessous ? — 5° De ces six faces, combien sont placées de front et conserveront leur forme ? — 6° Combien seront déformées et deviendront des parallélogrammes ? — Combien d'arêtes, etc.

Poser les mêmes questions au sujet du parallélipipède rectangle. Représenter ensuite ces solides dans les quatre positions indiquées.

Pour mieux accuser le relief, supposer le cube éclairé par le côté gauche et faire comprendre aux élèves la distribution de la lumière et des ombres sur le cube.

Perspective de parallélipipèdes ou de cubes superposés.

Une fois que les élèves sauront bien représenter le cube et le parallélipipède rectangle, on leur apprendra à dessiner des cubes ou des parallélipipèdes superposés. Après un ou deux exercices, ils feront l'esquisse complète. Puis on les exercera à dessiner d'après modèle, en traçant seulement les lignes ou les portions de lignes qui sont vues.

Habituer les enfants à bien voir.

Ces modèles, le maître les composera facilement avec des planchettes de bois, des morceaux de craie, des dés à jouer, etc...

Travaux à l'aiguille.

L'aiguille est la compagne assidue, l'auxiliaire indispensable de la jeune fille et de la mère de famille.

Or, de tous les ouvrages manuels qui sont enseignés aux fillettes à l'école primaire, les travaux de couture sont, sans contredit, les plus utiles, ceux que, sous aucun prétexte, on ne peut négliger.

Il est de la plus haute importance de leur apprendre au moins l'indispensable, afin qu'elles puissent remplir convenablement, à ce point de vue aussi, leur rôle futur de maîtresse de maison.

Elles doivent donc, à la sortie de l'école, savoir coudre, raccommoder, marquer, tricoter, voire même couper et assembler les vêtements les plus simples.

Cet enseignement commencera dès le jour de l'entrée à l'école. Il sera méthodique et simultané ; les enfants des cours moyen et supérieur recevront une leçon commune ; celles du cours élémentaire seront également réunies, mais à part.

Toutes les élèves de même force, c'est-à-dire de la même division, feront donc le même travail ; elles seront pourvues d'une étoffe uniforme : canevas, étamine, grosse toile ou tissu ordinaire.

La leçon comprendra d'abord une partie en quelque sorte théorique.

L'institutrice, l'aiguille et l'étoffe à la main, explique aux fillettes le travail à exécuter. Elle leur rappelle les conditions nécessaires à la bonne formation des points : « Prendre toujours sur l'aiguille la même quantité de fil, quantité nécessairement variable selon la grosseur des brins du tissu ; laisser entre les points consécutifs des intervalles égaux ».

Elle montre où se pique l'aiguille, où elle sort ; elle fait, sous les yeux de ses élèves, une partie de l'ouvrage qui sert de modèle. Parfois, quand la leçon s'y prête, et elle s'y prête souvent, elle trace *au tableau noir* les lignes essentielles du travail et y inscrit les règles générales, les principes qui doivent être ponctuellement suivis.

Après cet exposé, les enfants se mettent à l'œuvre ;

l'institutrice passe près de chacune d'elles, conseille, vérifie, corrige. On n'entreprend un autre exercice qu'autant que le précédent a été bien compris et convenablement exécuté.

Les matériaux : étoffe, fil, aiguilles, seront, autant que possible, choisis par la maîtresse.

TRAVAUX A EXÉCUTER DANS LES DIFFÉRENTS COURS

DE L'ÉCOLE

1° Section enfantine, 2° année. — Cours élémentaire, 1re année.

a) *Tricot.* — Apprendre aux enfants la maille à l'endroit, à l'envers, — à rétrécir, etc. Déjà elles peuvent s'occuper de travaux utiles ; manchettes à côtes, coussins de fenêtre.

b) *Point de marque.* — Faire le point de marque sur gros canevas, afin d'habituer les élèves à manier et à tirer habilement l'aiguille. Ce canevas brodé pourra, à titre d'encouragement, recouvrir, par exemple, une pelote à aiguille.

c) *Canevas.* — Sur un morceau d'étamine, pour que l'attention soit moins pénible, on fera exécuter, par ordre de difficulté, les différents points de couture : point devant, point de piqûre, point de côté, onglet simple, point de chaînette, point de chausson, reprise simple, — *le tissage n'est autre chose que cette reprise* ; — les moins faciles seront d'abord sur canevas.

Cours élémentaire, 2ᵉ année.

a et b) Couture et point de marque. — Les élèves recommenceront sur des morceaux de grosse toile, puis sur de la toile plus délicate, les travaux faits précédemment. On y ajoutera le point de boutonnière, les arrêts, les brides, l'ourlet piqué. Afin de leur donner la bonne habitude de coudre en suivant un fil droit, on permettra d'abord de tirer un fil, puis elles devront opérer sans ce secours. Alors elles ourleront des mouchoirs, des serviettes, etc.

c/ Tricot. — Confectionner avec de la laine tordue et de grosses aiguilles, des chaussettes, des bas.

Cours moyen.

a et b) Couture et point de marque. — Ici, l'étoffe est moins grossière.

Faire des boutonnières, des œillets, du remmaillage, des fronces, commencer le raccommodage ; exécuter différents vêtements simples : tabliers, chemises de femme, jupe simple, pantalon, camisole.

Il est évident que les fillettes ne tailleront pas elles-mêmes ces vêtements sur des patrons qu'elles auront faits ; mais si la maîtresse a soin de donner clairement les explications indispensables et d'opérer en présence des élèves, elles arriveront à bien comprendre ; et, plus tard, au moins pour les travaux les moins compliqués, elles pourront sans doute se dispenser de recourir aux lumières de la couturière de la localité.

c) *Tricot*. — Apprendre à faire un jupon, un gilet, un fichu, un cache-nez, des gants...

Voilà un bagage que toute élève de treize ans peut et doit posséder.

Pièces dites d'ensemble. — Les pièces d'ensemble, comme on les appelle, sur lesquelles s'apprennent les différents points, ont une grande utilité. D'un simple coup d'œil, on peut mesurer le chemin parcouru.

Pour que les élèves apportent plus de goût encore à ce travail, on leur donne du fil de couleur qui permet, en même temps, de distinguer plus rapidement les fautes commises.

Raccommodage. — D'ordinaire, on exerce les fillettes à remettre des pièces carrées ou rectangulaires ; c'est excellent, indispensable, mais insuffisant, si l'on se contente de le faire avec du linge ou des étoffes unies. Donnons-leur plutôt des tissus rayés et à carreaux. Elles se verront obligées de déployer toute leur adresse pour dissimuler les morceaux remis.

Il est probable que si ce travail, difficile, nous en convenons, se renouvelait plus fréquemment on ne verrait plus de ces raccommodages affreux et bariolés qui dénotent, chez leur auteur, une absence totale de goût.

Moyens d'appliquer le programme en entier. — Avec le temps dont on dispose, le programme, à première vue, peut paraître chargé. Néanmoins, il est possible de l'épuiser.

Voici :

La leçon du jour a pour objet, par exemple, l'étude d'un surjet. Quand les élèves ont toutes bien compris les recommandations de l'institutrice, que le travail est commencé, pourquoi ne le leur ferait-on pas achever à la maison ? Elles s'en acquitteront avec autant d'empressement au moins que d'un devoir écrit ; et les mères de famille elles-mêmes ne manqueront pas de s'y intéresser.

Les fillettes ont une chemise à faire, pourquoi, quand tout a été expliqué, préparé et faufilé en classe, n'en exécuteraient-elles pas, livrées à elles-mêmes, les parties les plus faciles : ourlets, couture rabattue, surjets ?

Elles viennent à l'école non pour apprendre ce qu'elles connaissent, mais ce qu'elles ignorent.

Les maîtresses se rappelleront que la leçon de couture exige l'attention complète des fillettes ; que, par conséquent, aucun exercice oral, — récitation, géographie, histoire, – ne doit être fait en même temps. Le corps devant rester à peu près immobile et le buste droit, on comprend qu'il en résulte pour les élèves une fatigue considérable ; aussi, pour l'atténuer autant que possible, on coupe la leçon par un chant exécuté debout et auquel toutes prennent part.

Le carnet spécial. — Il serait très utile, très important, de remettre à chacune des élèves un carnet sur lequel elles inscriraient, au fur et à mesure de leur mise en pratique, les plus importants principes de la couture ; par exemple, la manière de faire les points difficiles, les différentes mailles ainsi que leurs applications, les pièces d'ensemble, le croquis coté des diverses parties d'un vêtement, etc. ; le tout accompagné, bien entendu, d'echantillons qui remettraient facilement en mémoire les travaux faits autrefois. Plus tard nos jeunes filles seront bien aises de posséder ces précieuses indications et d'y recourir au besoin.

AGRICULTURE — HORTICULTURE

Avec les élèves des deux sections les moins avancées, il ne sera pas question d'un enseignement agricole proprement dit ; mais le maître s'efforcera d'intéresser de bonne heure l'enfant à la vie champêtre.

La leçon de choses est le moyen le plus efficace de lui faire connaître les plantes du potager, les arbres fruitiers, les principales céréales, les animaux utiles ou nuisibles, les instruments aratoires les plus usuels.

Au cours moyen, on donnera un enseignement plus régulier, plus méthodique, basé sur des expériences très concluantes qui serviront de démonstration.

Au lieu de citer gravement et sans profit les diverses parties dont se compose *l'œuf de la plante*, la graine, on enfonce à demi, dans une couche de sable quelques haricots. Au bout de huit à dix jours, ils commenceront à lever. Alors se distingueront l'embryon, les cotylédons, la radicule, le tigelle. On place ensuite un des plants au centre d'un bouchon percé qui sert de fermeture à un flacon rempli d'eau ordinaire, et l'on suit facilement le développement du végétal.

Des observations qui ont été faites, des précautions qu'il a fallu prendre, on tire les conclusions suivantes :

La graine renferme la nourriture nécessaire à la plante pendant la première période de son existence.

Pour que la graine germe, il lui faut de l'eau, de l'air et de la chaleur.

On passera, si l'on veut, à l'analyse de la terre arable dont le procédé est indiqué dans tous les bons ouvrages d'agriculture. On constatera que cettre terre renferme de l'*argile* et un gravier composé de *silice* et de *carbonate de chaux*, du moins en général. Mais ces matières minérales servent principalement de support aux plantes, sans constituer des agents de fertilité. On parle ensuite des différents sols, des plantes qui les caractérisent, qui feront partie de l'herbier scolaire :

Terrains argileux : prèle, pas-d'âne, potentille rampante.

Terrains sableux ou silicieux : bruyère, genêt, fougère femelle.

Terrains calcaires : buis, anémone pulsatile, ononis arête-bœuf, mélampyre rouge, coquelicot.

Terrains humifères, sols tourbeux : laiche, menthe poivrée, herbe à coton.

La question dominante, en agriculture, est celle des engrais ; mais c'est expérimentalement qu'on démontrera, par exemple, l'importance des gaz qui se dégagent du fumier et la valeur fertilisante du purin.

Les maîtres auront à établir un certain nombre de vérités fondamentales :

Pour assurer le développement normal des végétaux, quatre substances sont suffisantes, mais nécessaires : l'azote, la *chaux*, l'*acide phosphorique*, la *potasse*.

Le fumier et les matières organiques fournissent au sol l'*humus* qui est favorable à la *nitrification*.

Le sol fixe les matières fertilisantes à l'état *insoluble* et ne le cède qu'aux *végétaux*. Il y a exception pour les *nitrates* : le sol ne les retient pas ; il en est de même de la *chaux* quand elle peut se dissoudre.

Comme principal engrais, on emploiera *toujours* le fumier, mais, à cause de son insuffisance, il devra être complété par des engrais chimiques.

Les engrais chimiques n'*épuisent* pas le sol (expériences de culture dans du verre cassé ou dans du sable), mais ils ne lui fournissent aucune matière organique ; leur emploi n'est pas économique du tout, et ne doit pas être exclusif.

A l'école primaire, la plus grande partie du temps consacré à l'agriculture sera employée à la préparation d'expériences qui serviront à la vérification des idées émises.

Voici les principales :

1º Etude du développement des racines. — Poils absorbants ; leurs fonctions.

2º Evaporation par les feuilles. — Application de la transplantation.

3º Fonction des feuilles.

4º Utilité de la division et de la dissémination des engrais.

5º Puissance fertilisante des gaz du fumier.

6º   id.   des produits liquides et gazeux du fumier.

7º Valeur fertilisante du purin et pouvoir absorbant du sol.

8º Utilité des engrais (culture avec engrais ou sans engrais).

9º Culture en milieu stérile. — Sable ou verre.

10º Engrais complet ou incomplet.

11º Tallage des céréales :

Qui sème dru récoltera menu ;
Qui sème menu récoltera dru.

12º Choix des semences. — Profondeur à laquelle elles doivent être placées.

Ces expériences seront divisées en deux ou trois groupes ; chacun d'eux servira pour une année. Au bout de trois ans, c'est-à dire pour la fin de la scolarité, les élèves auront vu et compris les vérités fondamentales d'une culture intelligente.

Mais là ne se borne pas tout l'enseignement agricole. Il sera complété par l'étude des instruments principaux nécessaires au cultivateur, lorsqu'ils fonctionnent : par celle des travaux des champs, au moment où on les exécutera.

Ces deux parties du programme seront continuées par des travaux pratiques, tels que la multiplication des fleurs par bouture, la greffe, la culture des plantes potagères.

C'est le jardin qui sera le champ de démonstration de l'instituteur. C'est là qu'il appliquera la véritable méthode de culture. Les élèves verront constamment les progrès de la végétation ; ils les verront tous les jours. A l'époque de la maturité de la plante, on fera sur le produit des expériences, sur le grain et sur la paille, des comparaisons intéressantes dont les enfants prendront note sur un carnet spécial.

On aura soin d'opérer sur des végétaux dont l'évolution complète se fait assez rapidement, de manière qu'on puisse tirer ou faire tirer les conclusions nécessaires avant l'ouverture des grandes vacances.

C'est aussi d'une façon très pratique que sera donné l'enseignement horticole.

On trouvera, dans le jardin de l'école, les plus belles variétés de légumes et les meilleures espèces d'arbres fruitiers.

Une partie du terrain sera réservée à la culture des plantes médicinales les plus utiles.

Les cognassiers, qui croissent dans une petite pépinière, serviront pour l'étude directe des différentes sortes de greffes. Les élèves opéreront sous l'œil vigilant du maître ; quand ils auront bien réussi, ils auront le droit d'emporter dans le verger de la famille le sujet greffé.

La culture des fleurs ne présente rien de particulier. Les semis et la multiplication par boutures seront employés, et c'est évidemment dans les écoles de filles surtout que l'on développera cette partie de l'enseignement.

Il serait fort intéressant de placer dans toutes nos écoles élémentaires une collection modeste des plantes les plus usuelles et des insectes utiles ou nuisibles à l'agriculture. Nommons-en quelques-uns :

Principaux insectes utiles

Coléoptères : Carabe, brachyne, cicindèle, cantharide, dytique, hydrophile, lampyre, staphylin, calosome, silphe, nécrophore, dermeste, coccinelle.

Lépidoptères : Bombyx de mûrier.

Hyménoptères : Abeille, ichneumon, cynips.

Névroptères : Fourmilion, libellule, phrygane.

Orthoptères : Mante religieuse, empuse.
Hémyptères : Cochenille.

Insectes nuisibles

Coléoptères : Bruche, charançon, dermeste, eumolpe. hanneton, lucane, cerambyx, taupin, scolyte, criocère, bupreste, ténébrion.

Lépidoptères : Teigne des tapisseries, piéride, paon de nuit, liparis, noctuelle des moissons, pyrale de la vigne.

Hyménoptères : Guêpe, sirex géant.

Névroptères : Termite.

Orthoptères : Courtilière, sauterelle, forficule, blatte, criquet.

Hémiptères : Pentatome, punaise, cigale, aphophore écumeuse, puceron, phylloxera.

Diptères : Taon, oestre, cousin, tipule.

Plantes utiles

Absinthe, achillée, anis, arnica, bouillon blanc, sureau, romarin, serpolet, violette, rhubarbe, pervenche, pimprenelle, menthe, mélisse, mauve, hysope, lavande, buis, camomille, lierre, chicorée, houblon.

Plantes nuisibles

Ail des vignes, bryone, chrysanthème des moissons, ciguë, plantain, chardon, chiendent, colchique d'automne, coquelicot, laiche, liseron, renoncule, patience, prêle, moutarde des champs, ursine, jusquiame.

La conservation des insectes n'offre aucune difficulté. On les place dans une boîte vitrée, fermant hermétiquement et dont le fond est en liège ou en tourbe recouvert de papier blanc. Si, de temps à autre, on aperçoit une poussière produite par d'infimes parasites, on y introduit une petite éponge imbibée d'un mélange de benzine rectifiée et d'acide phénique, et une boule de naphthaline. Les dégâts cessent immédiatement par la destruction des êtres qui les ont commis.

Ces collections, bien soignées, se conservent indéfiniment.

IMP. HOMEYER ET EHRET. — ÉPINAL 3890

Documents manquants (pages, cahiers...)
NF Z 43-120-13